beck'sche reihe

W0417784

bsr

Kaum ein anderer beherrscht die hierzulande wenig gepflegte Kunst der historischen Reportage so meisterhaft wie der bekannte ZEIT-Publizist Volker Ullrich. Seine Nachrichten aus der Vergangenheit sind erzählte Geschichte, wie sie sein soll: spannend, anschaulich und historisch präzise. Dieser Band versammelt seine schönsten Stücke und entführt den Leser auf eine kurzweilige Reise durch die Geschichte, die in 18 Stationen vom Vorabend der Französischen Revolution bis zum Ende des «Dritten Reiches» führt. Wer nachlesen will, wie anregend und vielfältig die Beschäftigung mit der Vergangenheit sein kann, der darf sich auf die Lektüre dieser Geschichten aus der Geschichte freuen.

Volker Ullrich, Dr. phil., lebt als Historiker und Publizist in Hamburg. Seit 1990 leitet er das Ressort «Politisches Buch» bei der Wochenzeitung DIE ZEIT. Zu seinen wichtigsten Veröffentlichungen zählt *Die nervöse Großmacht. Aufstieg und Untergang des deutschen Kaiserreichs 1871–1918* (1997). Bei C.H.Beck erschien *Der ruhelose Rebell. Karl Plättner 1893–1945. Eine Biographie* (2000).

Volker Ullrich

Fünf Schüsse auf Bismarck

Historische Reportagen
1789–1945

Verlag C.H.Beck

Die Deutsche Bibliothek – CIP-Einheitsaufnahme

Ein Titeldatensatz für diese Publikation ist bei
Der Deutschen Bibliothek erhältlich

Originalausgabe

Gesamtherstellung: Druckerei C. H. Beck, Nördlingen
Umschlagabbildung: Das Attentat auf Bismarck vom Mai 1866,
kolorierter Holzstich nach einer Zeichnung von Carl Röhling,
Bildarchiv Preußischer Kulturbesitz
Umschlagentwurf: +malsy, Bremen
Printed in Germany
ISBN 3 406 49400 5

www.beck.de

Inhalt

Vorwort

Im Frühjahr 1961 schrieb Erich Kästner im Vorwort seines Tagebuchs «Notabene 45»: «Jene Vergangenheit, die unbewältigte, gleicht einem ruhelosen Gespenst, das durch unsere Tage und Träume irrt, nach uraltem Geisterbrauch, darauf wartet, daß wir es anblicken, anreden und anhören. Daß wir, zu Tode erschrocken, die Schlafmütze über die Augen und Ohren ziehen, hilft nichts. Es ist die falsche Methode. Sie hilft weder dem Gespenst noch uns. Es bleibt uns nicht erspart, ihm ins Gesicht zu sehen und zu sagen: ‹Sprich!› Die Vergangenheit muß reden, und wir müssen zuhören. Vorher werden wir und sie keine Ruhe finden.»

Doch wie bringt man die Vergangenheit zum Sprechen? Gewiß nicht, indem man so über sie schreibt, daß nur ein kleiner Kreis von Spezialisten sie verstehen und sich damit auseinandersetzen kann. Das aber ist leider bei vielen Werken der deutschen Geschichtswissenschaft der Fall. Daß Clio eine Muse war, scheint hier weithin in Vergessenheit geraten zu sein. Wer gut schreibt, gilt als «Feuilletonist», und das klingt aus dem Munde von Fachhistorikern fast wie ein Schimpfwort. Der überwältigende Erfolg von Sebastian Haffners Frühwerk «Geschichte eines Deutschen», im Herbst 2000 aus seinem Nachlaß herausgegeben, ist nicht nur hochverdient; er verweist auch auf Bedürfnisse eines lesenden Publikums, die von der professionellen Zunft offenbar nicht hinreichend bedient werden.

Zu den Gattungen, die besonders geeignet sind, Vergangenheit lebendig werden zu lassen, gehört die historische Reportage. Allerdings erfreut sie sich unter Universitätshistorikern keiner großen Beliebtheit. Sie gilt eher als ein leichtes Genre, das man gern den Journalisten überläßt. Dabei ist, auch in der Geschichtsschreibung, gerade das leicht Erscheinende oft schwer auszuführen. Die anspruchsvolle historische Reportage will nicht nur gut erzählt und dramaturgisch überzeugend gestaltet sein; sie muß auch Tiefenschärfe besitzen, also den Blick öffnen für größere historische Zusammenhänge und Entwicklungslinien. Und, nicht zu vergessen, sie sollte den neuesten Stand des Forschungswissens spiegeln, das heißt sich durch gründliche Quellen- und Literaturkenntnisse auszeichnen.

In diesem Sinne verstehen sich die hier versammelten Aufsätze als Fallbeispiele. Sie sind zu verschiedenen, manchmal ganz aktuellen Anlässen entstanden, und es wäre vergebliche Mühe, sie über einen Leisten schlagen zu wollen (auch wenn manche Motive, etwa die Belastungen deutscher Demokratiegeschichte oder die Virulenz des Antisemitismus in der deutschen Gesellschaft wiederkehren). Der thematische Bogen ist weit gespannt – von der paradoxen Vorgeschichte der Französischen Revolution 1789 bis zur deutschen Nationalmelodie «Wir haben nichts gewußt» vom Frühjahr 1945. Es geht jeweils um historische Ereignisse und Schlüsselkonstellationen, von denen aus Licht fällt auf wichtige Weichenstellungen und Wendepunkte der Geschichte.

Manche Urteile sind bewußt scharf, gelegentlich auch zugespitzt formuliert. Das wird dem nicht gefallen, für den bedächtiges Abwägen, das angestrengte *sine ira et studio* zum unverzichtbaren Habitus eines Historikers gehören. Doch die historische Wissenschaft lebt, wie das liberale Feuilleton, vom Streit, von der fortwährenden Infragestellung scheinbarer Gewißheiten. Und wie ließe sich das besser bewerkstelligen als durch die herausfordernde Pointe, die zum Widerspruch reizende These?

Einige Beiträge wurden zuerst für den Rundfunk geschrieben. Die meisten aber erschienen auf der «Zeitläufte»-Seite der Wochenzeitung DIE ZEIT. Sie wurden für den Wiederabdruck überarbeitet, zum Teil erheblich erweitert, auf den neuesten Stand gebracht und mit Anmerkungen versehen. Meinem Kollegen Karl-Heinz Janßen, der lange Jahre die «Zeitläufte» betreute, und seinem Nachfolger Benedikt Erenz danke ich für vielerlei Anregungen und Kritik.

Herzlich danken möchte ich auch Detlef Felken im Verlag C.H.Beck, der die Idee zu diesem Buch aufgegriffen und sich des Manuskripts angenommen hat.

Hamburg, im März 2002 Volker Ullrich

Der erste Schlag

Die Vorgeschichte der Französischen Revolution ist reich an Paradoxien

Sensible Zeitgenossen spürten schon lange, daß die Tage des Ancien régime gezählt waren. Voltaire, der Aufklärungsphilosoph, schrieb 1764 an Chavelin: «Alles, was ich wahrnehme, legt die Samen einer Revolution, die ich unfehlbar herannahen sehe und deren Zeuge zu sein ich nicht mehr das Vergnügen haben werde. Die Franzosen kommen zu allem zu spät, aber schließlich kommen sie an, ... und das wird dann ein schönes Schauspiel sein.»[1] Ahnungsvoll hieß es auch in Beaumarchais' Komödie «Figaros Hochzeit», die 1784 in Paris Furore machte:

«Ja, das Stück, das wir gegeben
und das ihr jetzt kritisiert,
zeigt des guten Volkes Leben,
falls ich's richtig hab' kapiert.
Wenn man's drückt, wird sich's erheben –
und wer weiß, was dann geschieht.[2]

Das Bewußtsein, am Vorabend einer großen Umwälzung zu stehen, war nicht auf das gebildete Publikum in der Hauptstadt beschränkt. Der englische Agronom Arthur Young berichtet in seinem Reisejournal aus dem vorrevolutionären Frankreich, was ihm eine noch gar nicht alte, aber schon abgearbeitete Bäuerin erzählte: «Ich weiß nicht, was kommen wird, aber etwas muß kommen, bald kommen.»[3] In solchen Vorahnungen mischten sich widerspruchsvolle Regungen von Hoffnung und Angst – *la grande espérance* und *la grande peur* begleiteten den Anbruch einer neuen Zeit.

Wie konnte es zu dem säkularen Ereignis der Französischen Revolution kommen? Die Diskussion darüber ist so alt wie die Revolution selbst – und sie hat bis heute zu keinen unzweideutigen Ergebnissen geführt. Wer sich einmal die Mühe macht, die Berge von Forschungsliteratur durchzuarbeiten, stößt auf eine Vielfalt von Interpretationsangeboten, die ihm am Ende mehr Rätsel aufgeben als zuvor.[4]

Ging 1789 die Drachensaat der Aufklärungsphilosophie auf, war die Revolution gar das Werk einer Verschwörung von Illuminaten und Freimaurern gegen Thron und Altar? Dies behauptete bereits 1793 der ins englische Exil geflüchtete Jesuitenpater Augustin Barruel, und konservative Historiker – von Hippolyte Taine über Augustin Cochin bis Pierre Gaxotte – haben immer wieder gern darauf zurückgegriffen.

War, was 1789 geschah, eine Revolution des Elends oder eine Revolution des Wohlstands? Der Verfechter der Elends-These, Jules Michelet, dessen großes Werk 1847, unmittelbar vor Ausbruch der Februarrevolution 1848, zu erscheinen begann, verwies vor allem auf die prekäre Lage der französischen Bauern am Vorabend der Revolution. Jean Jaurès, dessen kurz nach 1900 geschriebene vierbändige «Histoire socialiste de la Révolution française» mehrere Generationen sozialistischer Historiker inspirierte, berief sich demgegenüber auf den wachsenden Wohlstand und das daraus abgeleitete Selbstbewußtsein des Bürgertums als wichtige Voraussetzung der 1789 vollzogenen Umwälzung.

War diese Revolution aber überhaupt notwendig oder eher ein zufälliges Ereignis, eine Art Betriebsunfall? Für die historische Notwendigkeit plädieren all jene, welche die Französische Revolution als «bürgerliche Revolution» begreifen, deren Aufgabe es gewesen sei, die hemmenden Fesseln des Feudalsystems endgültig abzustreifen und dem Kapitalismus zum Siegeszug zu verhelfen. Sie können sich dabei nicht nur auf Karl Marx, sondern auch auf Antoine Barnave berufen, der in seiner 1792 geschriebenen (allerdings erst 1843 veröffentlichten) «Introduction à la Révolution française» einen ersten Versuch unternommen hatte, das revolutionäre Geschehen aus der Dynamik der sozioökonomischen Entwicklung zu erklären.

Von der Vermeidbarkeit, ja im Grunde Entbehrlichkeit der Revolution ist hingegen überzeugt, wer im Bündnis der Eliten – von liberalem Adel und Großbürgertum – eine tragfähige Basis für einen Interessenkompromiß, einen friedlichen Reformweg in den neuzeitlichen bürgerlichen Staat zu erkennen meint. In diesem Sinne konnte der englische Historiker Alfred Cobban 1955 gar von einem «Mythos der Revolution» sprechen und die Repräsentanten der französischen

Revolutionshistoriographie um François Furet, die seit den sechziger Jahren gegen die lange Zeit unangefochten dominierende sozialistische Schule Albert Sobouls Front machten, haben sich einiges davon zu eigen gemacht.

Mit dieser Kontroverse berührt sich eine weitere: die Frage nämlich, ob 1789 überhaupt ein radikaler Bruch stattfand oder ob nicht eher Elemente der Kontinuität überwogen. Gegen die Vorstellung einer Fundamentalzäsur wandte sich bereits Alexis de Tocqueville in seinem berühmten Werk «L'Ancien régime et la Révolution» (1856): Manches, was der Revolution als Ergebnis zugeschrieben werde, sei bereits im Ancien régime angelegt gewesen. Die jüngere, auf die Erforschung von Mentalitäten konzentrierte Revolutionshistoriographie hat diesen Faden aufgenommen und nachzuweisen versucht, daß sich der Umbruch viel stärker in politischer Kultur und gesellschaftlichem Bewußtsein als in der materiellen Wirklichkeit selbst bemerkbar gemacht habe.

Die anhaltenden Debatten um die Ursachen der großen Revolution (wie auch um ihren Verlauf) entspringen nicht bloßer Streitlust und Zerredungskunst professioneller Historiker, sondern haben vor allem zwei Gründe: **Erstens** ist die Historiographie zur Französischen Revolution geradezu ein Musterbeispiel für die Verquickung von Wissenschaft und Politik. In ihr spiegeln sich nicht nur die Frontstellungen der Jahre 1789 bis 1799, sondern auch wechselnde politische Konjunkturen und Legitimationsbedürfnisse. An der Revolutionsgeschichte scheiden sich – wie an jedem epochalen Ereignis – bis heute die Geister, nicht nur in Frankreich.

Zweitens hat das verwirrende Bild, das die Forschungen über die Ursachen der Revolution bieten, aber auch etwas zu tun mit dem merkwürdig schillernden Charakter des Ancien régime selbst, der sich genauen Beschreibungen immer wieder zu entziehen scheint. Widersprüche und Paradoxien zeigen sich auf allen Ebenen – der Wirtschaft, Gesellschaft, Politik und Kultur –, und nicht wenige Historiker sind offenbar der Versuchung erlegen, sie vorschnell aufzulösen, indem sie sich jeweils das herausgriffen, was in ihr Interpretationsraster paßte.

Paradox Nr. 1: *Arm und reich.* Frankreich im 18. Jahrhundert war ein reiches und ein armes Land. Handel und Gewerbe florierten wie nie zuvor, wenngleich sie mit der noch dynamischeren englischen Entwicklung nicht ganz Schritt halten konnten. Die landwirtschaftliche Produktion wies beachtliche Zuwachsraten auf; die Bevölkerungszahl stieg von 20 auf 26 Millionen (neuere Schätzungen sprechen von 28 Millionen) – nach Rußland war Frankreich das bevölkerungsreichste Land Europas. Dem säkularen Aufschwung der Wirtschaft, von dem vor allem das Großbürgertum, die *bourgeoisie des affaires* – Bankiers, Großkaufleute, Manufakturbesitzer – profitierte, entsprach zugleich eine deutlich erkennbare Tendenz zur «Verelendung des Volkes». Dies ist nicht etwa eine Formulierung von Marx, sondern von Hippolyte Taine, der ein Kapitel im ersten Teil seines Buches «Les origines de la France contemporaine» (1876) so überschrieben hat.[5] Und schon bei Tocqueville lesen wir: «Die Lage der französischen Bauern war – trotz der Fortschritte der Zivilisation – im 18. Jahrhundert zuweilen schlechter als im dreizehnten.»[6]

Im Agrarland Frankreich – 85 Prozent der Bevölkerung lebten noch auf dem Lande – waren die meisten Bauern zwar persönlich frei, aber auf ihren Schultern ruhte eine dreifache Abgabenlast: die direkten und indirekten Steuern, der Kirchenzehnt und die besonders verhaßten *droits seigneuriaux*, die vielfältigen Abgaben an den Grundherrn. Mochte die Höhe dieser Abgaben von Region zu Region schwanken, so blieb dem Bauern durchschnittlich nicht einmal ein Drittel seines Arbeitsertrages, was kaum zum Lebensunterhalt seiner Familie ausreichte.

Am Rande des Existenzminimums lebte auch der größte Teil der städtischen Unterschichten, des *peuple*. Louis-Sébastien Mercier, dieser unermüdliche Flaneur, dem wir ein unvergleichliches, zwölfbändiges «Tableau de Paris» (1781–88) verdanken, hat sich immer wieder gestoßen an dem «schwer zu ertragenden Anblick des ewigen Kampfes zwischen Not und Überfluß», an dem empörenden Gegensatz zwischen Armut und Reichtum, der in der Hauptstadt besonders kraß zutage trat.[7]

Die neuere sozialgeschichtliche Forschung hat diese Beobachtung im Kern bestätigt und damit die alte Antithese Michelet/Jaurès fruchtbar aufgelöst. So hat Ernest Labrousse mit seinen detaillierten Untersuchungen über Preis- und Konjunkturzyklen im 18. Jahrhundert nachgewiesen, daß sich die Schere zwischen Löhnen und Lebenshaltungskosten für die unteren sozialen Schichten immer weiter öffnete und in den achtziger Jahren der Preisanstieg gerade für das tägliche Brot, das wichtigste Nahrungsmittel, sich besonders fühlbar machte.[8]

Die wirtschaftliche Prosperität des Landes stand auch in einem scharfen Kontrast zur chronischen Finanzmisere des Ancien régime. Im reichsten Land Europas lavierte der Staat am Rande des finanziellen Bankrotts. Die öffentliche Verschuldung – hervorgerufen durch Verschwendungssucht des Hofes, forciert durch die militärische Unterstützung des amerikanischen Unabhängigkeitskrieges – nahm in den siebziger und achtziger Jahren schwindelerregende Ausmaße an. 1788 belief sich das Haushaltsdefizit – bei Ausgaben von 629 und Einnahmen von 503 Millionen – auf 126 Millionen Livres, also auf zwanzig Prozent. Über die Hälfte der Einnahmen verschlang allein der Schuldendienst. Es gab, da die Steuerschraube nach unten nicht weiter angezogen werden konnte, nur einen Ausweg aus dieser unhaltbaren Situation: Das Steuerprivileg für Adel und Geistlichkeit, dieses *Noli me tangere* der Ständeordnung, mußte fallen; alle Franzosen mußten gemäß ihren Einkünften zu den öffentlichen Leistungen herangezogen werden. Damit war der Konflikt zwischen Krone und Privilegierten am Vorabend der Revolution programmiert.

Paradox Nr. 2: *Wandel und Beharrung*. Die französische Ständegesellschaft war im ausgehenden 18. Jahrhundert in Auflösung begriffen und zeigte zugleich Tendenzen einer Verfestigung. Wieder war es schon Tocqueville, der hellsichtig auf diesen merkwürdigen Umstand aufmerksam gemacht hat: «Waren auch Bürgertum und Adel ähnlicher geworden, so sonderten sie sich doch gleichzeitig mehr und mehr voneinander ab.»[9] Von den Fortschritten in Handel und Gewerbe beeindruckt, entwickelten nicht wenige Adelige eine bürgerliche Wirtschaftsgesinnung. Sie begannen, Kapital in Handels- und Finanzgeschäften zu investieren oder neue Methoden rationeller Bewirtschaftung in der Landwirtschaft einzuführen. Umgekehrt suchten immer mehr wohlhabende Bürger, von einem klar konturierten Klassenbewußtsein weit entfernt, den adligen Lebensstil zu kopieren und durch Erwerb eines lukrativen Landbesitzes oder eines Offizierspatents den begehrten Adelstitel zu usurpieren. «Man traf sie ständig mit gezücktem Geldbeutel, wo immer es Ämter oder Titel zu erwerben gab», berichtet ein Geistlicher, der Abbé Baston, über die reichen Handelsherren von Rouen.[10]

Freilich waren einer Liaison von Adel und Großbürgertum Grenzen gesetzt. Denn diejenigen Adligen, die im Wettlauf nach dem Geld nicht mithalten konnten oder wollten – und das waren die meisten hochverschuldeten Familien des Hofadels und große Teile des verarmten Landadels –, kehrten verstärkt ihre gesellschaftliche Sonderstellung heraus. Je schwieriger sich ihre ökonomische Lage gestaltete, desto zäher klammerten sie sich an die überlieferten Adelsprivilegien.

Hier liegt die sozialgeschichtliche Wurzel für die vielzitierte «feudale Reaktion» der achtziger Jahre: Um ihre Einnahmeverluste auszugleichen, griffen Grundherren immer öfter auf alte, in Vergessenheit geratene Rechtstitel zurück und drangen auf Erfüllung der daraus abgeleiteten Ansprüche. Gleichzeitig wurde das aristokratische Monopol auf Spitzenämter in Militär und Verwaltung bekräftigt. 1781 beschränkte ein königliches Edikt die Vergabe von Offizierspatenten auf Anwärter, die vier Generationen adliger Vorfahren nachweisen konnten.

Wieweit die «feudale Reaktion» zur Entstehung einer revolutionären Situation in Frankreich beigetragen hat, ist umstritten. Daß sie das gesellschaftliche Klima vor 1789 verschärft hat, ist jedoch offenkundig. Auf dem Lande sorgte die Reaktivierung der Feudalrechte mancherorts für Empörung und Widerstand. Das aufstrebende Bürgertum wiederum stieß sich immer häufiger an den Schranken einer als willkürlich empfundenen Privilegien- und Rangordnung, die ihm, der stärksten wirtschaftlichen und intellektuellen Kraft, den gebührenden Platz in der Gesellschaft verwehrte.

Vielfältigen sozialen Zündstoff gab es freilich nicht nur im Verhältnis zwischen Privilegierten und Nichtprivilegierten, sondern innerhalb des Dritten Standes selbst, der 98 Prozent der Bevölkerung umfaßte. Die soziale Kluft, die den reichen Geschäftsmann, den erfolgreichen Anwalt oder prominenten Literaten vom Adel trennte, war meistens viel geringer als die Distanz zu den städtischen Unterschichten, die unter dem verächtlichen Namen *peuple* zusammengefaßt wurden, aber durchaus heterogene Gruppen umfaßten: Zunfthandwerker, fliegende Händler, Manufakturarbeiter, Hilfsarbeiter, Tagelöhner, Fuhrleute, die in einer Stadt wie Paris besonders zahlreichenen Bediensteten und Hausangestellten, schließlich – auf der untersten Sprosse – Arbeitslose, Bettler, Prostituierte, Gelegenheitsdiebe.

Gemeinsam war diesen Unterschichtgruppen, daß ihre Existenz stets gefährdet, ihre Lebensperspektive unsicher war, daß sie zunehmend marginalisiert und zum Objekt von Erziehungs- und Disziplinierungsmaßnahmen gemacht wurden. Aus der ständischen Gesellschaft ausgegrenzt, schufen sie sich ein eigenes soziales Beziehungs- und Kommunikationsnetz, eine «Kultur der Armut», die ihnen das Überleben inmitten von Elend, Dreck und Gestank ermöglichte. «In keinem anderen Viertel», so berichtet Mercier über den Kiez von Saint-Marcel, «sind die Menschen wilder, entflammbarer, streitsüchtiger und rebellischer als in diesem, und die Polizei geht denn auch behutsam mit ihnen um und hütet sich, sie zum Äußersten zu treiben, denn dann sind sie zu allem fähig.»[11] Das von Angst und Abwehr geprägte Bedürfnis der wohlsituierten Bürger, sich von diesem Milieu zu distanzieren, äußerte sich nicht nur in dem Ruf nach staatlicher Kontrolle, sondern auch (wie Alain Corbin gezeigt hat) in einer neuen Sensibilisierung des Geruchssinns und der Forderung nach mehr Hygiene.[12]

Ganz ähnliche Differenzierungen und Widersprüche bildeten sich auch im Schoße der ländlichen Gesellschaft aus: Die Wiederbelebung seigneurialer Rechte,verbunden mit der beginnenden Kapitalisierung der Landwirtschaft, beschleunigte die Zersetzung der traditionellen Dorfgemeinschaft. Einer relativ kleinen bäuerlichen Oberschicht stand ein wachsendes Heer von Parzellenbauern und Tagelöhnern gegenüber, die, um wirtschaftlich überleben zu können, einer zusätzlichen Lohnarbeit, nicht selten bei den reichen Bauern des Dorfes, nachgehen mußten.

So bietet die französische Gesellschaft im ausgehenden Ancien régime ein widersprüchliches Bild von Wandel und Beharrung. Ohne Zweifel war die ständische Privilegienordnung weiterhin eine soziale Tatsache; doch unter ihrer Decke bauten sich Spannungen auf, die bereits auf eine neue Realität gesellschaftlicher Klassenauseinandersetzungen verweisen.

Paradox Nr. 3: *Unfähig zur Reform.* In Frankreich, dem Mutterland des Absolutismus mit seiner scheinbar unbeschränkten Zentralgewalt, herrschte ein unbeschreibliches administratives Durcheinander. Der absolutistische Staat hatte nach und nach neue Institutionen geschaffen, ohne die alten zu beseitigen. Im Chaos sich überschneidender Zuständigkeiten fand sich die königliche Verwaltung selbst kaum noch zurecht. Neben den 34 *généralités*, in denen die Intendanten wirkten, gab es eigene *gouvernements* für die Militärverwaltung sowie besondere Gerichtsbezirke – im Norden *baillages*, im Süden *sénéchaussées* genannt –, darüber hinaus viele partikulare Sondergewalten.

Das Prinzip der Ämterkäuflichkeit, das immer mehr ausgeweitet wurde, um der Staatsschatulle zu zusätzlichen Einnahmen zu verhelfen, begünstigte Schlamperei und Korruption. Besonders drastisch zeigten sie sich in der Ineffektivität und den vielen aufreizenden Ungerechtigkeiten des Steuersystems. Nicht nur von Stand zu Stand, sondern auch von Provinz zu Provinz und von Stadt zu Stadt waren die Lasten unterschiedlich verteilt – eine Quelle ständiger Unzufriedenheit.

Die Funktionsunfähigkeit des Staatsapparats wurde verschärft durch den rapiden Autoritätsverfall der Krone. Ludwig XVI., der seit 1774 regierte, war ein wohlmeinender, aber wenig begabter Herrscher, der sich lieber den Vergnügungen der Jagd oder Basteleien in seiner Schlosserwerkstatt hingab als den Regierungsgeschäften. Um so mehr konnten sich hier die unkontrollierbaren Einflüsse der Hofpartei um Königin Marie Antoinette, der wenig populären «Österreicherin», entfalten. Nachhaltig erschüttert wurde das Ansehen der Krone durch eine Betrugsaffäre 1785/86, bei der es um ein Juwelenhalsband für die Königin ging und die ein grelles Licht warf auf Sittenverfall und Korruption am Hofe.

Der Niedergang der königlichen Autorität stärkte wiederum die korporativen Zwischengewalten im Staate, die Provinzialstände und die sogenannten Parlamente (*parlements*), die obersten Gerichtshöfe, die sich als Bollwerke ständischen Denkens jedem Abbau der Privilegien widersetzten. Der Königsmacht in Frankreich gelang es – im Unterschied zum «aufgeklärten Absolutismus» in einigen deutschen Territorien – nicht, durch rechtzeitige Reformen das gesellschaftliche Konfliktpotential zu entschärfen, das sich unter der Hülle der ständischen Privilegienordnung angesammelt hatte. Diese strukturelle, durch die Führungsschwäche des Monarchen verstärkte Unfähigkeit zur Reform ist gewiß eine der Bedingungen für den Ausbruch der Französischen Revolution.

Paradox Nr. 4: *Elite und Subkultur*. Die Aufklärung, diese scharfe Waffe der bürgerlichen Emanzipationsbewegung, war Ausdruck einer überständischen Elitekultur. In Lesegesellschaften und Diskussionszirkeln, in Akademien, Freimaurerlogen und Salons, die in der zweiten Hälfte des 18. Jahrhunderts überall in Frankreich wie Pilze aus dem Boden schossen, gaben sich neben den Bürgern auch liberale Adlige und Geistliche ein Stelldichein. Nirgendwo sonst war die

Verwischung der Standesgrenzen so deutlich sichtbar wie hier. Was zählte, waren nicht Herkunft und Etikette, sondern die Übereinstimmung der geistigen Neigungen und Interessen. Die «Encyclopédie», jenes große Kollektivunternehmen der Aufklärung, ließ sich nicht nur im gebildeten Bürgertum, sondern auch in Adelskreisen gut verkaufen.[13] Tocqueville konnte sich noch im Rückblick nicht genug wundern über die «seltsame Verblendung» der Aristokratie, die mit den Lehren der Aufklärung als «sehr geistreichen Gedankenspielen» kokettierte, ohne zu bedenken, daß sie eines Tages in die gesellschaftliche Realität umgesetzt werden könnten: «Sie gab sich selbst gern zum Zeitvertreib damit ab und genoß in Ruhe ihre Freiheiten und Privilegien, indem sie sich mit heiterer Zufriedenheit über die Absurdität aller bestehender Einrichtungen verbreitete.»[14]

Von jenen exklusiven Zirkeln einer bürgerlich-aristokratischen Elite ausgeschlossen blieb freilich die Masse der finanziell unbemittelten Schriftsteller und Journalisten. Dieses junge, intellektuelle Proletariat bildete in der Hauptstadt Paris eine literarische Subkultur – Voltaire nannte sie die *canaille de la littérature*[15] –, die sich durch Zuwanderung von Möchtegernautoren aus den Provinzen ständig ergänzte. Ihre kärgliche Existenz bestritten diese Literaten vorwiegend durch das Verfassen sogenannter *libelles* oder *chroniques scandaleuses*, Pamphlete und Schmähschriften, in denen sie Sittenlosigkeit und Korruption der Privilegierten anprangerten und pikante Enthüllungen über das Liebesleben des Königs und seines Hofstaats präsentierten.

Die subversive Wirkung dieser Untergrundliteratur, deren Kenntnis wir vor allem dem amerikanischen Historiker Robert Darnton verdanken[16], ist offenbar nicht gering einzuschätzen: Sie entzauberte die Symbole und zerstörte die Mythen, die der Monarchie in den Augen der Untertanen bislang Legitimität verliehen hatten. Gewiß, die Schriftsteller der Aufklärung haben die Revolution nicht «gemacht», wie ihnen später von konservativer Seite immer wieder vorgehalten wurde. Wohl aber haben sie mit ihren Botschaften den Bewußtseinswandel der Gesellschaft vorangetrieben und entscheidend zur Entstehung einer kritischen Öffentlichkeit beigetragen. «Unstreitig hat die Philosophie», so wird Jean Paul Marat im November 1789 in seiner Zeitschrift *Ami du peuple* schreiben, «der gegenwärtigen Revolution den Weg bereitet, sie eröffnet und gefördert. Worte allein sind jedoch unzureichend: Es bedarf der Taten.»[17]

Was Taten bewirken konnten, das lehrte auf eindrucksvolle Weise das Beispiel Amerikas. Durch die Unterstützung des amerikanischen Unabhängigkeitskampfes (1775–1783) sorgte die französische Krone selbst dafür, daß die Sympathien für die amerikanischen Freiheitskämpfer in Frankreich besonders hohe Wellen schlagen konnten. Aus Amerika zurückkehrende Freiwillige wie der Marquis de Lafayette trugen in ihrem Gepäck eine «Erklärung der Menschenrechte». Benjamin Franklin, der amerikanische Abgesandte, Erfinder des Blitzableiters, fand in Frankreich begeisterte Aufnahme. Ein 1778 in Marseille gegründeter Club führte unter seinem Bildnis den Wahlspruch, der bald zum geflügelten Wort werden sollte: «Er hat dem Himmel den Blitz und dem Tyrannen das Zepter entrissen.»[18]

Paradox Nr. 5: *Adelsrevolte gegen die Krone.* Zu den größten Paradoxien in der Vorgeschichte der Französischen Revolution gehört freilich, daß der Adel selbst dem Ancien régime den ersten Stoß versetzte und damit – ohne es zu wollen – die Lawine lostrat. «Man kann nicht oft genug darauf hinweisen», so hat schon der sozialistische Revolutionshistoriker Albert Mathiez 1930 betont, «daß es die Privilegierten waren ..., die das göttliche Recht zerstört und das Repräsentativsystem vorbereitet haben».[19]

Ein jeder Versuch der Krone, den drohenden Staatsbankrott durch Abbau der Steuerprivilegien abzuwenden, stieß auf den entschiedenen Widerstand der Adelsfronde. Zum Zentrum dieser adligen Standespolitik wurde das Pariser Parlament, das als höchster Gerichtshof für die juristische Überprüfung und Registrierung der königlichen Edikte zuständig war. Ihm gelang es, alle Reformgesetze zu blockieren und einen Reformminister nach dem anderen zu Fall zu bringen. Ob Anne Robert Turgot, ein bedeutender Physiokrat, Jacques Necker, der Genfer Bankier, Charles Alexandre de Calonne, ein erfahrener Intendant, oder Etienne de Loménie de Brienne, der Erzbischof von Toulouse – sie alle scheiterten, als sie es wagten, «die heilige Kuh der Steuerfreiheit auf dem Altar der absoluten Monarchie (zu) schlachten» (so die treffende Formulierung des Leipziger Revolutionshistorikers Walter Markov).[20]

Die wechselvolle Geschichte des Konflikts zwischen Krone und Pariser Parlament erreichte ihren Höhepunkt 1787/88, als der König ein letztes Mal versuchte, das widerspenstige Parlament zu entmachten. Nun steigerte sich der Widerstand der Adelsfronde zu einer regelrechten Adelsrevolte. Georges Lefebvre hat sogar von einer «Revolution des Adels» gesprochen, die den drei folgenden Revolutionen der Bürger, des Volkes von Paris und der Bauern vorausgegangen sei.[21] Die Parlamente in Paris und in den Provinzen mobilisierten jetzt die öffentliche Meinung im ganzen Land gegen die Regierung, indem sie sich bedenkenlos der Aufklärungsrhetorik bedienten und die Forderung nach Einberufung der – 1614 suspendierten – Generalstände zu eigen machten.

Nichts lag der Adelsopposition indes ferner als der Gedanke an einen Systemwechsel. Die taktische Allianz mit dem Bürgertum gegen die Krone diente allein dem Zweck, die bedrohten gesellschaftlichen Vorrechte zu retten. Alsbald sollte sich der Adel in der Situation des Zauberlehrlings wiederfinden, der die Geister, die er gerufen hatte, nicht wieder loswurde.

Am 8. August 1788 gab die Regierung dem vereinten Verlangen der Parlamente und der Öffentlichkeit nach und kündigte die Einberufung der Generalstände für Anfang Mai 1789 an. Der *point of no return* war erreicht. Bereits nach einigen Wochen brach die Zweckgemeinschaft von Aristokratie und Bürgertum auseinander. Der Beschluß des Pariser Parlaments vom 21. September 1788, die Generalstände nach dem Modus von 1614, also getrennt nach Ständen, zusammentreten und abstimmen zu lassen, machte vor aller Augen deutlich, daß es der Adelsopposition nur um die Verteidigung ihrer standespolitischen Interessen ging. Über Nacht verlor sie die Sympathien der aufgeklärten Öffentlichkeit, die sich den Wortführern des Dritten Standes zuwandte.

Der Kern des Konflikts lag plötzlich unverhüllt zutage. «Die öffentliche Debatte hat ein anderes Gesicht bekommen», stellte der Journalist Mallet du Pain im Januar 1789 rückblickend fest. «Es geht erst in zweiter Linie um König, Despotismus und Verfassung; es handelt sich um einen Krieg zwischen dem Dritten Stand und den beiden anderen Ständen.»[22]

An die Spitze des Kampfes gegen die Privilegierten trat eine Patriotenpartei (*parti national*). Sie setzte sich zusammen aus bekannten Vertretern des Dritten Standes: Advokaten, Journalisten, Schriftstellern, Geschäftsleuten; dazu stießen liberale Adlige wie Lafayette oder Graf Mirabeau und Geistliche wie der Generalvikar von Chartres, Abbé Sieyès. Aus dessen Feder stammte auch die erfolgreichste aller

Broschüren, die in diesen Monaten – nach faktischer Aufhebung der Zensur – das Land überschwemmten und die Forderungen des Dritten Standes bis in den letzten Winkel Frankreichs trugen. «Was ist der Dritte Stand?» fragte der Verfasser dieser im Januar 1789 veröffentlichten Flugschrift. Die berühmte Antwort: «*Alles*. Was stellt er in der politischen Ordnung bisher dar? *Nichts*. Was fordert er? *Etwas zu sein*.»[23]

Die Kernforderung der Patriotenpartei lautete: Verdoppelung der Vertreter des Dritten Standes (statt 300 also 600 Sitze). Diese Forderung hatte nur dann Sinn, wenn künftig in den Generalständen nicht mehr nach Ständen, sondern nach Köpfen abgestimmt wurde. Bei einer solchen Regelung, so konnte man sich ausrechnen, würden reformfreundliche Adlige und Geistliche mit dem Dritten Stand votieren und ihm eine klare Mehrheit verschaffen.

Finanzminister Necker – er war im August 1788 nach der Entlassung Briennes zurückberufen worden – konnte dem König zwar im Dezember 1788 das Versprechen einer Verdoppelung der Abgeordnetenzahl des Dritten Standes abringen; doch der Abstimmungsmodus wurde bewußt offengehalten. Diese Unsicherheit belastete bereits die Wahlen vom Frühjahr 1789. Adel und Geistlichkeit bestimmten ihre Vertreter in ihren Wählerversammlungen direkt; der ungleich zahlreichere Dritte Stand – wahlberechtigt waren alle männlichen Franzosen über 25 Jahre, die einen festen Wohnsitz nachweisen konnten und in der Steuerrolle erfaßt waren – wählte in zwei, in den Städten sogar in drei Stufen.

Dieses Wahlverfahren begünstigte die bereits bekannten und redegewandten Vertreter des Bürgertums, vor allem die Juristen. Sie stellten daher das weitaus stärkste Kontingent der Abgeordneten; dagegen zog kein einziger Bauer oder Angehöriger der städtischen Unterschichten in die Generalstände ein. Während in der Vertretung des Adels die reformfeindliche Fraktion dominierte, war das Verhältnis bei den Abgeordneten des Klerus umgekehrt: Eine große Zahl der gewählten Pfarrer – viele darunter aus einfachen Verhältnissen stammend – sympathisierte mit den Forderungen des Dritten Standes.

Mit den Wahlen zu den Generalständen verbunden war die Abfassung von Beschwerdeheften (*cahiers de doléances*), über die in den Wahlversammlungen verhandelt und die schließlich den Delegierten als bindendes Wählervotum mit auf den Weg gegeben wurden. Über

60000 solcher *cahiers* wurden angefertigt – François Furet hat in diesem Zusammenhang, wohl etwas überpointiert, von der «größten Volksbefragung in der modernen Geschichte» gesprochen.[24] Auch wenn diese Hefte nicht immer ein getreuer Spiegel der tatsächlichen Verhältnisse waren – nicht selten wurden kursierende Mustertexte als Vorlage benutzt oder schreibkundige Pfarrer und Notare mit der Abfassung betraut –, bieten sie doch in ihrer Gesamtheit einen recht zuverlässigen Einblick in die alltäglichen Gravamina und kollektiven Hoffnungen der Menschen im vorrevolutionären Frankreich.

Besonders für die Politisierung der Unterschichten waren die Beschwerdehefte bedeutsam, weil sie die großen Schicksalsfragen der Nation unmittelbar mit den kleinen Alltagssorgen verknüpften. «Da war die Bewegung ungeheuer und tief wie ein Erdbeben», so hat Jules Michelet die Regungen des erwachenden Volkes beschrieben. «Es ging ein Zittern durch die Masse bis zu den dunklen, stummen Regionen, wo man am wenigsten Leben vermutet hätte.»[25]

Überschattet wurde diese Bewegung durch eine schwere ökonomische Krise, die – wohl zufällig – gerade zu einem Zeitpunkt über Frankreich hereinbrach, als der Legitimationsverfall des absolutistischen Staates bereits weit fortgeschritten war. Dennoch hat erst dieses Zusammentreffen, wie Labrousse zu Recht hervorgehoben hat, die Revolution gleichsam unvermeidlich gemacht, weil dadurch die gesellschaftlichen Spannungen und politischen Leidenschaften auf einen Siedepunkt geführt wurden.[26]

Ausgelöst wurde die ökonomische Rezession durch zwei Mißernten. Sie trieben den Brotpreis in die Höhe, für den damals etwa die Hälfte der Ausgaben im Budget eines Manufakturarbeiters oder Tagelöhners aufgewendet werden mußte. Preissteigerungen um 150 Prozent waren keine Seltenheit. Für die Ärmsten der Armen wurde das tägliche Brot nahezu unerschwinglich. Der Königin Marie Antoinette wurde der zynische Kommentar in den Mund gelegt: «Wenn es den armen Leuten an Brot fehlt, warum essen sie dann nicht Kuchen?»[27]

Verschärft wurde die Krise durch die Auswirkungen des liberalen Handelsvertrages mit England von 1786. Vor allem die französische Textilindustrie war der Konkurrenz der billigeren britischen Waren nicht gewachsen. Andere Gewerbezweige wurden in Mitleidenschaft gezogen; die Arbeitslosigkeit griff um sich. Hungerrevolten, Volksaufläufe, Tumulte waren im Winter und Frühjahr 1789 im ganzen Land an der Tagesordnung. Einen Höhepunkt erreichte die Unruhe Ende April 1789 in Paris, als Arbeiter im Faubourg Saint-Antoine die Wohnhäuser der Fabrikanten Réveillon und Henriot (beide hatten in Wahlveranstaltungen über zu hohe Löhne geklagt) stürmten und plünderten. Das herbeigerufene Militär eröffnete ohne Vorwarnung das Feuer; über hundert Menschen fanden den Tod. «Dieser erste Auflauf könnte gut nur das Vorspiel einer Erhebung dieser Klasse sein», schrieb ein Beobachter an Finanzminister Necker.[28]

Die Ahnung trog nicht. Der *peuple*, der sich bislang eher fatalistisch mit der Verschlechterung seiner Lebensbedingungen abgefunden hatte, entwickelte ein unbekanntes Selbstbewußtsein, das ihn zu eigenem Handeln befähigte. Damit traten die Interessengegensätze innerhalb des Dritten Standes deutlicher zutage. Für das Bürgertum war die Réveillon-Affäre ein Menetekel, ein warnender Fingerzeig, daß der nützliche Verbündete im Kampf gegen die Privilegierten sich eines Tages als Widersacher entpuppen könnte.

Doch das war Zukunftsmusik. Vorerst ruhten alle Hoffnungen auf den Generalständen, die am 5. Mai 1789 in Versailles zusammentraten. Schon das Eröffnungszeremoniell, das die Abgordneten des Dritten Standes bewußt zurücksetzte, machte jedoch deutlich, daß die Krone gar nicht daran dachte, der Reformbewegung irgendwelche Konzessionen zu machen. Die Kernfrage: Abstimmung nach Köpfen oder Ständen? blieb unentschieden. Der Dritte Stand spielte auf Zeitgewinn, indem er sich weigerte, die formelle Konstituierung zu einer getrennten Kammer zu vollziehen (was bedeutet hätte, daß er die Abstimmung nach Ständen akzeptierte).

Einen Monat lang geschah in Versailles praktisch nichts, während überall im Land die Erregung wuchs. Endlich, am 10. Juni, kam Bewegung in die erstarrten Fronten. Auf einen Antrag des Abbé Sieyès luden die Abgeordneten des Dritten Standes die Vertreter der beiden ersten Stände dazu ein, sich mit ihnen – zwecks gemeinsamer Prüfung der Vollmachten – zu vereinigen. Dem Aufruf leisteten bis zum 16. Juni neunzehn Abgeordnete des niederen Klerus Folge.

Jetzt überstürzten sich die Ereignisse. Am 17. Juni erklärte sich der Dritte Stand zur «Nationalversammlung» – ein revolutionärer Akt, der den Beginn einer neuen Ära in Frankreich einläutete. Am 19. Juni entschied sich eine Mehrheit des Klerus, mit dem Dritten Stand zusammenzugehen. Am 20. Juni folgte der berühmte Schwur im Ballhaus (in das der Dritte Stand hatte ausweichen müssen, da ihm der Zutritt zu seinem Versammlungssaal verwehrt wurde). Darin verpflichteten sich alle Abgeordneten, niemals auseinanderzugehen und sich «überall zu versammeln, wo die Umstände es gebieten, so lange, bis die Verfassung des Königreiches ausgearbeitet ist und auf festen Grundlagen ruht».[29]

Am 23. Juni erklärte Ludwig XVI. die Beschlüsse der Nationalversammlung für ungültig und befahl dem Dritten Stand, wieder getrennt zu tagen – vergeblich. «Nur vor der Gewalt der Bajonette werden wir vom Platze weichen», schleuderte Mirabeau dem königlichen Zeremonienmeister entgegen.[30] Vor dieser Entschlossenheit trat der König den Rückzug an. Am 27. Juni erging die Aufforderung an Adel und Klerus, sich mit dem Dritten Stand zu vereinigen. Die Krone hatte sich dem Willen der Nationalversammlung unterworfen; das war das Ende der absoluten Monarchie in Frankreich.

Fast schien es, als hätte sich die Nationalversammlung mit den kühnen Beschlüssen vom Juni 1789 bereits übernommen und plötzlich Angst vor der eigenen Courage bekommen. Denn auf die Nachrichten von Anfang Juli, daß der König ausländische Söldnerregimenter um Paris und Versailles zusammenziehen ließ, reagierte sie merkwürdig kraftlos und unentschlossen. Das Hauptquartier des Widerstands verlagerte sich in die Kapitale.

Die Hoffnungen, die durch die Einberufung der Generalstände ausgelöst worden waren, die Erbitterung über die anhaltende Brotteuerung, die im Juli 1789 einen Höchststand erreichte, wilde Gerüchte über ein «aristokratisches Komplott», die durch die Entlassung des als liberal geltenden Necker am 11. Juli weitere Nahrung erhielten – all das vermengte sich zu einem explosiven Gemisch, das sich im Sturm auf die Bastille am 14. Juli 1789 entlud.[31] Erst das Eingreifen des *peuple* von Paris, das zum Muster der Umwälzung in vielen anderen Städten wurde und auf dem Lande in der kollektiven Panik der *grande peur* gleichsam ein verzerrtes Echo fand, sicherte das Werk der Nationalversammlung und verhalf der Revolution zum Sieg.

Der 18. Brumaire

Napoleons Griff zur Macht

In den Abendstunden des 23. August 1799 verließen zwei Fregatten den Hafen von Alexandria. An Bord der einen befand sich Napoleon Bonaparte, der Oberbefehlshaber des eineinhalb Jahre zuvor nach Ägypten entsandten französischen Expeditionsheeres. Ihn hielt es nicht länger im Orient, seit das Kriegsglück auf dem europäischen Kontinent sich wieder zu Frankreichs Ungunsten zu wenden schien. Er überließ Jean Baptiste Kléber das Kommando und machte sich davon. Die Überfahrt war ein riskantes Unterfangen. Denn die englische Flotte unter Admiral Nelson kontrollierte das Mittelmeer und hätte sich nur zu gern des Generals bemächtigt. Doch dem gelang es, durch das Netz der Patrouillen zu schlüpfen. Am 9. Oktober, nach einer strapaziösen Reise von 47 Tagen, betrat er bei Fréjus wieder französischen Boden.

Ein Feldherr, der seine Truppen im Stich ließ – mußte der nicht fürchten, öffentlich zur Rechenschaft gezogen zu werden? Das Gegenteil war der Fall. Wo immer Bonaparte auf seinem Wege nach Paris Station machte, bereitete man ihm einen begeisterten Empfang. «Eine ungeheure Menschenmenge erwartete ihn», so wurde etwa aus Avignon berichtet. «Als sie den Helden sah, überschlug sich die Begeisterung, die Luft hallte wider von Beifallsrufen und vom Schrei ‹Vive Bonaparte›, und die Menge und die Rufe folgten ihm bis in sein Quartier.»[1] Seit seinen großen Siegen im Italien-Feldzug 1796/97 war Napoleon populär wie kein zweiter General der Republik, und die Ägypten-Expedition hatte seinem Nimbus keinen Abbruch getan. Viele Franzosen verbanden mit seiner Rückkehr die Hoffnung, er werde dem erschöpften Land endlich den ersehnten Frieden bringen. Die spätere Napoleon-Legende machte daraus den Mythos vom Retter, den das Schicksal dazu bestimmt habe, die inneren Gegensätze zu versöhnen und Frankreich zu neuer Größe zu führen.

Tatsächlich stand es mit der *grande nation* im zehnten Jahr der Revolution nicht zum besten. Zwar hatte sich die militärische Lage Ende September 1799 – nach den katastrophalen Rückschlägen vom Sommer – wieder stabilisiert; die Gefahr einer Invasion durch die Heere der zweiten Koalition (vor allem Englands, Österreichs und Rußlands) war gebannt. Doch die inneren Verhältnisse Frankreichs waren alles andere als stabil. Die Thermidorianer, die nach dem Sturz Robespierres am 27. Juli 1794 (nach republikanischer Zeitrechnung am 9. Thermidor des Jahres II), die Macht übernommen hatten, waren in weiten Kreisen der Bevölkerung verhaßt. Allzu offenkundig vertraten sie die Interessen einer schmalen Schicht von Spekulanten, Heereslieferanten, Großkaufleuten und Bankiers, die an der Revolution verdient und zum Teil riesige Vermögen zusammengerafft hatten. «Wie wenig Ähnlichkeit hat dieses Paris ... mit dem der Revolution!», fiel einem Beobachter auf, der 1797 aus Amerika zurückkehrte. «Bälle, Schauspiele und Feuerwerke sind an die Stelle der Gefängnisse und Revolutionsausschüsse getreten ... Die Damen des Hofes sind nicht mehr da, aber die Damen der Neureichen haben sie abgelöst; ihr Gefolge bilden wie einst die leichtfertigeren Geschöpfe, die in Luxus und extravaganter Kleidung mit ihnen wetteifern. Rund um diese Sirenen summt der Schwarm der gescheiten jungen Herren, die ... beim Tanz von Politik plaudern und nach der Rückkehr der Monarchie seufzen, indem sie Eis löffeln oder gähnend einem Feuerwerk beiwohnen.»[2]

Während die neureiche Bourgeoisie ihren Luxus aufreizend zur Schau stellte, litt das Volk von Paris wieder Hunger. «Unter Robespierres Herrschaft floß Blut, es fehlte nicht an Brot; heute fließt kein Blut mehr, und es fehlt an Brot», das war eine weitverbreitete Stimmung im radikalen Faubourg Saint-Antoine.[3] Im April und Mai 1795 hatten die Sansculotten noch einmal aufbegehrt – vergeblich. Damit war der revolutionären Volksbewegung das Rückgrat gebrochen; bis zum Juli 1830 sollten sich die Pariser Vorstädte nicht mehr rühren.

Unter der Herrschaft des Direktoriums, das seit Oktober 1795 die Geschäfte führte, blühte die Korruption wie noch nie. Obwohl Napoleons italienische Siegeszüge viel Beutegeld in die Staatskasse brachten, lavierte Frankreich am Rande des Staatsbankrotts. Beamte und Soldaten konnten nicht mehr bezahlt werden. In manchen Regionen brach die öffentliche Ordnung zusammen. Organisierte Räuberbanden machten die Gegend unsicher, überfielen Postkutschen und plünderten Bauernhöfe.

Hinzu gesellte sich eine Krise der politischen Institutionen. Die neue Verfassung von 1795 hatte sich nicht bewährt. Das Zusammenspiel zwischen der Exekutive, dem fünfköpfigen Direktorium, und der Zwei-Kammer-Legislative, dem Rat der Fünfhundert und dem Rat der Alten (mit 250 Abgeordneten), funktionierte nicht. Jedes Jahr mußte ein Drittel der Abgeordneten neu gewählt werden. Entsprach das Ergebnis nicht den Erwartungen des Direktoriums, dann schreckte es auch vor Wahlmanipulationen nicht zurück. 1797 traf es die Opposition von rechts, die Royalisten, ein Jahr darauf die linke Fraktion, die Neojakobiner. Beide Male wurden Mandate kassiert und Abgeordnete in die Strafkolonie Guyana verbannt. Im Sommer 1799, unter dem Eindruck der militärischen Bedrohung, drehte die neojakobinische Kammermehrheit jedoch den Spieß um. Sie setzte kurzerhand drei Direktoren ab und verfügte eine Zwangsanleihe bei den Vermögenden. Das Gespenst einer neuen Jakobinerdiktatur ging um und schürte die Angst vor einem Wiederaufleben des Bürgerkriegs.

So erklärt sich, daß man sich in Kreisen der Bourgeoisie und der Regierenden mit dem Gedanken an einen Staatsstreich anzufreunden begann. In den Mittelpunkt der Umsturzpläne rückte Emmanuel-Joseph Sieyès, der im Mai 1799 in das Direktorium gewählt worden war. Mit ihm trat eine der schillerndsten Figuren der Revolutionszeit ins Rampenlicht. Der Abbé, Jahrgang 1748, hatte am Vorabend der Revolution ein Manifest, «Was ist der dritte Stand?», veröffentlicht; es hatte ihn mit einem Schlage berühmt gemacht. Mit Glück und Geschick hatte er seither alle politischen Umbrüche überlebt, die Schreckensherrschaft der Jakobiner ebenso wie die nachfolgende Thermidor-Reaktion und 1797 sogar ein Attentat. Die Lehre, die der Verfassungsexperte aus dem Dauerkonflikt zwischen Direktorium und Kammermehrheiten zog, lautete: Die Exekutive mußte gestärkt, Frankreich wieder straffer regiert werden. Dabei war sich Sieyès im klaren darüber, daß ein Staatsstreich ohne Unterstützung der Armee nicht erfolgreich durchzuführen war. «Ich brauche ein Schwert», rief er im vertrauten Kreise aus.[4] Aber wer sollte es tragen?

Das konnte, wie die Dinge lagen, am Ende nur Napoleon Bonaparte sein. Sein Prestige als Feldherr war ein Faktor, den man bei allen Kombinationen nicht außer acht lassen durfte. Nach seiner triumphalen Rückkehr aus Ägypten wurden die Karten in Paris neu gemischt.

Vermutlich dachte Bonaparte, als er am 16. Oktober 1799 in seiner kleinen Villa an der Rue de la Victoire abstieg, selbst noch nicht an einen Staatsstreich; daß ein Umsturz in der Luft lag, konnte ihm jedoch kaum verborgen bleiben. Vorsichtig sondierte er das Terrain. Dabei suchte er jeden Anschein zu vermeiden, als wolle er selbst nach der Macht greifen. «In keinem Abschnitte meines Lebens habe ich größere Schmiegsamkeit nötig gehabt», erzählte er einige Jahre später einer Vertrauten.[5] In Zivil, allerdings umgürtet mit einem Türkensäbel, machte er dem Direktorium seine Aufwartung. Anfangs war er sich noch unschlüssig, mit wem er zusammengehen sollte. Paul de Barras, sein mächtiger Förderer von ehedem, dessen Mätresse Josephine de Beauharnais er geheiratet hatte, war nur noch ein Schatten seiner selbst und kam als Bundesgenosse nicht mehr in Frage. Gegenüber Sieyès, dem neuen starken Mann im Direktorium, empfand er eine lebhafte Abneigung, die dieser heftig erwiderte. «Haben Sie das Benehmen dieses kleinen Frechdachses einem Mitglied der Regierung gegenüber bemerkt, das befehlen könnte, ihn zu erschießen?», beschwerte der Abbé sich nach einer ersten Begegnung mit dem General.[6]

Dennoch waren die beiden, wenn der geplante Coup erfolgreich sein sollte, aufeinander angewiesen: Sieyès brauchte die Popularität Napoleons, um die Armee gegen die Kammern in Stellung bringen zu können; Napoleon wiederum benötigte den politischen Einfluß und das taktische Geschick des prominenten Direktoriummitglieds, um selbst ins Zentrum der Macht zu gelangen. Die Rolle des Vermittlers spielte Außenminister Talleyrand, der legendäre Diplomat, der mühelos den verschiedensten Herren dienen konnte.[7] Er arrangierte mehrere geheime Zusammenkünfte, zuletzt am 1. November (10. Brumaire) in der Wohnung von Napoleons jüngerem Bruder Lucien, der kurz zuvor zum Präsidenten des Rates der Fünfhundert gewählt worden war. Hier wurden die Einzelheiten der Aktion festgelegt: Unter dem Vorwand eines angeblich drohenden jakobinischen Komplotts sollten eine Woche später das Direktorium matt gesetzt und die beiden Kammern in die Nähe von Paris, nach Saint-Cloud, verlegt werden. Dort, unter dem «Schutz» der von Napoleon befehligten Truppen, wollte man die Abgeordneten dazu bringen, in ihre Entmachtung einzuwilligen und eine neue provisorische Exekutive in Gestalt von drei Konsuln zu bestimmen.

Wohlweislich hütete sich Napoleon, seine eigenen Ambitionen durchblicken zu lassen. Er beließ Sieyès in dem Glauben, daß er sich mit der ihm zugedachten Rolle eines bloßen Werkzeugs begnügen würde: «Sie sind der Kopf, und für alles weitere bin ich Ihr Arm.»[8] Das ganze Unternehmen war so angelegt, daß der Schein der Legalität gewahrt blieb. Die Armee sollte zwar als Drohkulisse bereitgehalten, aber nicht eingesetzt werden.

Zunächst läuft alles nach Plan. In den frühen Morgenstunden des 9. November (18. Brumaire) versammelt Napoleon in der Rue de la Victoire seine wichtigsten Offiziere um sich. Alle sind eingeweiht und bereit, ihrem Feldherrn zu folgen – bis auf Jean Baptiste Bernadotte, den Schwager von Napoleons älterem Bruder Joseph und späteren schwedischen König. Er hat demonstrativ keine Uniform angelegt und erklärt kühl, er werde sich an einer Verschwörung gegen die Republik nicht beteiligen.[9] Zu ungewöhnlich früher Stunde, zwischen 7 und 8 Uhr, tritt auch der Rat der Alten in seinem Sitzungssaal in den Tuilerien zusammen. Gleich zu Beginn werden die Deputierten durch die Nachricht aufgeschreckt, daß der Republik Gefahr von links drohe, durch die Neojakobiner. Ohne weitere Diskussion stimmen sie einem vorbereiteten Dekret zu, das die Verlegung des Tagungsorts beider Kammern in das Schloß von Saint-Cloud anordnet. Zugleich beauftragen sie Bonaparte mit der Durchführung des Dekrets und unterstellen die Pariser Truppen seinem Befehl.

Die erste Hürde ist damit genommen. Kurz nach 8 Uhr reitet Napoleon, begleitet von seinem militärischen Gefolge, zu den Tuilerien. In einem effektvoll inszenierten Auftritt vor dem Rat der Alten beschwört er seine Treue zur Republik. Was ihn wirklich bewegt, das läßt er erst draußen durchblicken, als er sich direkt an die Soldaten wendet. Schonungslos rechnet er hier mit den bisherigen Machthabern ab: «Was habt ihr aus diesem Frankreich gemacht, das ich euch so glänzend hinterließ! Ich hinterließ euch Frieden und finde Krieg! Ich hinterließ euch Siege und sehe die Feinde in unserem Land. Ich habe unsere Arsenale gefüllt hinterlassen und finde keine einzige Waffe mehr. Ich hinterließ euch die Millionen aus Italien und finde überall Elend und räuberische Gesetze! So kann es nicht weitergehen;

binnen drei Monate würde uns dieser Zustand zum Despotismus führen ... Es wird Zeit, daß man denjenigen, die das Vaterland verteidigen, das Vertrauen schenkt, das sie verdienen.»[10]

Um 11 Uhr verliest Lucien Bonaparte im Rat der Fünfhundert das zuvor vom Rat der Alten verabschiedete Dekret. Es regen sich einige Stimmen des Protests, aber der Verlegung der Kammern setzen die Abgeordneten keinen Widerstand entgegen. So ist auch das zweite Hindernis überwunden. Nun bleibt nur noch, das Direktorium für handlungsunfähig zu erklären. Sieyès, der Kopf der Verschwörung, und sein Kollege Roger Ducos treten zurück. Talleyrand überredet Barras, es ihnen gleichzutun; die beiden noch zögernden Direktoren, Gohier und Moulin, werden unter Hausarrest gestellt. Am Abend des 18. Brumaire gibt es in Frankreich keine Exekutive mehr. Zufrieden legt sich Napoleon zu Bett: «Heut ging's nicht schlecht, warten wir morgen ab.»[11] Ahnt er bereits, daß es am nächsten Tag nicht so glatt ablaufen wird?

Tatsächlich nehmen die Ereignisse am 19. Brumaire eine ganz unvorhergesehene Wendung. Zwar versammeln sich die beiden Kammern, wie vorgesehen, am Mittag im Schloß von Saint-Cloud, der Rat der Alten im Apollosaal eine Treppe hoch im rechten Flügel, der Rat der Fünfhundert zu ebener Erde in der Orangerie. Doch inzwischen sind den Abgeordneten Bedenken gekommen, ob denn alles mit rechten Dingen zugeht, und das Massenaufgebot von 6000 Soldaten, die den Tagungsort umstellt haben, nährt die Zweifel. Wo sind, fragt sich mancher, eigentlich die Beweise für das jakobinische Komplott? Und warum hat man den General Bonaparte mit so weitreichenden Vollmachten ausgestattet? In beiden Kammern entbrennt sofort eine Diskussion über die Notwendigkeit, ja Gesetzlichkeit der tags zuvor gefaßten Beschlüsse. Stunde um Stunde vergeht, ohne daß eine Entscheidung fällt. Im Gegenteil – im Rat der Fünfhundert werden die Abgeordneten namentlich aufgerufen, den Eid auf die Verfassung von 1795 zu erneuern, was einer Verurteilung der Aktion vom 18. Brumaire gleichkommt.

Derweil warten Napoleon, Sieyès und ihr Anhang in einem Salon im ersten Stock. Die euphorische Stimmung des vergangenen Tages ist längst verflogen; Ernüchterung macht sich breit. Mit dem Lärm der Debatten dringen auch immer beunruhigendere Nachrichten zu den Verschwörern. Schließlich reißt Napoleon der Geduldsfaden. Mit den Worten: «Das muß ein Ende nehmen!» eilt er, von einigen Offizieren eskortiert, in die Versammlung des Rats der Alten. Wahrscheinlich glaubt er, durch sein bloßes Erscheinen die Gemüter beruhigen und die Dinge zum Besseren wenden zu können.

Doch die Abgeordneten stellen ihm unangenehme Fragen, und Napoleon, zunehmend irritiert über den unerwarteten Widerstand, antwortet in einer konfusen Mischung aus vagen Ausflüchten und finsteren Drohungen. «Ich sah, welch schlechten Eindruck dieses Geschwätz auf die Versammlung machte», erinnert sich ein Begleiter, «da sagte ich leise zu ihm: ‹Gehen Sie, General, Sie wissen nicht mehr, was Sie sagen›, und ich zog ihn sanft am Ärmel.»[12] So schnell gibt Napoleon nicht auf. Nach seinem mißglückten Auftritt vor dem Rat der Alten strebt er ohne Zaudern dem Rat der Fünfhundert zu. Hier erlebt er ein Fiasko. Die Abgeordneten springen, kaum daß sie seiner ansichtig werden, auf, umringen ihn, packen ihn beim Kragen, stoßen ihn hin und her. Rufe ertönen: «*À bas le tyran! Hors la loi*!» («Nieder mit dem Tyrannen! Außerhalb des Gesetzes!»). Totenbleich, einer Ohnmacht nahe, weicht Bonaparte zurück. Grenadiere springen ihm zur Seite und schleppen ihn aus dem Saal.[13]

Alles scheint verloren. «*Hors la loi*!» – das war der Ruf, der Robespierre aufs Schafott brachte, und ein ähnliches Schicksal droht nun auch dem sieggewohnten General. Wie gelähmt, fast hilflos sitzt er im ersten Stock, unfähig, einen Entschluß zu fassen. Die Geschäftemacher und Konjunkturritter, die sich zuvor an ihn herangedrängt haben, beginnen sich von ihm abzuwenden. Fouché, der allgegenwärtige Polizeichef, ist plötzlich unauffindbar. Kein anderer als Lucien Bonaparte rettet die Situation. Geistesgegenwärtig hebt er die Sitzung des Rates der Fünfhundert auf und verhindert auf diese Weise die Abstimmung über die Ächtung seines Bruders. Sodann begibt er sich in den Schlosshof und erzählt den Soldaten der Parlamentswache, eine kleine verbrecherische Clique habe Napoleon erdolchen wollen. Noch zögern die bewaffneten Hüter der Legislative. Da ertönt ein Trommelwirbel. Die Linientruppen, die den ganzen Tag über Gewehr bei Fuß ausgeharrt haben, rücken vor. Nun gibt es auch unter den Wachsoldaten kein Halten mehr. Sie dringen in die Orangerie ein und jagen die Abgeordneten auseinander. Viele springen in Panik aus dem Fenster. Am Abend des 19. Brumaire beschließt ein Rumpfparlament aus etwa hundert Abgeordneten, die man in der Umgebung von Saint-Cloud aufgesammelt hat, die Bildung einer provisorischen Exekutive, bestehend aus den drei Konsuln Bonaparte, Sieyès und Roger Ducos. Das Triumvirat soll, unterstützt von zwei Kommissionen, eine neue Verfassung ausarbeiten.

Tocqueville hat den 18. Brumaire einen der am schlechtesten geplanten und durchgeführten Staatsstreiche genannt.[14] Zumindest war er einer der unblutigsten. Kein Schuß war gefallen. Das Volk von Paris nahm den Umsturz ohne Murren hin. «Jede der früheren Revolutionen», berichtete der preußische Gesandte, «hat Mißtrauen und Furcht eingeflößt. Diese hingegen – und ich habe mich selbst davon überzeugt – hat die Geister aufgerichtet und die lebhaftesten Hoffnungen erweckt.»[15] Die Geschäftswelt reagierte mit Erleichterung. Nach all den Aufregungen der Revolutionszeit schien nun eine Periode innerer Beruhigung angebrochen. «Frankreich will etwas wirklich Großes und Dauerhaftes. Fehlende Stabilität hat das Land zugrunde gerichtet, es verlangt daher nach Beständigkeit ... Es möchte endlich die Früchte zehnjähriger Opfer ernten», hieß es im «Moniteur» vom 15. November 1799.[16]

Sieyès aber war zum Gefangenen seiner eigenen Finessen geworden. Was er hatte verhindern wollen, war eingetreten: Die Armee hatte eingreifen müssen, um den Erfolg des Staatsstreichs sicherzustellen. Aus dem konstitutionell verbrämten Coup war ein Militärputsch geworden. Daraus zog ironischerweise gerade der Mann Nutzen, der durch sein klägliches Versagen in Saint-Cloud das ganze Unternehmen beinahe zum Scheitern gebracht hatte: Napoleon Bonaparte. «Und da haben wir den totalen Szenenwechsel», schrieb der Bankier Necker zehn Tage nach dem 18. Brumaire an seine Tochter, Madame de Staël. «Die Ähnlichkeit mit der Republik wird wohl gewahrt bleiben, die Fülle der Macht aber in den Händen des Generals liegen.»[17]

Sieyès hatte sich Napoleons als Werkzeug bedienen wollen; jetzt fand er in ihm seinen Meister. Die neue Verfassung, die im Dezember 1799 in Kraft trat, war ganz auf den neuen Mann zugeschnitten. An der Spitze der Exekutive standen drei Konsuln, die auf zehn Jahre ernannt wurden. Tatsächlich aber lag die Macht beim Ersten Konsul, dem gerade dreißigjährigen Bonaparte. Von der Revolution emporgetragen, machte er sich nun daran, sie zu beerben. In einer Proklamation versprach er seinen Landsleuten: «Bürger, die Revolution ist den Grundsätzen, von denen sie ihren Ausgang nahm, fest verbunden; sie ist beendet.»[18]

Brot oder Tod!

Der Juniaufstand 1848 in Paris

Paris, am 25. Juni 1848. Drei Tage schon herrscht in der Hauptstadt blutiger Bürgerkrieg. Der Donner der Geschütze dringt von den umkämpften Arbeiterbezirken im Osten bis in die Stadtviertel der Reichen im Westen. An diesem Tage flaniert Alexis de Tocqueville, gemäßigt-liberaler Abgeordneter der Nationalversammlung, durch die Straßen, natürlich in gebührender Entfernung von den Barrikaden. Plötzlich stellt sich ihm eine alte Frau in den Weg, die einen Gemüsekarren schiebt. In seinen Erinnerungen berichtet Tocqueville, was dann geschieht: «Ich forderte sie barsch genug auf, mir endlich Platz zu machen. Sie ließ aber den Karren stehen und stürzte sich plötzlich so rasend auf mich, daß ich die größte Mühe hatte, mich vor ihr zu schützen. Ich empfand den tiefsten Widerwillen vor dem abscheulichen und schreckenerregenden Ausdruck ihres Gesichts, in dem die gemeine und wilde Leidenschaft des Bürgerkriegs geschrieben stand.»[1] Eine aufschlußreiche Szene: Sie spiegelt die tiefe Kluft wider, die sich zwischen Besitzenden und Nichtbesitzenden, zwischen der *bourgeoisie* und dem *peuple*, aufgetan hatte.

Wie ganz anders war es noch Ende Februar 1848 gewesen, als das Volk von Paris das marode Julikönigtum des Louis Philippe gestürzt und die Republik ausgerufen hatte. «Überall herrschte Freude. Spaziergänger zogen durch die Straßen, und die Lampions in jedem Stockwerke verbreiteten taghelles Licht ... Der Stolz über ein erworbenes Recht strahlte aus allen Mienen. Die Fröhlichkeit von Karneval und Lagerleben erfüllte die Stadt, und man konnte sich keinen ergötzlicheren Anblick denken als den von Paris in diesen ersten Tagen», so hat Gustave Flaubert in seinem Roman «L'Éducation sentimentale»» die ausgelassene Stimmung beschrieben.[2] Die anfängliche Angst der Bürger vor einer Wiederholung des «Schreckens» von 1793 wich Erleichterung. «Die Reichen zitterten für ihren Geldkasten und machten große Augen, als nirgends gestohlen wurde», berichtete Heinrich Heine Anfang März aus Paris[3], und auch Tocqueville wunderte sich noch im Rückblick, «daß das gemeine Volk, das mit einem Schlage Herr von Paris geworden war, in diesem Augenblick keinen Haß und nicht einmal eine leidenschaftliche Erregung zeigte».[4]

Es war, als hätte ein allgemeiner Verbrüderungsrausch die Menschen erfaßt. Die Symbole der großen Revolution von 1789 kamen wieder zu Ehren. Man redete sich mit «Bürger» an, trug die Jakobinermütze und pflanzte Freiheitsbäume. «Alle Royalisten verwandelten sich damals in Republikaner und alle Millionäre von Paris in Arbeiter», spottete Karl Marx in seiner 1850 verfaßten Abhandlung «Die Klassenkämpfe in Frankreich 1848 bis 1850».[5]

Versöhnen statt spalten – so lautete auch das Programm der elfköpfigen provisorischen Regierung, die mit großer Zustimmung der Pariser Bevölkerung gebildet wurde. In ihr dominierten zwar die gemäßigten bürgerlich-liberalen Reformer, doch war die Linke immerhin mit dem sozialistischen Theoretiker Louis Blanc und dem Arbeiter Alexandre Martin (genannt Albert) vertreten.[6] Die markanteste Erscheinung war zweifellos der Dichter Alphonse de Lamartine, ein glänzender Redner, der sich als Sprecher der Opposition gegen die Herrschaft Louis Philippes einen Namen gemacht hatte. «Welch ein schöner Verein von wackern und begabten Männern», lobte Heinrich Heine, «alle durchglüht von weltbürgerlicher Menschenliebe! Tapfere Paladine des Friedens, wahre Ritter der Humanität, eine Tafelrunde, als deren lorbeergekröntes Haupt Herr de Lamartine zu betrachten ist.»[7]

Zu den ersten Maßnahmen der neuen Regierung gehörten die Abschaffung der Todesstrafe, die Aufhebung der Sklaverei in den Kolonien und die Einführung des allgemeinen Wahlrechts. Hinzu kamen soziale Reformen, die mit dem Laissez-faire-Prinzip der Julimonarchie brachen: die Arbeitszeit wurde verkürzt, ein «Recht auf Arbeit» verkündet und – eine spektakuläre Neuerung – «nationale Werkstätten» (*ateliers nationaux*) eingerichtet, in denen Arbeitslose Beschäftigung finden sollten. Ein neues Zeitalter des gesellschaftlichen Ausgleichs und des brüderlichen Miteinanders schien angebrochen.

Doch die Euphorie der ersten, der «halkyonischen Tage der Republik» (Roger Price)[8] war nur von kurzer Dauer. Rasch traten die Interessengegensätze wieder hervor – eine Folge vor allem der schlechten Wirtschaftslage. Die Konjunktur, die sich Ende 1847 wieder leicht belebt hatte, brach nach dem revolutionären Umsturz erneut ein. Börsenkurse verfielen, einige Banken mußten ihre Zahlungen einstellen. Pleiten und Konkurse nahmen sprunghaft zu. «Sie können sich gar nicht vorstellen», schrieb Prosper Merimée Anfang April 1848, «wie traurig diese vor sechs Wochen so lebendige Stadt unterdessen geworden ist. Man sieht nur noch Leute, die sich ruiniert haben, und leere Gesichter. Bleibt man bei sich zuhause, erblickt man Gespenster, geht man aber in Gesellschaft, hört man nichts anderes als Befürchtungen und vernimmt Kunde von Katastrophen, die Freunde ereilt haben oder ereilen können.»[9]

Am dramatischsten war der Anstieg der Arbeitslosigkeit. In den Pariser Nationalwerkstätten, die ursprünglich zehntausend Menschen Beschäftigung bieten sollten, drängten sich Ende Mai 1848 bereits über hunderttausend Arbeitslose.[10] Die Kosten für das Reformwerk belasteten den ohnehin strapazierten Haushalt. Um den drohenden Staatsbankrott abzuwenden, erhob die provisorische Regierung laut Dekret vom 16. März 1848 auf jeden Franc direkter Steuer einen Zuschlag von 45 Centimes. Diese Maßnahme traf vor allem die Landbevölkerung, die bereits unter dem Verfall der Agrarpreise zu leiden hatte. Viele Bauern wandten sich von der Republik ab und den konservativen Notabeln zu, die ihnen Stabilität und Ordnung versprachen. Das in der Provinz stets wache Mißtrauen gegenüber der Hauptstadt steigerte sich zur offenen Feindseligkeit. Besonderer Unmut richtete sich gegen die Arbeiter in den Nationalwerkstätten, die in den Augen des ländlichen Frankreich nur dem Müßiggang frönten und auf seine Kosten Steuergelder verpraßten.

Unzufriedenheit regte sich aber auch in Paris, vor allem in den Werkstätten selbst. Denn deren Praxis hatte sich von der ursprünglichen Idee Louis Blancs weit entfernt. Schwebte diesem eine «Organisation der Arbeit» vor, in der die Arbeiter, ihren beruflichen Qualifikationen gemäß, in selbstverwalteten Produktivgenossenschaften zusammenarbeiten sollten, wurden die Beschäftigten in den Nationalwerkstätten zumeist nur für unproduktive Notstandsarbeiten herangezogen. Die Arbeitsbeschaffung geriet nicht selten zur sinnlosen Beschäftigungstherapie; manchmal endete sie auch in bezahltem Nichtstun. Viele Arbeiter sahen sich in ihren Hoffnungen auf die Republik enttäuscht und verlangten nach entschiedenen Reformen. Zum

Fürsprecher solcher Forderungen machten sich zahlreiche politische Klubs und Zeitschriften, die ihm Frühjahr 1848 in Paris gegründet wurden. «Wir haben die Revolution noch immer nur dem Namen nach, wir brauchen mehr. Die politische Reform ist nur das Instrument zu einer sozialen Reform», hieß es in einem Manifest des «Club de la Révolution» vom März 1848.[11]

Die Radikalisierung der Armen verstärkte auf seiten der Besitzenden die Furcht vor Chaos und Anarchie. Der Ruf nach sozialen Reformen wurde nun mit «Sozialismus» identifiziert, hinter der Republik witterte man das Schreckgespenst der «roten Gefahr». Bemerkenswert scharf hat Gustave Flaubert die Sozialängste der Spießer aller Couleur aufs Korn genommen: «Nun stieg der Besitz im öffentlichen Respekt so hoch wie die Religion und wurde eins mit Gott. Die Angriffe, die man gegen ihn richtete, galten als Frevel am Heiligtum, beinahe als Menschenfresserei. Trotz der mildesten Gesetzgebung, die es jemals gab, drohte der Schemen von 1793, und das Beil der Guillotine blitzte in allen Silben des Wortes Republik.»[12]

Die Wahlen zur verfassunggebenden Nationalversammlung vom 23. April 1848 spiegelten den Umschwung wider, der inzwischen eingetreten war. Die Ordnungskoalition aus gewendeten Royalisten und gemäßigten Republikanern errang einen überwältigenden Sieg. Auf dem Lande setzten sich fast überall die wohlhabenden Honoratioren durch – unter ihnen auch Tocqueville, der sich noch nachträglich über die Einfalt der «Revolutionäre von 1848» mokierte, weil sie mit der Einführung des allgemeinen Wahlrechts ihren Gegnern «nur Waffen gegen sich selbst in die Hand» gegeben hätten.[13] Radikaldemokraten und Sozialisten durften nur auf 70 bis 80 der insgesamt 900 Parlamentssitze Platz nehmen. Die Nationalversammlung, die Anfang Mai 1848 zusammentrat, repräsentierte mithin nicht mehr die Vision einer *république democratique et sociale*, wie sie den Barrikadenkämpfern vom Februar vorgeschwebt hatte, sondern war nur noch Wegbereiterin einer bürgerlichen Republik. Deren Auftrag lautete, rasch zu «normalen Verhältnissen» zurückzukehren und alle «soziale Begehrlichkeiten» der Unterschichten entschlossen abzuwehren. Louis Blanc und Albert, die Fürsprecher des Pariser *peuple*, waren in der neuen Regierung nicht mehr vertreten.

Für die republikanischen Klubs in Paris war das Wahldesaster vom 23. April ein Schock. Am 15. Mai mobilisierten sie ihre Anhänger zu einer Demonstration. Vordergründig ging es um eine Sympathiekundgebung für den polnischen Freiheitskampf, doch dahinter stand die Absicht, außerparlamentarischen Druck auf die Nationalversammlung auszuüben und die Abgeordneten nachdrücklich an die Versprechungen des Februar 1848 zu erinnern. Wie so oft in revolutionär bewegten Zeiten gerieten die Ereignisse außer Kontrolle. Eine Gruppe militanter Demonstranten stürmte den Sitzungssaal der Nationalversammlung, erklärte diese für aufgelöst und zog anschließend zum Rathaus, wo eine neue Regierung ausgerufen wurde. Der dilettantische Putschversuch provozierte eine heftige Gegenreaktion. Die Wortführer der Linken wurden verhaftet, unter ihnen auch Auguste Blanqui, der Theoretiker des Aufstands und bestgehaßte Mann der Besitzbürger.[14]

Die mißglückte Aktion vom 15. Mai verschärfte die sozialen Spannungen und führte zu einer deutlichen Polarisierung. «Die ganze Gesellschaft» – so Tocqueville – «war in zwei Teile zerfallen: diejenigen, die nichts hatten, waren von einer gemeinsamen Begehrlichkeit, und die noch etwas hatten, von einer gemeinsamen Angst besessen. Zwischen diesen beiden großen Klassen gab es keine Verbindung und keine Gemeinsamkeit mehr, beide wurden von der Vorstellung beherrscht, daß der Kampf unvermeidlich sei und nahe bevorstehe.»[15]

Der Funke ins Pulverfaß war der Beschluß der Nationalversammlung, die Nationalwerkstätten aufzulösen. Sie galten der gemäßigten Kammermehrheit schon lange als eine gefährliche Brutstätte des Radikalismus. Mit diesem Unruheherd sollte zugleich die wichtigste soziale Errungenschaft des Februars beseitigt werden. Das kam einer Kriegserklärung des Bürgertums an den *peuple* gleich, denn für Zehntausende von Arbeitern bedeuteten die Nationalwerkstätten trotz aller Mängel einen Schutz vor Verelendung und ein Versprechen für die Zukunft.

Die Schließung der Werkstätten wird am 22. Juni bekanntgegeben, und sie löst einen Tag später den erwarteten Aufstand aus – den «größten und seltsamsten unserer und vielleicht auch der Weltgeschichte», wie Tocqueville ihn nannte.[16] Wieder einmal beweist das Volk in der östlichen Hälfte der Hauptstadt sein Talent beim Barrikadenbau, das Heinrich Heine bereits im Februar bewundert hatte: «Jene hohen Bollwerke und Verschanzungen, zu deren Anfertigung die deutsche Gründlichkeit ganze Tage bedürfte, sie werden hier in einigen Minuten improvisiert, sie springen wie durch Zauber aus dem Boden hervor, und man sollte glauben, die Erdgeister hätten dabei unsichtbar die Hand im Spiel.»[17]

Aus den Verhaftungslisten, in denen die Personalien von fast 12000 Teilnehmern des Juniaufstands verzeichnet sind, läßt sich ziemlich genau erschließen, wer auf den Barrikaden kämpft: Es sind nicht nur Arbeiter der verschiedensten Berufe, sondern auch Handwerker, kleine Ladenbesitzer, Gastwirte, Bürobedienstete – kurzum, ein Querschnitt durch die ärmeren Teile der Pariser Bevölkerung.[18] Was sie eint, ist der Haß auf die Reichen und die Hoffnung auf ein besseres Leben mit mehr Gerechtigkeit, ist der Traum von einer «sozialen Republik». Der Wissenschaftler François Arago, der Aufständische von der Verwerflichkeit ihres Tuns überzeugen will, bekommt zur Antwort: «Sie sind ein ordentlicher Bürger; wir empfinden für sie großen Respekt, aber sie haben gleichwohl nicht das Recht, uns Vorwürfe zu machen. Sie haben niemals Hunger gelitten, Sie wissen nicht, was das ist, das Elend!»[19] *Du pain ou la mort* – Brot oder Tod – lautet ein Schlachtruf der Barrikadenkämpfer.

Der Juniaufstand ist Ausdruck spontaner Empörung; ihm fehlt Führung und Organisation. Der Gegenschlag indessen ist ebenso kühl kalkuliert wie brutal. Diesmal soll ein Exempel statuiert werden. Zum militärischen Vollstrecker wird Louis Eugène Cavaignac bestellt – ein General, der bereits in Algerien einschlägige Erfahrungen gesammelt hat. Statt sich auf die Nationalgarde zu stützen, die im Februar versagte hatte, zieht er zuverlässige Linientruppen aus der Umgebung von Paris zusammen. Und er wendet eine neue Taktik an: Er läßt durch Artilleriebeschuß ganze Häuserblocks niederlegen, um die Barrikaden auch von der Seite her angreifen zu können. Der Straßenkampf wird mit größter Erbitterung geführt; erst am 26. Juni ist der letzte Widerstand im Faubourg Saint-Antoine gebrochen.

Die genaue Zahl der Opfer ist nicht bekannt. Auf seiten der Aufständischen sind mehrere tausend Tote und Verletzte zu beklagen; aber auch die Regierungstruppen haben schwere Verluste erlitten. Nach den Kämpfen nehmen die Sieger blutige Rache. Hunderte von Gefangenen werden standrechtlich erschossen. «Als die Barrikade in der Rue de la Mortellerie genommen wurde», erinnert sich der Maler Ernest Meissonier später, «erkannte ich den ganzen Schrecken einer solchen Kriegführung. Ich sah, wie die Verteidiger niedergeschossen und aus den Fenstern gestürzt wurden. Der Boden war mit Leichen übersät, die Erde rot von Blut.»[20] In seinem berühmten Bild «Die Barrikade» hat Meissonier den grauenhaften Anblick festgehalten.

Für Karl Marx wurde mit der «ungeheuren Insurrektion» vom Juni 1848 «die erste große Schlacht geliefert ... zwischen den beiden Klassen, welche die moderne Gesellschaft spalten».[21] Dieses Urteil muß korrigiert werden. Zum einen gab es in Frankreich ein Industrieproletariat erst in Ansätzen. Unter den Barrikadenkämpfern stellten die Fabrikarbeiter nur eine Minderheit. Zum anderen kämpften auf seiten der Regierung auch 15000 Männer der *garde mobile*, einer Polizeitruppe, die sich vor allem aus jungen Arbeitslosen rekrutierte. Gerade sie gingen mit besonderer Grausamkeit vor. «Sie glichen wütenden Mardern, die ihre Schnauzen in Blut tauchen», berichtete ein Zeitgenosse.[22] In gewisser Weise war also der Juniaufstand nicht nur ein Klassen-, sondern auch ein Bruderkampf.

Friedrich Engels hat Paris die Stadt genannt, «in der alle Nervenfasern der europäischen Geschichte sich vereinigen und von der in gemessenen Zeiträumen die elektrischen Schläge ausgehen, unter denen die ganze Welt erbebt».[23] Wie die Pariser Erhebung vom Februar 1848 das Signal gesetzt hatte für die Revolution in Europa, so leitete die blutige Niederschlagung des Juniaufstands die Wende zur Reaktion ein. Überall wurde Cavaignac als Retter vor der «roten Gefahr» gepriesen. Der britische Botschafter in Paris, Lord Normanby, schlug vor, ihm «den Dank der ordnungsliebenden Kräfte in allen Ländern» auszusprechen.[24] Die Kurse an der Berliner Börse zogen kräftig an, und Ludwig von Gerlach, einer der engsten Berater des preußischen Königs Friedrich Wilhelm IV., notierte erfreut im Zentralorgan der Gegenrevolution, der «Kreuzzeitung»: «Die Revolution, obschon sie erst vier Monate zählt, veraltet. Ihr Flitterstaat, ihre Schminke fällt ab. Ihre wahre Gestalt tritt hervor ... Man sieht, die Franzosen verstehen nicht bloß Revolution, sondern auch Reaktion zu machen.»[25] Der blutige Sieg Cavaignacs galt den preußischen Ultrakonservativen als Ansporn, nun ebenfalls das Rad der Entwicklung wieder zurückzudrehen. «Cavaignaquieren» wurde zu einem geflügelten Wort am preußischen Hofe.[26]

Unter den Arbeitern und Gesellen Berlins hingegen löste die blutige Niederschlagung des Pariser Juniaufstands Trauer und Entsetzen aus. «Auf den Straßen von Berlin, da fochten die Arbeiter nicht allein für ihr französisches Interesse, für uns kämpften sie mit, für uns sind sie gefallen», erklärte Stephan Born, der Vorsitzende des Berliner «Central-Comités der Arbeiter».[27]

Seit Ende Juni 1848 setzte in Frankreich eine rückläufige politische Bewegung ein – «anfangs sehr langsam und für das ungeschärfte Auge kaum sichtbar», wie Tocqueville beobachtete, «dann immer schneller und schließlich unwiderstehlich alles mit sich reißend».[28] Bei den Präsidentenwahlen im Dezember 1848 errang Louis Napoléon, der Neffe Napoleon Bonapartes, einen Erdrutschsieg. Drei Jahre später, am 2. Dezember 1851, setzte er mit einem Staatsstreich der Republik ein Ende. Der Traum eines demokratischen Europas war vorerst ausgeträumt.

Fünf Schüsse auf Bismarck

Ferdinand Cohen-Blind und das Attentat vom Mai 1866

Allmählich werden die Gäste in der Wilhelmstraße 76 unruhig. Wohl passiert es häufiger, daß der Hausherr verspätet vom Vortrag beim König zurückkehrt, doch an diesem 7. Mai 1866 dauert es besonders lange. In ihrem Salon müht sich Johanna von Bismarck redlich, der Gesellschaft die Wartezeit zu verkürzen. Endlich erscheint der preußische Ministerpräsident. Er wirkt aufgekratzter als sonst, begrüßt die Anwesenden mit ein paar Scherzen und entschwindet für eine Weile in sein Arbeitszimmer, um Wilhelm I. eine Botschaft zukommen zu lassen. Als die Gesellschaft sich danach zu Tische begibt, tritt Otto von Bismarck auf seine Gemahlin zu, küßt sie auf die Stirn und spricht in die erwartungsvolle Stille hinein: «Mein Kind, heute haben sie auf mich geschossen, aber es ist nichts.»[1]

Während er mit großem Behagen ißt, berichtet Bismarck der erstaunten Gesellschaft den Hergang des Attentats: «Ich ging Unter den Linden auf dem Fußweg zwischen den Bäumen vom Palais nach Hause. Als ich in die Nähe der russischen Gesandtschaft gekommen war, hörte ich dicht hinter mir zwei Pistolenschüsse. Ohne zu denken, daß mich das anginge, drehte ich mich unwillkürlich rasch um und sah etwa zwei Schritte von mir einen kleinen Menschen, der mit einem Revolver auf mich zielte. Ich griff nach seiner rechten Hand, während der dritte Schuß losging, und packte ihn zugleich am Kragen. Er faßte aber schnell den Revolver mit der linken, drückte ihn gegen meinen Überzieher und schoß noch zweimal. Ein unbekannter Zivilist half mir, ihn festzuhalten. Es eilten auch sogleich Schutzleute herbei, die ihn abführten, zusammen mit einer Patrouille vom zweiten Garderegiment, die zufällig des Weges kam. Als Jäger sagte ich mir: die letzten beiden Kugeln müssen gesessen haben, ich bin ein toter Mann. Eine Rippe tat zwar etwas weh, ich konnte aber zu meiner Verwunderung bequem nach Hause gehen.»[2]

«Ottochen», empört sich Johanna, «wenn ich einmal tot bin und die Himmelsleiter hinaufsteige, komme an der Höllentür vorbei und sehe den Kerl da stehen – dann geb' ich ihm einen Stoß, daß er ganz tief in die Hölle hineinfliegt!» «Ach Johanna», tadelt Bismarck seine fromme Frau, «wenn Du in dem Augenblick noch so denken könntest, wärst Du gewiß nicht auf der Himmelsleiter.»[3]

Kaum ist das Dîner beendet, kommt Wilhelm I., um dem Ministerpräsidenten zu seiner Rettung zu gratulieren. Er bringt seinen Leibarzt mit, Professor Lauer, der Bismarck gleich untersucht. Während dieser mit entblößter Brust vor seinem König steht, werden allerlei Vermutungen geäußert, wie es geschehen konnte, daß Bismarck unverletzt geblieben ist. Für Lauer grenzt dies an ein Wunder. «Hier ist keine andere Erklärung als die, daß Gottes Hand dazwischen gewesen ist.»[4] Dieser Deutung schließen sich auch die Extrablätter an, die noch am Abend des 7. Mai 1866 die Kunde vom Attentat verbreiten: «Gott der Herr hat sichtlich über das Leben des Grafen Bismarck gewacht.»[5]

Doch nicht göttliche Vorsehung, sondern Glück und Zufall hatten Bismarck das Leben gerettet. Der preußische Ministerpräsident, gerade von einer Krankheit genesen, war für die Jahreszeit ungewöhnlich warm angezogen gewesen. Unter einem dicken Mantel hatte er Rock, Weste und Hemd getragen, dazu noch eine seidene Unterjacke (allerdings nicht, wie immer wieder behauptet wurde, ein «Panzerhemd»). Die ersten Schüsse, die der Attentäter aus der Distanz abgab, hatten Bismarck nur gestreift; die beiden letzten Kugeln, die im Handgemenge direkt auf seine Brust abgefeuert wurden, durchbohrten zwar die Kleidung, glitten aber von der Rippe ab. Eine schmerzhafte Prellung – das war alles, was der Attackierte davontrug. Für seinen Attentäter endete das Unternehmen weniger glimpflich. Nach einem ersten Verhör im Polizeipräsidium schnitt er sich in einem unbeobachteten Moment mit einem Messer die Halsschlagader auf. Kurz nach vier Uhr in der Frühe erlag er seiner Verletzung.

Eigentlich kam der Anschlag nicht überraschend. Denn Bismarck war im Frühjahr 1866 der meistgehaßte Mann weit und breit. Wenn er damals, erinnerte er sich später, durch die Straßen gegangen sei, habe man «vor ihm ausgespien» und «mit Knallerbsen geworfen».[6] Seit seinem Amtsantritt als Ministerpräsident im September 1862 lag der als stockreaktionär verschriene Junker in einem Dauerkonflikt mit der liberalen Mehrheit des preußischen Landtags, die ihm das Geld für die geplante Heeresreform verweigerte. Ihren Widerstand hatte Bismarck mit diktatorischen Mitteln zu brechen versucht: Liberale Beamte wurden gemaßregelt, Zeitungen zensiert. «Das gegenwärtige Ministerium ist in einer Art mißliebig, wie selten eines in Preußen war», stellte Gerson Bleichröder, Bismarcks Bankier, im Februar 1863 fest[7], und daran hatte sich auch drei Jahre später nichts geändert. Der Haß auf Bismarck war sogar noch gestiegen, seit für jedermann zu erkennen gewesen war, daß er es auf einen Krieg mit Österreich um Preußens Vorherrschaft in Deutschland abgesehen hatte. «Mit einer solchen Schamlosigkeit, einer solchen grauenvollen Frivolität ist vielleicht nie ein Krieg angezettelt» worden, urteilte der Rechtsgelehrte Rudolf von Ihering am 1. Mai 1866. «Das innerste Gefühl empört sich über einen solchen Frevel an allen Grundsätzen des Rechts und der Moral ... Ich würde mir eher die Hand abhauen, als sie zu einem so grauenvollen Spiel darbieten, wie die preußische Politik sie jetzt mit Österreich ins Werk setzt – der einfache Sinn eines ehrlichen Menschen reicht an einen solchen Abgrund von Perfidie, d.h. nicht einmal zum bloßen Verständnis derselben, heran.»[8]

Nicht nur in Süddeutschland, auch in Preußen selbst war der bevorstehende «Bruderkrieg» äußerst unpopulär. Seit Anfang Mai 1866, als Gerüchte über die Mobilmachung kursierten, herrschte an den Börsen Panikstimmung. Der preußische Ministerpräsident wurde mit Drohbriefen geradezu überschüttet. Selbst seine hochkonservativen Freunde gingen auf Distanz zu ihm, nachdem er Anfang April, um Österreich zu provozieren, am Frankfurter Bundestag den Antrag auf Einberufung eines Nationalparlaments hatte einbringen lassen. Am 7. Mai, also am Tage des Attentats, brach Ludwig von Gerlach, Bismarcks politischer Ziehvater, in einem Leitartikel in der reaktionären «Kreuzzeitung» den Stab über die zum Krieg treibende Politik. Der Artikel habe ihn «schwerer verletzt» als die Kugeln des Attentäters, ließ Bismarck wenige Tage später Gerlach ausrichten.[9]

Die Nachricht vom Attentat verbreitet sich in Windeseile. Noch am Abend des 7. Mai versammeln sich in der Wilhelmstraße Berliner Bürger, um dem Ministerpräsidenten ihre Sympathien zu bezeugen. Inwieweit diese Kundgebungen spontan sind oder gesteuert, ist nicht eindeutig auszumachen. Wilhelm I. jedenfalls nimmt sie als Beweis dafür, daß «Bismarck doch nicht so verhaßt zu sein» scheine, «wie man es gern glauben machen möchte ... Die Teilnahme ist außerordentlich groß und eine Entschädigung für so viele Verfolgungen, die Bismarck erlitt», schrieb er an seine Frau Augusta, eine Intimfeindin des Junkers aus Schönhausen.[10] Tatsächlich herrscht jedoch keineswegs überall Freude über das Scheitern des Attentats. Er habe «im Volk gehorcht», berichtet der Publizist Franz Ziegler Mitte Mai 1866 aus Berlin, «und überall, besonders in unteren Schichten, ein Bedauern über das Nichtgelingen» feststellen können: «Der Haß ist bis zur Unnatur gestiegen, und ich würde mich gar nicht wundern, wenn das Attentat sich wiederholte.»[11] «Was habt Ihr in Deutschland für schlechte Pistolen», mit diesem Ausruf des Bedauerns stürzt der Physiologe Du Bois-Reymond, Professor an der Berliner Universität, unmittelbar nach dem Vorfall in eine Berliner Buchhandlung.[12]

Unter den Anhängern der liberalen Fortschrittspartei ist die Ansicht verbreitet, daß die ganze Affäre von Bismarck selbst inszeniert worden sei, um sich populär zu machen. Man traut ihm, dem verhaßten Konfliktminister, eben alle nur denkbaren Schandtaten zu. Der Bonner Historiker Heinrich von Sybel, der später einer der der glühendsten Bewunderer Bismarcks werden sollte, schreibt eine Woche nach dem Attentat: «Alles wird dominiert durch den bitteren, zähen, allgemeinen Haß, den die Mißregierung im Innern in den letzten 4 Jahren hervorgerufen und den leider gerade Bismarck durch seine Bedeutung und seine Allüren auf seine Person konzentriert hat.»[13]

Verständnis findet der Attentäter selbst in höchsten Kreisen. «Der arme, gutmeinende, aber verfehlende und kurzsichtige Unglückswurm, der auf Bismarck schoß, ist tot», bemerkt Victoria («Vicky»), die Gattin des preußischen Kronprinzen, in einem Brief an ihre Mutter, die Queen, vom 9. Mai. «Es ist besser so – besser Bismarck bleibt am Leben, um die Konsequenzen seiner unverantwortlichen Verrücktheit zu erleben, denn als Märtyrer zu sterben.»[14]

Als Märtyrer dagegen wird der Attentäter in ganz Süddeutschland gefeiert. In allen Schaufenstern ist seine Photographie ausgestellt und mit Blumen umkränzt. «Das Volk bezeichnet ihn laut als einen zweiten Wilhelm Tell», berichtet ein Londoner Korrespondent.[15] In Liedern und Gedichten wird die Tat gerühmt: «Und alle, die den wackern Jüngling kennen,/ Sie müssen liebend seinen Namen nennen.»[16] Im «Beobachter», dem Blatt der württembergischen Demokraten, ist zu lesen: «Es wird sich niemand getrauen, den jungen

Mann für einen schlechten Menschen zu erklären, der sein Leben daran gegeben hat, um das Vaterland von einem solchen Unhold zu befreien. Schade, daß er ihn nicht getroffen, rief ein Philister dem anderen zu, als gestern die Nachricht durch die Stadt flog.»[17] Ein württembergischer Landtagsabgeordneter erklärt unumwunden: «Er starb als ein Opfer der Freiheitsliebe. Solange Deutschland noch solche Jünglinge zu seinen Söhnen zählt, ist es nicht arm.»[18]

Wer war der als Freiheitsheld Gepriesene? Ferdinand Cohen-Blind wurde am 25. März 1844 in Mannheim geboren. Sein Vater, ein über fünfzigjähriger vermögender Witwer, hatte 1839 ein zweitesmal geheiratet, und zwar Friederike Ettlinger, die um fast dreißig Jahre jüngere Tochter eines Karlsruher Kaufmanns und Mitglieds des Oberrats der badischen Israeliten. Die Mutter Ferdinands war eine für ihre Zeit ungewöhnlich selbstbewußte Frau. Schon bald nach der Geburt ihres Sohnes liierte sie sich mit dem Studenten Karl Blind, der wegen radikaldemokratischer «Umtriebe» von der Universität Heidelberg gewiesen worden war. Sie unterstützte die revolutionäre Bewegung mit dem Geld ihres Mannes und half bei der Verbreitung von Flugschriften. Im Sommer 1847 wurde das Paar verhaftet und eingekerkert, was über Süddeutschland hinaus Aufsehen erregte. Ein Brüsseler Emigrantenblatt rühmte Friederike Cohen, weil sie «mehr Entschiedenheit» besitze «als 50 Maulhelden und Festessen-Liberale zusammen».[19]

Karl Blind zählte mit Friedrich Hecker und Gustav Struve zu den wenigen Achtundvierzigern, die unbeirrt eine demokratische Republik anstrebten, also liberale Freiheiten mit sozialen Rechten verbinden wollten. In allen Brennpunkten des revolutionären Geschehens war er zu finden: bei der Erstürmung des Karlsruher Zeughauses Ende Februar 1848, bei den Freischärlern des Hecker-Zuges im April, beim «Struve-Putsch» im September, schließlich auch beim zweiten badischen Aufstand im Mai 1849. Immer wieder saß er im Gefängnis, und seine Geliebte (die er 1849 heiratete) folgte ihm mit ihren Kindern auf all seinen Stationen, auch ins Exil, das über Paris und Brüssel 1852 nach London führte.

Für den jungen Ferdinand waren dies unruhige, aber auch lehrreiche Jahre. Durch seine Mutter und seinen Stiefvater erhielt er einen höchst lebendigen Anschauungsunterricht, wie es deutschen Patrioten erging, die nicht vor den Fürsten zu Kreuze krochen, sondern ihren republikanischen Idealen treu blieben. Freiheitsliebe und Tyrannenhaß wurden ihm gewissermaßen in die Wiege gelegt. Im Milieu der deutschen Emigration in London[20] bildete sich bei ihm der Wunsch aus, dem politischen Vorbild des bewunderten Stiefvaters nachzueifern. 1862, im Alter von achtzehn Jahren, kehrte er nach Deutschland zurück. Zunächst war er Gasthörer an der Tübinger Universität, seit Herbst 1864 studierte er an der Land- und Forstwirtschaftlichen Akademie Hohenheim bei Stuttgart. Seine Lehrer bescheinigten ihm vorzügliche Leistungen; 1865 wurde ihm der Preis als bester Schüler seines Jahrgangs zuerkannt. Nach Abschluß des Studiums im März 1866 begab er sich auf eine Wanderung durch Bayern und Böhmen, und während dieser Zeit, in der die Gefahr eines preußisch-österreichischen «Bruderkrieges» von Tag zu Tag wuchs, reifte sein Entschluß, Bismarck umzubringen. Er brach in Karlsbad seine Reise ab und fuhr mit dem Zug nach Berlin, wo er am 5. Mai im «Hotel Royal» Unter den Linden abstieg. Am nächsten Tag besorgte er sich einen Revolver und kundschaftete aus, wo er den preußischen Ministerpräsidenten am besten abfangen konnte.

In einem langen Abschiedsbrief, den er am 6. Mai an seine mütterliche Freundin Mathilde Weber, die Frau eines Tübinger Professors und Tochter des Hohenheimer Akademiedirektors, richtete, legte Ferdinand Cohen-Blind die Motive für seine Tat dar: «Bismarck ist ganz entschieden ein Verräter an Deutschland. Er ist die Hauptveranlassung zu dem bevorstehenden Krieg ... Weder das preußische noch das österreichische Volk wollen ja Krieg, er wird rein von oben diktiert, und da fällt der größte Teil der Schuld auf Bismarck ... Wenn man, wie ich es getan, durch die blühenden Gefilde Deutschlands gewandert ist, die bald unter den harten Fußtritten des Krieges verwüstet sein werden, und die große Zahl von jungen Leuten hat hinausziehen sehen, die ihr Leben für rein egoistische Zwecke einiger weniger lassen müssen, so fällt es einem nicht schwer, und kommt der Gedanke ganz von selbst, den Urheber dieses Übels zu strafen.»[21]

Ferdinand versicherte, daß er sich «nicht mutwillig in die Affäre stürze»: «Ich bin noch jung, die Welt steht mir offen, ungern scheide ich aus dem Leben.» Aber wenn Bismarck, dieser «Verräter an Deutschland», beseitigt werde, könne der Krieg vielleicht noch abgewendet werden. «Es ist doch wenigstens des Probierens wert, durch das Opfer zweier Leben viele zu retten.» Der zweiundzwanzigjährige Student hatte mit seinem Leben abgeschlossen. Als er sich zur Tat entschied, habe er sich, wie er Mathilde Weber schrieb, «das eigene Ich aus dem Herzen gerissen». Dies erklärt die fast heitere Ruhe, die er noch bewahrte, als er sich im Polizeipräsidium die tödliche Wunde zugefügt hatte.

Es kann nach alledem keinen Zweifel geben, daß Ferdinand Cohen-Blind den Entschluß zum Attentat ganz allein gefaßt und ausgeführt hatte. Bismarck aber ist von Anfang an entschlossen, den Anschlag für seine Zwecke zu nutzen, indem er ihn als Werk einer großangelegten Verschwörung ausgibt. Bereits am 7. Mai spricht er in einer Botschaft an den russischen Zaren von einem Mordkomplott «süddeutscher Revolutionäre»[22], und wenige Tage später teilt er dem britischen Gesandten in Berlin, Lord Loftus, ganz vertraulich mit, daß «in Württemberg eine Geheimgesellschaft existiere, deren Mitglieder sich geschworen hätten, Kaiser Napoleon, den König von Preußen, ihn selbst und andere zu ermorden».[23] Ehemalige Studienfreunde von Cohen-Blind werden überwacht, die noch an der Akademie Studierenden müssen sich Verhören unterziehen, die mit der Frage beginnen: «Gehörten Sie zum Bunde der sieben, die Bismarck ermorden wollten?»[24]

Natürlich ist das Ergebnis der Nachforschungen gleich Null. Aber so schnell gibt Bismarck nicht auf. Nachdem ihm Polizeidirektor Wilhelm Stieber eine «gefährliche Verschwörung» signalisiert hat, «an deren Spitze der alte Blind steht»[25], setzt er zwei Polizeibeamte nach London in Marsch. Sie sollen die dortige Emigrantenszene ausspionieren und die vermuteten Hintermänner des Attentats aufspüren. Einer der beiden Beamten, Polizeihauptmann Greiff, zeigt sich für die Aufgabe bestens präpariert, denn er ist bereits im Jahr 1851 zusammen mit Stieber in London gewesen, um dort Beweismaterial für eine angebliche kommunistische Verschwörung zu sammeln, das dann im berüchtigten Kölner Prozeß von 1852 Verwendung fand.[26]

Doch zu Bismarcks größtem Kummer ergeben die Recherchen keinerlei Anhaltspunkte für ein Mordkomplott. Man sei in der Familie Karl Blinds, berichtet Greiff Ende Mai, «über die Tat des jungen Blind entsetzt gewesen, und noch heute liegt die Mutter infolge der Nachricht schwer krank darnieder».[27] Tatsächlich hat Karl Blind von dem Attentat nicht das geringste geahnt; allerdings sieht er auch keinen Anlaß, sich von seinem Stiefsohn zu distanzieren. In einem Nachruf für die «Times» vom 10. Mai schreibt er: «Wenn andere ihn tadeln, von mir, zu dem er als zu seinem Vater hinsah, soll keiner je sagen können, ich ließe einen Makel auf ihn werfen, dessen Eingebungen die seelenreinsten waren, und der in mutvoller Begeisterung – wenn auch unter tiefsten Schmerzen meiner trostvollen Frau, meiner selbst und meiner Familie – sein junges und vielversprechendes Leben für die Wohlfahrt seines Vaterlandes dahingegeben hat.»[28]

In der Londoner Emigrantenszene war das Echo auf die Tat zwiespältig. Viele teilten den Schmerz über den Tod des jungen Blind, verurteilten aber auch das Attentat als politisch kontraproduktiv. «Ein größerer Gefallen konnte dem B(ismarck) nicht getan werden», meinte etwa Friedrich Engels und empfahl, «daß Kinder nicht mit dem Schießgewehr spielen sollen».[29] Und Karl Marx, der sich längst mit seinem einstigen Freund Karl Blind überworfen hatte, verstieg sich zu der gehässigen Bemerkung, der «badische Schlaukopf» habe «nicht seinen eigenen Sohn, sondern den Isaak des alten Cohen durch sein blödsinniges Fürstenmordgeschwätz auf dem Altar der Freiheit geopfert».[30]

Bismarck wollte unterdessen von seiner Verschwörungstheorie nicht lassen, ja er zeigte sich davon geradezu besessen. Mit wachsender Ungeduld bedrängte er die Ermittler in London, ihm endlich die entsprechenden «Beweise» zu liefern. Doch Greiff blieb standhaft, das heißt bei der Wahrheit. Und von einer Internationale des Terrorismus, wie Bismarck sie witterte, konnte er trotz größter Anstrengung partout nichts entdecken. Verärgert befahl der Ministerpräsident Mitte Juni, den Londoner Emissär sofort abzuberufen.

In seinem Entschluß, gegen Österreich in den Krieg zu ziehen, war Bismarck durch das Attentat nicht wankend geworden. Im Gegenteil: Er fühlte sich, wie sein Vertrauter Robert von Keudell bemerkte, jetzt erst recht «als Gottes auserwähltes Rüstzeug».[31] Ludwig von Gerlach, der ihn am 18. Mai 1866 ein letztes Mal aufsuchte, fand «etwas Unruhig-Desperates in seiner Haltung».[32] Tatsächlich setzte Bismarck im Frühsommer 1866, wie ein Hasardeur, alles auf eine Karte – und er gewann. Nach dem Sieg der preußischen Truppen bei Königgrätz am 3. Juli 1866 war die Welt eine andere. Die meisten Liberalen kapitulierten vor dem Erfolg. Die ihn früher verdammt hatten, sangen ihm jetzt Elogen.

Noch als Reichskanzler pflegte Bismarck am Jahrestag des 7. Mai seinen Besuchern den Revolver, den er auf dem Schreibtisch seines

Arbeitszimmers verwahrte, zu zeigen und die Umstände des Attentats mit einigen romanhaften Zutaten zu erzählen. Und wie seine Bewunderer gläubig an seinen Lippen hingen, so haben später auch die ihm hörigen Historiker sich seine Version der Geschichte zu eigen gemacht.

«Wenn erst auf Deutschlands Schlachtfeldern und Fluren die Leichen von Tausenden nach Beendigung des Kampfes modern und man die Einheit und Freiheit in der Form Bismarckscher Diktate dem deutschen Volk demonstriert, wird man die Tat von Ferdinand Blind erst zu würdigen wissen», so hatte «Der Deutsche Eidgenosse», eine von Karl Blind herausgegebene Exilzeitschrift, Mitte Juni 1866 vorausgesagt.[33] Doch die Prophezeiung erfüllte sich nicht. Die Sieger schrieben die Geschichte und meißelten sie in Stein. Hunderte von Bismarck-Denkmälern bezeugen dies aufs nachdrücklichste. Der junge Ferdinand Cohen-Blind, der sein Leben opferte, um den deutschen Dingen eine andere, glücklichere Wendung zu geben, blieb bis heute verfemt. Wäre es nicht an der Zeit, ihn ins Gedächtnis zurückzuholen?

Das Geheimnis der Miss Love

Kaiser Wilhelm II. in den Fängen einer Straßburger Prostituierten – und die Familie Bismarck als Krisenmanager

Graf Wilhelm von Bismarck, Königlicher Landrat in Hanau, ahnt nichts Gutes, als er Anfang November 1888 unter seiner Post ein Einschreiben aus Straßburg findet. Darin bittet ihn eine Dame, die mit «E. Love» unterzeichnet hat, in vollendetem Französisch um eine Unterredung. Sie habe «eine Mitteilung von größter Wichtigkeit» zu machen. Die Sache dulde keinen Aufschub, und wenn der Graf selbst sie nicht empfangen könne, möge er sie doch weiterempfehlen an seinen älteren Bruder, den Staatssekretär im Auswärtigen Amt, Herbert von Bismarck.[1]

Der Empfänger des Briefes, der damals 36-jährige Sohn des Reichskanzlers Otto von Bismarck, muß nicht lange überlegen, wer sich hinter dem Namen «E. Love» verbirgt: Emilie Klopp, eine stadtbekannte Edelprostituierte, die vor allem mit Persönlichkeiten aus dem Umkreis preußischer Militärs und Beamter verkehrt, den neuen Herren im seit 1871 annektierten Elsaß-Lothringen. Auch Wilhelm von Bismarck selbst hatte, als er in den Jahren 1879 bis 1881 Mitarbeiter des in Straßburg residierenden Statthalters war, ein Verhältnis mit ihr gehabt, allerdings seit jener Zeit nichts mehr von ihr gehört. Was mag sie wohl jetzt von ihm wollen? Er entschließt sich, das Schreiben einfach nicht zu beantworten – in der Hoffnung, daß die Absenderin von selbst Ruhe geben werde.

Doch darin sieht er sich getäuscht. Denn nur zwei Wochen später ist Miss Love in Hanau, und er erhält aus dem Hotel Adler, wo sie logiert, einen zweiten Brief.[2] Darin wiederholt sie in dringenden Worten ihre Bitte um eine Unterredung, und diesmal glaubt der Landrat ihr den Wunsch nicht abschlagen zu können. In aller Heimlichkeit treffen sich die beiden am 21. November 1888, und was er aus ihrem Munde erfährt, ist so brisant, daß er sich gleich hinsetzt und einen langen Brief an seinen Bruder Herbert schreibt.[3]

Es geht um niemand anderen als um den deutschen Kaiser Wilhelm II., der im Juni 1888, nach der 99-Tage-Herrschaft seines Vaters Friedrich III., den Thron bestiegen hatte. Während eines Manövers im Elsaß im Jahr 1885, so erzählt Miss Love, habe General von Arnim, der damals in ihrem Hause einquartiert war, ihr den Prinzen Wilhelm zugeführt. Dieser habe ihre Dienste in Anspruch genommen, allerdings nicht gleich dafür bezahlt, ihr nur eine Fotografie geschenkt und sie ansonsten vertröstet. Später habe er sie nach Potsdam kommen, eine Wohnung in der Nähe des Marmor-Palais nehmen lassen und «dort längere Zeit mit ihr geschlechtlich verkehrt». Als einzige Entschädigung habe er ihr einmal 100 Mark geschenkt, während ihre Auslagen für Wohnung, Einrichtung und Reisen sich auf mehr als 20000 Mark beliefen. Miss Love behauptet weiter, im Besitz von sechs Briefen des Prinzen zu sein, aus denen der Charakter ihrer Beziehung, «noch dazu in besonders pikanter Form», unzweifelhaft hervorgehe.

«Diese Briefe sind eine Gefahr und können einen ungeheuren Skandal hervorrufen», läßt Wilhelm von Bismarck seinen Bruder wissen. Zwar habe die Love nicht direkt mit einer Veröffentlichung gedroht, doch sei er sich sicher, daß sie von dieser Waffe Gebrauch machen würde, wenn ihre Ansprüche unerfüllt blieben. «Aber was nun tun?» Vor allem: wie dem Kaiser selbst die Geschichte beibringen? «Wer soll ihm die Notwendigkeit, seine Briefe zurückzuerhalten, vorstellen?» Wilhelm von Bismarck denkt zunächst an den Kaiserfreund Philipp Graf zu Eulenburg. Allerdings werde die Sache mit drei-, viertausend Mark nicht abzumachen sein, sondern eher um die 20- bis 30000 Mark kosten.

Herbert von Bismarck ist über die Mitteilung aus Hanau so alarmiert, daß er seinem Bruder schon am nächsten Tag antwortet: «Die Sache wegen der Love ist allerdings fatal, obwohl nicht die erste dieser Art, von der ich höre.»[4] Er wisse von zwei beigelegten Affären und einem noch schwebenden Fall. Tatsächlich hatte Prinz Wilhelm, obwohl er nach seiner Heirat mit der Holstein-Prinzessin Auguste Viktoria («Dona») im Februar 1881 den vorbildlichen Ehemann gab, immer wieder Abenteuer gesucht. So hatte er während seiner häufigen Jagdreisen nach Österreich in den frühen achtziger Jahren ein Verhältnis mit einer Wienerin namens Ella Sommssich, später auch zu deren Freundin Anna Homolatsch, die ihn nach der Geburt einer

Tochter 1887 mit der Behauptung zu erpressen suchte, von ihm geschwängert worden zu sein. Sie wurde mit einer größeren Geldsumme abgefunden.[5]

Eine weitere Affäre unterhielt der Prinz mit der Gräfin Elisabeth Bérard-Wedel, die sich 1884 von ihrem Mann getrennt hatte.[6] Wilhelm warb heftig um ihre Gunst: «Sie haben Ihrem früheren Gemahl alles verweigert, würden Sie mir, adorée, wenn ich einmal mit Ihnen zusammen wäre, auch alles verweigern? Wenn ich bittend vor Ihnen knieete? Qu'en dites vous, mon amie?»[7] Mit diesem und zahlreichen weiteren Briefen, mit denen der feurige Liebhaber sie bombardiert hatte, erpreßte die «schöne Gräfin» den Prinzen, nachdem sie in Geldnot geraten war. Die Affäre beschäftigte die Vertrauten Wilhelms II. noch Jahre nach dessen Regierungsantritt.

Der Kaiser habe keine Ahnung, daß er, Herbert von Bismarck, von dessen amourösen Eskapaden wisse, teilte der Staatssekretär des Auswärtigen seinem Bruder Wilhelm («Bill») mit. Und «es wäre besser, wenn Du und ich hier auch herausbleiben könnten ... Mitwissern gegenüber entsteht leicht eine gewisse Befangenheit.»[8] Damit berührte Herbert von Bismarck den sensibelsten Aspekt der ganzen Geschichte: die Beziehungen zwischen der Bismarck-Familie und Kaiser Wilhelm II.

Mitte der achtziger Jahre hatte Prinz Wilhelm noch die Freundschaft zu Herbert gesucht. Er bewunderte dessen Vater, den Reichsgründer Otto von Bismarck, in gleichem Maße, wie er seine anglophilen Eltern, Kronprinz Friedrich Wilhelm und Kronprinzessin Victoria, verachtete. Die Bismarcks sahen im Prinzen einen willkommenen Bundesgenossen für den Fall eines – mit dem Tode Wilhelms I. befürchteten – liberalen Kurswechsels im Innern und scheuten nicht davor zurück, ihn in diesem Sinne gegen das Kronprinzenpaar zu instrumentalisieren. Der Kanzlersohn wußte wohl um die extreme Empfänglichkeit des Prinzen für Schmeicheleien und schmierte ihm «in schamlosester Weise Honig um den Mund».[9]

Doch bereits vor dem Thronwechsel 1888 hatte sich das Verhältnis deutlich abgekühlt. Herbert von Bismarck störte sich zunehmend an «Potsdamer Ton und Ruhmsucht», die Prinz Wilhelm an den Tag legte.[10] Und auch dem Reichskanzler blieb nicht verborgen, daß der «junge Herr» noch recht unreif war, wenig Lust an konzentrierter Arbeit zeigte und überdies mit den Präventivkriegsideen des stellvertretenden Generalstabschefs Alfred Graf von Waldersee, eines Intimfeinds der Bismarcks, liebäugelte. Der Prinz, klagte der Reichskanzler Ende 1887, sei «ein Brausekopf, könne nicht schweigen, sei Schmeichlern zugänglich und könne Deutschland in einen Krieg stürzen, ohne es zu ahnen und zu wollen».[11]

Nach Wilhelms Thronbesteigung im Juni 1888 schien die Zusammenarbeit zunächst ganz harmonisch. «Unser neuer Herr ist ganz bei der Sache, dabei ruhig und objektiv», berichtete Herbert von Bismarck seinem Bruder, «es arbeitet sich vortrefflich mit ihm. Wenn nur das verfluchte Potsdam nicht wäre!»[12] Doch tatsächlich verschlechterte sich das Verhältnis zwischen Kaiser und Kanzler rasch. Im vertrauten Kreis ließ der Monarch mehr als einmal durchblicken, daß er sich des erfahrenen Staatsmannes entledigen und die Zügel in die eigenen Hände nehmen wolle: «Sechs Monate will ich den Alten verschnaufen lassen, dann regiere ich selbst.»[13] Otto von Bismarck war sich der Gefahr wohl bewußt, die ihm aus dem forcierten Selbstgefühl Wilhelms II. erwuchs. Doch sein Stolz und der große Altersunterschied verboten es ihm, gegen den Enkel die gleichen Verführungskünste anzuwenden, die er bei dessen Großvater Wilhelm I. so erfolgreich ins Spiel gebracht hatte, als er ständig in der Nähe des Herrschers weilte, um ihn unter seinem Einfluß zu halten. Statt dessen zog der kränkelnde Kanzler es jetzt vor, die Regierungsgeschäfte von Friedrichsruh aus zu führen und den persönlichen Kontakt zum neuen Kaiser seinem Sohn Herbert zu überlassen.[14] Aber so redlich sich dieser auch mühte, der schwierigen Mittlerrolle gerecht zu werden – er konnte nicht verhindern, daß Wilhelm II. immer mehr den Einflüsterungen seiner Ratgeber erlag, die ihm bedeuteten, er müsse endlich aus dem Schatten des Reichsgründers heraustreten. Friedrich der Große, so erklärte etwa Waldersee, wäre nie der Große geworden, wenn er einen so mächtigen Kanzler wie Bismarck vorgefunden hätte.[15]

Die Love-Affäre fiel in die Phase des beginnenden Machtkampfes im Herbst 1888[16], und nur vor diesem Hintergrund wird verständlich, warum die Bismarcks sich so eingehend damit beschäftigten. Denn wie immer die Lösung ausfiel – sie konnte nicht ohne Einfluß auf die Beziehung zum Monarchen bleiben. Am einfachsten wäre es, so gab Herbert von Bismarck seinem Bruder zu bedenken, wenn man aus einem geheimen Fonds 25 000 Mark bereitstellte und dafür die

Briefe erwerbe. Doch könnte die Sache dem Kaiser «zu Ohren kommen u(nd) derselbe höchst pikiert werden, daß man durch Zahlung den Anschein der Glaubwürdigkeit der Person, die er wahrscheinlich abstreiten wird, anerkannt hat». Um die Glaubwürdigkeit festzustellen, sollte Wilhelm von Bismarck Miss Love dazu überreden, zwei Briefe herauszugeben. Die sollten dann von jemandem geprüft werden, der die Handschrift des Kaisers genau kenne. «Erweisen sie sich als echt, so würde man dann mit der Person in Verhandlung treten können über eine Abfindungssumme gegen Revers, u(nd) zwar m(eines) E(rachtens) unter Zuhilfenahme eines vertrauenswürdigen Rechtsanwalts, damit man sicher ist, daß alle Hintertüren dauernd geschlossen werden.»[17]

Indessen waren sich die Brüder einig, daß ohne den Kanzler sowieso nichts entschieden werden könne. Auf Empfehlung Herberts wandte sich Bill am 23. November 1888 an den «lieben Papa», um dessen Rat einzuholen. Er schilderte noch einmal ausführlich die Geschichte der Affäre zwischen Prinz Wilhelm und Miss Love, setzte den Vater über die Existenz der sechs Briefe ins Bild, in denen sich der Prinz «über die intimsten Einzelheiten ihres gegenseitigen Verkehrs geäußert zu haben scheint», und schlug vor, die Straßburger Dame für ihre Dienste großzügig zu entschädigen. «Man wird dann nicht nur die Briefe, sondern auch ihr Stillschweigen ohne Schwierigkeit erlangen.» Allerdings halte er es «für sehr schwierig, wenn nicht untunlich», den Kaiser «direkt mit der Sache anzugehen». Offenbar teilte er die Befürchtungen Herberts, was die möglichen negativen Folgen für das Verhältnis der Bismarcks zu Wilhelm II. anging.[18]

Otto von Bismarck notierte an dieser Stelle «Warum?», und hinter die Schlußbemerkung des Briefes – «Ich bedauere, Dich mit der Sache zu belästigen, aber es kann doch ein ganz ungeheurer Skandal daraus entstehen» – setzte er ein Fragezeichen und schrieb dazu: «Dergl(eichen) ist den tugendhaftesten Monarchen in ihrer Jugend passiert.»[19] Der Reichskanzler sah die Affäre offenbar nicht ganz so dramatisch wie seine beiden Söhne. Jedenfalls stand für ihn außer Zweifel, daß, wie er tags darauf in einem langen handschriftlichen Brief (und darüber hinaus in einem Telegramm) an Herbert darlegte, «man in der Sache nicht verfahren soll, ohne S(eine) M(ajestät) vorher zu fragen».[20] Lege man sie heimlich bei, so wisse man nicht, ob man sie verschlimmere. Nur Wilhelm II. könne angeben, ob die Briefe überhaupt existierten – woran Otto von Bismarck kaum glauben mochte –, und ebenso könne nur der Herrscher beurteilen, wie gravierend das Corpus Delicti sei. Grundsätzlich sei es zwar immer besser, einer solchen Erpressung «die Stirn zu bieten». Ob das möglich sei, könne wiederum nur der Kaiser «aus seinem Verhältnis» zur Kaiserin entscheiden. Die Reaktion der Öffentlichkeit erschien ihm dagegen «ganz gleichgültig ... Wäre es ein ehrbares Mädchen, so würde ich anders urteilen.»[21]

Aus alldem folgte der Ratschlag an Herbert, auf der Basis von Bills Brief (den der Vater redigierte) dem Kaiser die Sache vorzutragen. Sollte er indes der Meinung sein, daß seine Beziehungen zu Wilhelm II. dies nicht vertrügen, werde er, der Kanzler, dem Monarchen schreiben oder sich sogar zum mündlichen Vortrag nach Berlin begeben. «Ich würde mich», so schloß Otto von Bismarck, «selbst dem alten Herrn u(nd) Fr(iedrich) W(ilhelm) IV. gegenüber keinen Augenblick geniert haben, dergleichen unter 4 Augen rückhaltlos zu besprechen. Man war früher nicht lasterhafter, aber des Tugendmantels weniger bedürftig wie heute.»

Wie so oft in seiner diplomatischen Laufbahn gab der Kanzlersohn dem Wunsch seines Vaters nach. Die eigenen Bedenken zurückstellend, kündigte er an, sich in den kommenden Tagen zum Immediatvortrag beim Kaiser anzumelden. «Meine Beziehungen zu S.M. würden es sehr gut vertragen, daß ich die Sache vortrage, ich glaubte nur, S.M. könnte es später unerwünscht sein, daß ich um so etwas wisse, aber bei längerer Überlegung scheint mir das irrtümlich.» In einem Punkt, nämlich in der Beurteilung der öffentlichen Meinung, widersprach er allerdings dem Reichskanzler: «Heutzutage machen solche Sachen nur mehr Lärm als früher, weil die Presse viel verbreiteter u(nd) gemeiner ist als früher, u(nd) weil der deutsche Kaiser mehr en vue ist als irgendein Mensch oder Monarch, u(nd) von den übelsten Elementen, die die verworfenste Presse haben – Franzosen, Jesuiten, Sozialisten, Juden – auf das Bitterste gehaßt wird.»[22]

Wie kritisch Herbert von Bismarck selbst freilich inzwischen dem Kaiser gegenüberstand, hatte er in einem Brief vom Vortage seinen Bruder wissen lassen: «Diese von der Mutter geerbte Neigung zum Briefschreiben ist ein wahres Unglück.»[23] Wilhelm von Bismarck verhehlte nicht seine Skepsis, ob der vom Kanzler vorgeschlagene Weg der richtige sei: «Ich bin natürlich zu allem bereit und möglicherweise geht der jetzt eingeschlagene Weg gut aus, aber angenehm ist die Sache für uns nicht.»[24]

Am 28. November 1888, am Ende seiner Audienz beim Kaiser, brachte Herbert von Bismarck die heikle Angelegenheit zur Sprache, und zwar, wie ihm sein Vater geraten hatte, in einem «gleichgültigen Ton», als handle es sich um einen nebensächlichen Punkt.[25] Die erste Reaktion Wilhelms II. war: Das Ganze würde «wohl Schwindel sein». Darauf gab ihm Herbert den Auszug aus Bills Brief zu lesen, und auf einmal konnte sich der Angesprochene erinnern: Ja, er sei eines Abends, nach einer militärischen Besprechung, zu der besagten Dame hinaufgeleitet worden. «Soweit ist die Sache richtig. Das andere ist alles falsch.» Weder habe er Miss Love nach Potsdam kommen lassen noch ihr Briefe geschrieben. Auf Nachfrage Herberts, ob also nichts unternommen werden solle, bekräftigte der Kaiser: «Nein, ich will gar nichts tun.» Man könne die Sache auf sich beruhen lassen.[26]

Während dieser Szene bewies der Monarch einmal mehr, was für ein guter Schauspieler er war. Mit keinem Wort, keiner Geste ließ er erkennen, wie sehr ihn die Enthüllungen des Kanzlersohns treffen mußten. Er machte einige Scherze, lachte viel «und war bester Laune bis zuletzt». Herbert von Bismarck freilich ließ sich nicht täuschen; er war sich ziemlich sicher, daß Wilhelm II. ihn angelogen hatte, und sandte seinem Vater den gesamten Schriftwechsel über die Affäre zurück mit der Bitte, ihn für den Fall aufzubewahren, daß noch einmal die Rede darauf kommen sollte. Seinen Bruder aber bat er, nicht mehr zu reagieren, wenn wieder ein Brief der Love eintreffen sollte, und sich «überhaupt auf nichts» einzulassen.[27]

Wilhelm von Bismarck zeigte sich von diesem Ergebnis überrascht. Nach wie vor glaubte er Emilie Klopp, das Dementi des Kaisers erschien ihm schwach. Die Straßburger Affäre habe er, weil sie eher harmlos sei, zugegeben, ihre Fortsetzung in Potsdam jedoch nicht, die, wenn sie wahr wäre, «bedenkliches Kopfschütteln erregen» würde. Noch mehr gelte das für den Inhalt der Briefe: «Die L(ove) deutete an, daß in den Briefen ganz eigentümliche Neigungen zur Komplikation des gewöhnlichen Coitus bekundet wären, wie z. B. Zusammenbinden der Arme.» Nach weiteren Details habe er nicht geforscht, «aber weiß der Teufel, was da alles hätte drinstehen können».[28]

Wenige Tage später, am 3. Dezember, meldete sich Miss Love erneut mit einem Brief an den Hanauer Landrat und erbat Auskunft über den Stand der Dinge. Wilhelm von Bismarck ging darauf, wie sein Bruder ihm empfohlen hatte, nicht mehr ein. «Die L(ove) wird auch mein Schweigen richtig verstehen u(nd) mag nun tun, was sie lustig ist.» «Wenn die L(ove) Skandal macht, ist es nicht zu hindern», bemerkte Herbert kurz vor Weihnachten 1888. «Wir haben unsere Pflicht getan. Mir gegenüber ist die Sache nie wieder erwähnt worden.»[29] Damit schien der Fall, jedenfalls für die Bismarcks, abgeschlossen zu sein.

Doch Mitte April 1889 unternahm die Abgewiesene einen neuen Erpressungsversuch, diesmal mit einem Schreiben an Graf Waldersee, in dem sie mit einer Veröffentlichung der kompromittierenden Briefe drohte, wenn ihre berechtigten Forderungen nicht erfüllt würden.[30] Der General, den der Hohenzollern-Prinz schon früher über seine amourösen Affären ins Vertrauen gezogen hatte, bot dem Monarchen wiederum seine Dienste an, um «Unannehmlichkeiten» von ihm abzuwenden. Anders als in der Audienz vom 28. November bestritt Wilhelm II. diesmal, mit der Straßburger Prostituierten überhaupt eine intime Beziehung gehabt zu haben, konnte sich aber nun plötzlich daran erinnern, daß sie einmal zu ihm nach Potsdam gekommen war – angeblich mit der Bitte um Versetzung eines Verwandten. «Briefe hat sie keine von mir, wenn sie welche hat, sind sie gefälscht.» Der Kaiser ließ Waldersee wissen, daß er die Sache noch einmal mit Herbert von Bismarck besprechen wolle. Warum er dies für notwendig hielt, wenn an der ganzen Geschichte gar nichts dran war, das mochte sich der Generalstabschef zu Recht fragen.

Der Inhalt der neuerlichen Unterredung zwischen Kaiser und Staatssekretär ist nicht bekannt, wohl aber das Ergebnis: Wilhelm von Bismarck wurde beauftragt, Emilie Klopp das Geld zu übergeben und dafür die Briefe einzuhandeln. Als Ort der Übergabe wurde der «Frankfurter Hof» in Frankfurt am Main, als Tag der 1. Mai 1889 bestimmt. Der Hanauer Landrat hatte sich, bevor er sich auf den Weg machte, von seinem Bruder noch Handschriftenproben schicken lassen, um die Echtheit der Briefe prüfen zu können.[31]

Über das, was er dann in Frankfurt zu lesen bekam, war er entsetzt: «Es ist aber haarsträubend, derlei zu Papier zu bringen, und ich würde auch ableugnen, das geschrieben zu haben.»[32] Um nicht den Verdacht zu erregen, er kenne den Inhalt, schlug Wilhelm von Bismarck vor, die Schriftstücke dem Kaiser in einem verschlossenen

Päckchen auszuhändigen und zu behaupten, er, Bill, habe sie so bekommen. Für die Briefe hatte der Kanzlersohn 25 000 Mark geboten (was nach heutigem Wert etwa einer halben Million Mark entspricht), womit sich Miss Love schließlich auch zufriedengab. In einer schriftlichen Erklärung versicherte sie, alle Briefe des Kaisers herausgegeben zu haben und künftig auf alle weiteren Ansprüche zu verzichten.[33] «Ich legte ihr ans Herz», berichtete Bill, «daß ich nunmehr bei der Sache engagiert wäre und blamiert sein würde, wenn sie wieder an zu stänkern finge. Sie schwor mit allen Eiden, daß nichts dergleichen vorkommen würde.» An dieses Versprechen sollte sich Emilie Klopp freilich nicht halten. 1892 wandte sie sich mit neuen Forderungen an den Hof. Erst Jahre nach ihrem Tode im Juli 1894 konnte das Zivilkabinett die Sache zu den Akten legen mit dem Vermerk: «Auf Befehl Sr. Exzellenz des Herrn Chefs versiegelt als ‹ganz geheim› aufzubewahren.»[34]

Der Skandal, den die Bismarck-Söhne befürchtet hatten, war ausgeblieben. Doch für das Verhältnis zwischen Kaiser und Kanzler blieb die Love-Affäre nicht folgenlos. Die Bismarcks sahen sich in ihrem Urteil über die charakterlichen Mängel des Herrschers bestätigt. Und auch, was seinen politischen Verstand betraf, machte sich Herbert keine Illusionen mehr: «S. M. verfährt in seiner Politik hastig und stoßweise, und das kommt daher, daß ihm die soliden, auf Studium und Nachdenken gegründeten Unterlagen bisher fehlten», schrieb er im Juli 1889.[35]

Umgekehrt mußte Wilhelm II. nun mit der Gewißheit leben, daß die Bismarck-Familie mehr über sein Intimleben wußte, als ihm lieb sein konnte. Einige Jahre später hat er gegenüber Philipp Eulenburg den Bruch auf den Zeitpunkt datiert, als der Staatssekretär des Auswärtigen Amtes versucht habe, «das hohe Paar innerlich – und äußerlich von einander zu scheiden und auf eine Mätressenwirtschaft hinzuarbeiten».[36]

Seit Sommer 1889 verschärfte sich der Machtkampf an der Spitze des Reiches. Daß der Kaiser dabei am längeren Hebel saß, dies war Herbert von Bismarck schon früh bewußt, während sich sein Vater bis zuletzt der Entmachtung entgegenstemmte. Doch im März 1890, nach monatelangem Ringen, zwang ihn Wilhelm II, sein Abschiedsgesuch einzureichen. Wenige Tage später trat auch Herbert von seinem Amt zurück.

Der gestürzte Kanzler hat dem Monarchen die Demütigung nie verziehen. «Kaiser Wilhelm hat mich wie einen Bediensteten weggejagt; ich habe zeitlebens einen Edelmann in mir gespürt, den man nicht ungestraft beleidigt.»[37] Er empfand einen unbändigen Haß auf den «dummen Jungen», wie er Wilhelm II. noch auf dem Sterbebette nannte.[38] Dennoch hat er (trotz seiner guten Beziehungen zur Presse, vor allem zu den «Hamburger Nachrichten») nie daran gedacht, das Geheimnis der Love-Affäre zu lüften. Sein monarchisches Gefühl war hier stärker als sein Rachebedürfnis. Auch in seinen Memoiren beschränkte er sich auf dunkle Andeutungen über die «starke sexuelle Entwicklung» des Prinzen Wilhelm.[39]

Der gesamte Schriftwechsel, den die Bismarcks über die Affäre geführt hatten, wurde in einem Safe in Friedrichsruh verwahrt und war bis vor kurzem für die Forschung gesperrt. Die Briefe der Miss Love aber, die Herbert von Bismarck dem Kaiser ausgehändigt hatte, haben sich bis heute nicht auffinden lassen. Vermutlich sind sie vernichtet worden.

Parlament der Säbel

Der Reichstag hatte im Kaiserreich nicht viel zu sagen

Es war ein großer Tag der deutschen Demokratiegeschichte, der 18. Mai 1848, als die Abgeordneten der Nationalversammlung in feierlicher Prozession vom Kaisersaal des Römers zur Paulskirche zogen. Ganz Frankfurt war auf den Beinen, um denen zuzujubeln, die sich in den folgenden Monaten redlich, aber vergeblich mühten, liberale Freiheit und nationale Einheit zu verwirklichen.

Wie ganz anders das Bild 23 Jahre später, am 21. März 1871, als sich die Abgeordneten des Reichstags zu ihrer Eröffnungssitzung in den Weißen Saal des Königlichen Schlosses zu Berlin kommandieren ließen: Kein Fest des Volkes, sondern eine Feier der Fürsten, mit der die angeblich vollzogene Symbiose von mittelalterlicher Reichsidee und preußischer Militärmonarchie zelebriert werden sollte. Aus der alten Kaiserpfalz Goslar hatte man eigens den Thronsessel Heinrichs III. heranschaffen lassen. Preußische Generäle, allen voran Helmuth von Moltke, trugen die Reichsinsignien – Schwert, Apfel, Szepter, Krone. Ihnen folgten durch ein Spalier von Hofschranzen Kaiser Wilhelm I., der Kronprinz, die regierenden deutschen Fürsten, die Prinzen der königlichen Häuser. Die gewählten Vertreter des Volkes durften ganz hinten im Saale Aufstellung nehmen, nach den Generälen, den Wirklichen Geheimen Räten, den Räten Erster Klasse und den Räten in den Ministerien. In seiner Thronrede pries Wilhelm I. die «weltgeschichtlichen Erfolge» der deutschen Heere; von den Rechten und Aufgaben des Parlaments war kaum die Rede. «Auf Befehl Sr. Majestät des Kaisers erkläre ich im Namen der verbündeten Regierungen den Reichstag für eröffnet», verkündete Reichskanzler Otto von Bismarck zum Abschluß der Zeremonie.[1]

Deutlicher konnte nicht demonstriert werden, wo die Macht im kleindeutsch-großpreußischen Reich von 1871 lag – eben nicht bei der Volksvertretung, sondern bei Krone, Armee und hoher Bürokratie.[2] Der ganze Sinn der von Bismarck ausgeklügelten Verfassung bestand darin, die monarchische Prärogative zu wahren, Preußens Hegemonie in Deutschland auf Dauer zu stellen und ein «Abgleiten» in den Parlamentarismus zu verhindern. So war denn auch der Reichstag ein eigentümlicher Wechselbalg. Zwar konstituierte er sich auf demokratische Weise in allgemeiner, gleicher, geheimer und direkter Wahl (wählen durften allerdings nur Männer ab 25 Jahre; Frauen erhielten das Wahlrecht erst nach der Revolution vom November 1918). Auch wirkte er an der Gesetzgebung und der Verabschiedung des Budgets mit. Doch das entscheidende Recht eines demokratisch legitimierten Parlaments besaß der Reichstag nicht: Er konnte die Reichsleitung weder kontrollieren noch gar Einfluß auf die Regierungspolitik nehmen. Denn der Reichskanzler war nicht dem Parlament verantwortlich, sondern allein vom Vertrauen des Monarchen abhängig, der ihn ernannte und entließ.

Ein Parlament ohne Macht: So hatte es Bismarck gewollt. Zeitlebens verfolgte ihn das Trauma der Revolution von 1848. Bereits als frischernannter preußischer Bundestagsgesandter in Frankfurt 1851 hatte ihn sein erster Gang zur Paulskirche geführt. Er fand sie «so grabesstill über den leeren Bänken, daß man sich das Parlamentsgeschrei schwer vergegenwärtigen» könne. «Der Unfug, der hier früher getrieben ist», berichtete er seiner Frau Johanna, «ging von den zusammengetriebnen Vagabunden aus ganz Mittel-Deutschland aus, statt deren wir jetzt hier preußische und östreichische Soldaten haben.»[3]

Aus seiner Geringschätzung des Parlaments und der Parlamentarier machte der Kanzler auch nach 1871 nie einen Hehl. Seine Auftritte vor dem Reichstag waren gezielte Provokationen. Abgeordnete, die ihm opponierten, übergoß er mit Hohn und Spott – und beschwerte sich hinterher, daß er sich nach jeder Debatte fühle, «als ob er sich in einer schmutzigen Kneipe mit Gesindel gebalgt habe».[4] Allein die Tatsache, daß er im Reichstag stets in Uniform erschien, war brüskierend genug. «Das deutsche Parlament ist das einzige in der Welt, in welchem die Minister und ihre Vertreter mit dem Säbel an der Seite erscheinen und mit der Hand auf dem Degenknauf ihre Reden halten», bemerkte der linksliberale Abgeordnete Ludwig Bamberger. «Bei etwas lebhaften Regungen in der Debatte geschieht es auch, daß unwillkürlich diese Stützung der Hand auf dem Schwertgriff sich zu einer charakteristischen Gebärde gestaltet.»[5]

Die symbolische Bedeutung solcher Gebärdensprache war jedem Abgeordneten klar: Sollte das Parlament sich Rechte anmaßen, die ihm nicht zustünden, dann würde der Reichskanzler die monarchische Autorität mit allen Mitteln verteidigen, notfalls auch durch ein Säbelregiment. Die latente Drohung mit dem Staatsstreich wurde zu einem wichtigen Bestandteil der Verfassungswirklichkeit im Kaiserreich. Mit ihr sollten die Parlamentarier eingeschüchtert und den Wünschen der Exekutive gegenüber gefügig gemacht werden.

Es gab allerdings Abgeordnete, die sich nicht einschüchtern ließen: August Bebel, der Sprecher der noch sehr kleinen sozialdemokratischen Fraktion, Eugen Richter, der kämpferische Linksliberale, Ludwig Windthorst, der Zentrumspolitiker und Gegenspieler Bismarcks im «Kulturkampf» der frühen siebziger Jahre. «Mein Leben erhalten und verschönen zwei Dinge», bemerkte der Reichskanzler 1875, «meine Frau und – Windthorst, die eine ist für die Liebe da, der andere für den Haß.»[6]

Wenn Eugen Richter sprach, verließ Bismarck demonstrativ den Saal. Aber auch die Nationalliberalen, zunächst die stärkste Fraktion im Reichstag, haßten den unbeugsamen Fortschrittsmann, der ihnen ein ums andere Mal vorhielt, daß man einem Politiker wie Bismarck «nicht mit Halbheiten, mit Schwächen gegenübertreten», sondern «nur bis zu einem gewissen Maß Halt und Zügel anlegen» könne, «wenn man selbst auf seinen Grundsätzen feststeht und selbst einen ganz bestimmten, klaren Standpunkt einnimmt».[7] Eben daran hatten es die Nationalliberalen seit 1866 fehlen lassen, als sie, von Bismarcks Erfolgen geblendet, ihre Freiheitspostulate auf dem Altar der nationalen Einheit opferten. Und als sie nach 1871 nicht nur Bismarcks «Kulturkampf» gegen das Zentrum unterstützten, sondern auch dem Ausnahmegesetz gegen die Sozialdemokratie von 1878 zustimmten.

Bei aller Schärfe der Auseinandersetzungen verliefen die Debatten im Reichstag der Bismarck-Zeit in der Regel im Ton würdig, in der Sache niveauvoll. Zu Tumultszenen, wie sie in den Jahren der Weimarer Republik, besonders in deren Endphase, üblich wurden, kam es nur sehr selten, etwa im Dezember 1874, als Bismarck auf dem Höhepunkt des «Kulturkampfes» die Zentrumspartei für ein Attentat auf Kaiser Wilhelm I. verantwortlich machte.[8] Eduard Simson, der frühere Präsident der Frankfurter Nationalversammlung, der in der ersten Legislaturperiode nach der Reichsgründung dem Reichstag präsidierte, leitete die Versammlung tolerant und umsichtig. Ordnungsrufe waren selten; die meisten gingen auf das Konto der Sozialdemokraten. So wurde im November 1871 Bebel das Wort entzogen, als er die Verfassung als das charakterisierte, was sie tatsächlich weitgehend war: «Das ist keine Verfassung für das Volk, das ist weiter nichts als der Scheinkonstitutionalismus in rohester Form, das ist der nackte Cäsarismus.»[9] Und auch Wilhelm Liebknecht wurde wiederholt zur Ordnung gerufen, etwa zu Beginn des Jahres 1875, als er den Reichstag eine «Jasagemaschine des Fürsten Bismarck» nannte.[10]

Während seiner ersten Session im Frühjahr 1871 tagte der Reichstag noch im Plenarsaal des preußischen Abgeordnetenhauses am Dönhoffplatz. Das war allerdings eine wenig komfortable Unterkunft, und so faßten die Nationalliberalen bereits im April 1871 den Beschluß, ein Reichstagsgebäude «von wirklich monumentalem Charakter» zu schaffen, das der neuen nationalen Größe Deutschlands Rechnung tragen sollte.[11] Da der geplante Repräsentationsbau aber nicht nur viel Geld, sondern auch viel Zeit erforderte, einigte man sich auf eine Übergangslösung: Im Herbst 1871 zogen die Parlamentarier in das umgebaute Haus der Königlichen Porzellanmanufaktur in der Leipziger Straße 4. Bereits bald machten sich bauliche Mängel bemerkbar. «Ein Stück der Verzierung der Decke des Saales fällt mit lautem Gepolter auf das Tischchen eines der Mitglieder herab. Allgemeiner Aufstand und andauernde Unruhe», vermerkte das Stenografische Protokoll im Januar 1875.[12]

Das Provisorium währte dennoch ziemlich lange – 23 Jahre! Denn die Suche nach einem geeigneten Grundstück für das neue Gebäude gestaltete sich schwierig.[13] Die Wahl fiel schließlich auf die Ostseite des Königplatzes (in der Weimarer Republik und dann wieder nach 1945 Platz der Republik), gegenüber dem «Krollschen Etablissement» an der Westseite des Platzes, in dessen Mitte 1873 die Siegessäule, das herausfordernde Zeichen neudeutscher Großmannssucht, aufgepflanzt wurde. Doch der Bauplatz hatte einen Nachteil. Dort befand sich das Palais des Grafen Athanasius Raczynski, und der weigerte sich beharrlich, seinen Besitz zu verkaufen. Alternativen wurden erwogen und wieder verworfen. So schleppte sich die Sache jahrelang entscheidungslos dahin. Erst als Bismarck 1881 damit drohte, den Reichstag ganz aus Berlin zu verbannen, rafften sich die Parlamentarier zu einem Entschluß auf. Mit großer Mehrheit stimmte der Reichstag einem Vertrag mit den Erben des Grafen über den Verkauf des Palais zu. Im Jahr darauf wurde ein zweiter Wettbewerb ausgeschrieben (ein preisgekrönter Entwurf aus dem Jahre 1872 wurde stillschweigend zu den Akten gelegt), aus dem der Frankfurter Architekt Paul Wallot als Sieger hervorging.

Von einer «bewußten Verhöhnung des Reichstags und der Volkssouveränität» hat der amerikanische Historiker Michael S. Cullen mit Blick auf die Baugeschichte gesprochen.[14] Das galt bereits für die Grundsteinlegung durch Wilhelm I. am 9. Juni 1884, die wiederum ganz im Stil eines höfisch-militärischen Zeremoniells aufgezogen wurde. Paradeuniformen und weiße Helmbüsche beherrschten die Szenerie; die Abgeordneten in ihren Fräcken verloren sich inmitten dieser kriegerischen Gesellschaft. Selbst der Reichstagspräsident Albert von Levetzow hatte es sich nicht nehmen lassen, in der Uniform eines Landwehrmajors der Reserve zu erscheinen, was die liberale «Frankfurter Zeitung» zu dem Kommentar veranlaßte: «Die Überschätzung des militärischen Berufs in unserem gesamten Staats- und öffentlichen Leben, der Militarismus und Bürokratismus ist es, dessen Auswüchse uns in diesem Falle wieder ganz besonders bemerkbar geworden sind.»[15]

Die Feier verlief nicht ohne Pannen. Der bereits 87jährige Monarch sprach so leise, daß niemand ihn verstehen konnte, und als ihm der bayerische Gesandte Graf Lerchenfeld ein blaues Samtkissen mit der Maurerkelle überreichte, fiel das Werkzeug zu Boden. «Peinlichkeit und Geflüster! Was bedeutet das für die Zukunft?» orakelte der Korrespondent der «Times».[16]

Von Beginn an, so scheint es, stand die Geschichte des Berliner Reichstagsgebäudes unter einem Fluch. Das bekam schon Paul Wallot zu spüren, der sich mit ungeahnten Widerständen herumschlagen mußte. Alle möglichen Besserwisser pfuschten ihm ins Handwerk, seit 1888 auch der junge Kaiser Wilhelm II. in gewohnt burschikoser Art. Die Entwürfe mußten immer wieder überarbeitet werden. Am Ende zeichnete sich der wuchtige Quader mit seinen vier Ecktürmen durch eine abstruse, zeittypische Melange aus Neorenaissance und Neobarock aus. Für die Kuppel hatte sich Wallot allerdings etwas Besonderes einfallen lassen: eine moderne Konstruktion aus Stahl und Glas. Der Berliner Stadtbaurat Ludwig Hoffmann fühlte sich an einen «Leichenwagen erster Klasse» erinnert[17], und der Dichter Frank Wedekind spottete:

«Ich habe im Laufe des Jahrhunderts gesehen
Viele Parlamentshäuser entstehen.
Wie kommt es, daß das deutsche an der Kuppel Statt
Einen Bonbonnieren-Deckel hat?»[18]

Wilhelm II. sah im Reichstagsbau, wie er öffentlich bekundete, einen «Gipfel der Geschmacklosigkeit».[19] Der Architekt wiederum machte seiner Wut über den «kaiserlichen Schreier» in einem privaten Brief Luft: «Genug – er ist ein gewöhnlicher, niederträchtiger Hund, für den auf anderem Gebiet Deutschland die Zeche wird bezahlen müssen. Denn es ist wohl anzunehmen, daß der Kaiser auf anderem Feld, sagen wir dem militärischen, genau so verfährt, wie hier auf dem Kunstgebiet.»[20] Prophetische Worte!

Im Innern des Gebäudes fand sich auch nicht die leiseste Reminiszenz an die demokratischen Traditionen der deutschen Geschichte. Statt dessen war es überladen mit Herrschaftsinsignien – Wappen, Skulpturen, Ornamenten. Baronin Hildegard von Spitzemberg, die im Mai 1894 das Bauwerk kurz vor seiner Fertigstellung besichtigte, notierte in ihr Tagebuch: «Das Ganze macht doch einen Eindruck mehr des babylonisch Maßlosen als des harmonisch Schönen; dazu das geradezu Lächerliche der ungezählten Wappenschilder, Kronen, allegorischen Figuren, und das für ein Haus, in dem 400 Leute tagen sollen, die zumeist liberal, freisinnig oder sozialdemokratisch gesinnt sind, die all dieser heraldische Schmuck ärgert, denen wund und wehe wird in diesen prachtvollen Räumen und die für 50 Pf. Butterbrot essen in einem Speisezimmer, für Kaiser und Könige schön genug.»[21]

Einige Jahre später bemängelte Eugen Richter, daß die Dekoration des Hauses keinerlei Beziehung zur Tätigkeit des Parlaments aufweise.[22] Und daran sollte sich bis zum Ende des Kaiserreichs nichts ändern. Im Jahre 1908 entschied eine «Ausschmückungskommission» sogar, als Thema für das große Bild hinter der Präsidiumstribüne die Siegesfeier bei Sedan am 2. September 1870 festzulegen – eine Geste der Unterwerfung gegenüber Kaiser und Armee. Das ging nun allerdings auch einer Mehrheit der Abgeordneten zu weit, und so wurde das Bild 1909 stillschweigend aus dem Plenarsaal entfernt und in den Raum des Haushaltsausschusses verbannt.[23]

«Es bleibt der Bau ein Denkmal der großen Zeit, in welcher als Preis des schwer errungenen Sieges das Reich zu neuer Herrlichkeit entstanden ist», verkündete Wilhelm II. bei der Schlußsteinlegung am 5. Dezember 1894.[24] Das Personal an der Spitze des Reiches hatte zwar gewechselt, aber dem Betrachter bot sich das übliche militärische Schauspiel. «Wieder einmal wurde uns vor Augen geführt», berichtete das «Berliner Tageblatt», «daß wir nicht nur ein Volk in Waffen, sondern auch eine Volksvertretung in Waffen haben.»[25]

Nur wenige Tage nach der Einweihung des Reichstagsgebäudes sprach Wilhelm II. abfällig von einem «Reichsaffenhaus».[26] Und bei späterer Gelegenheit, nach den Reichstagswahlen 1903, bekannte er, es sei ihm «vollständig gleichgültig, ob in dem Reichstagskäfig rote, schwarze oder gelbe Affen herumsprängen».[27] Solche Bekundungen offener Parlamentsverachtung waren keineswegs auf den Monarchen und seinen Hofstaat beschränkt. Der Österreicher Josef Redlich empfand 1908/09 als «ganz besonders eigentümliches Merkmal» im staatlichen Leben Deutschlands «das tiefeingewurzelte Gefühl des Antiparlamentarismus»: «Die Deutschen haben sich gewöhnt, die eigenen Volksvertretungen, auch den nach dem allgemeinen Wahlrecht gebildeten Reichstag mit unverhohlener Geringschätzung und Mißtrauen, ja oft geradezu mit Hohn und Abneigung zu betrachten, in der parlamentarischen Arbeit eine im Grunde nutzlose Zeit- und Kraftverschwendung zu erblicken.»[28]

Der Reichstag wurde als «Schwatzbude» verunglimpft, und der Landjunker Elard von Oldenburg-Januschau sprach seinen konservativen Parteifreunden aus der Seele, als er eine Reichstagsrede im Jahre 1910 mit dem Ausruf beendete: «Der König von Preußen und der deutsche Kaiser muß jeden Moment imstande sein, zu einem Leutnant zu sagen: Nehmen Sie zehn Mann und schließen Sie den Reichstag!»[29]

«Höchstes Selbstbewußtsein und umfassende tatsächliche Machtstellung der Bürokratie und der Militärs auf der einen, geringstes Selbstvertrauen und geringste Einflußsphäre der Volksvertretung auf der anderen Seite» – dieser Gegensatz kennzeichnete nach Redlichs Beobachtungen die «Eigenart der gegenwärtigen deutschen Regierungsweise», die er ein «System des konstitutionellen Antiparlamentarismus» nannte.[30] Dazu paßte, daß das 1901 von Reinhold Begas geschaffene Denkmal für Otto von Bismarck ausgerechnet auf dem Platz vor dem Reichstag aufgestellt wurde.

Dennoch nahm der Einfluß des Reichstags in der Wilhelminischen Ära zu. Das hing zum einen zusammen mit der Expansion der öffentlichen Haushalte. Der Ausbau des Sozialstaats, des Bildungs- und Gesundheitssystems, vor allem aber die forcierte Aufrüstung vor 1914 erforderten gewaltige Summen, die der Reichstag bewilligen mußte. Zum anderen hatte das wachsende Gewicht des Parlaments etwas zu tun mit der Entstehung eines «politischen Massenmarktes» (Hans Rosenberg), also der Politisierung und Mobilisierung weiter Bevölkerungskreise, die sich auch an der wachsenden Beteiligung an den Reichstagswahlen ablesen läßt. Der Reichstag war das Forum, wo die wichtigen Fragen der Innen- und Außenpolitik verhandelt wurden. Und die Debatten von der Tribüne aus zu verfolgen, wurde zu einer Attraktion, vor allem für Berlin-Besucher. «Der Reichstag ist, ohne Blasphemie zu reden, neben den Barrisons (fünf Schwestern, die im «Wintergarten» tingelten – V.U.) die größte Sensation dieser Wochen. Jeder Fremde, der nach Berlin kommt, sieht sich diese beiden Dinge jetzt an. Sie sind beide so aktuell. Auf den Tribünen wimmelt es von Herrschaften mit umgehängten Reisetäschchen, ganz wie sich im Wintergarten die Kleidung mit dem bekannten Provinzschnitt bemerkbar macht», beobachtete der Theaterkritiker Alfred Kerr im Februar 1895.[31] In der Presse wurden die Reichstagsreden ausführlich wiedergegeben. Dabei war das Verhältnis zwischen Parlamentariern und den Medienvertretern, wie wohl zu allen Zeiten, nicht frei von Spannungen. Als der Zentrumsführer Adolf Gröber im März 1908 die Journalisten als «Saubengel» titulierte, verweigerten diese jede weitere Berichterstattung über die Reichstagsverhandlungen. Erst als sich Gröber für seine Entgleisung entschuldigte, wurde der Boykott beendet.[32]

Häufig war der Reichstag wegen der geringen Präsenz der Abgeordneten beschlußunfähig. Das Fernbleiben hatte vor allem materielle Gründe. Bismarck hatte dafür gesorgt, daß die Volksvertreter keine Aufwandsentschädigung erhielten. Erst als ab 1906 Diäten eingeführt wurden, besserte sich die Anwesenheitsmoral.[33] Jetzt zeigte sich allerdings, daß der auf Repräsentation angelegte Bau für die praktische Arbeit der Parlamentarier völlig ungeeignet war. 1912 wurden zwischen Ober- und Dachgeschoß hundert kleine Arbeitszimmer eingerichtet, doch auch die reichten bei weitem nicht aus.

Manche Autoren sprechen, bezogen auf die innenpolitische Entwicklung des Kaiserreichs vor 1914, von einer schleichenden «Parlamentarisierung». Doch das ist unzutreffend. Denn der Reichstag vermied es geradezu ängstlich, von seinem gestiegenen Einfluß Gebrauch zu machen und auf eine Erweiterung seiner Rechte zu drängen. Dabei gab es immer wieder Gelegenheiten dazu, vor allem während der «Daily Telegraph»-Affäre vom November 1908, als die öffentliche Entrüstung über das «persönliche Regiment» Wilhelms II. hohe Wellen schlug und das Kaiserreich an den Rand einer Staatskrise brachte.[34] Aber selbst in dieser Situation schreckte der Reichstag vor einer offenen Kraftprobe zurück. Die Gegensätze zwischen den Parteien waren größer als der gemeinsame Wille, den Monarchen in die Schranken zu weisen und die Krise zu einer Umverteilung der Macht zugunsten des Parlaments zu nutzen.

Im Dezember 1913 sprach der Reichstag dem Reichskanzler Theobald von Bethmann Hollweg mit überwältigender Mehrheit das Mißtrauen aus, weil er sich nicht eindeutig von den Ausschreitungen preußischer Militärs gegen die Zivilbevölkerung in der elsässischen Stadt Zabern distanziert hatte. Doch das war eher eine Demonstration der Ohnmacht als Ausdruck eines gestärkten Selbstbewußtseins. Das Votum blieb für den Reichskanzler ohne jede Konsequenz, weil er nicht auf das Vertrauen der Parlamentsmehrheit, sondern allein das des Monarchen angewiesen war.[35] Das «Berliner Tageblatt» erschien aus Anlaß der Zabern-Affäre unter dem Titel «Die Säbelherrschaft», und der Chefredakteur Theodor Wolff kommentierte: «Leben wir in einer südamerikanischen Republik, und hängen bei uns Leben und Freiheit von den Entschlüssen einer Kasinogesellschaft ab?»[36]

Mit Beginn des Ersten Weltkrieges war die Frage einer «Parlamentarisierung» der Reichsverfassung ohnehin zunächst auf Eis gelegt. Die Sozialdemokraten, seit 1912 stärkste Fraktion im Reichstag, stimmten am 4. August 1914 den Kriegskrediten zu – ein schwerwiegender Entschluß, der die Spaltung der Partei zur Folge haben sollte. Für die Zeit des Krieges wurde ein «Burgfrieden», eine Art innenpolitischer Waffenstillstand, geschlossen. Mehr denn je herrschten jetzt die Militärs. In einem Saal des Reichstagsgebäudes richtete die Heeresleitung ein Pressebüro ein, das die Journalisten mit Falschmeldungen über die Kriegslage versorgte, die diese dann auch eilfertig über ihre Blätter verbreiteten. Daß die «Lügenzentrale», wie sie der Chefredakteur der Berliner «Welt am Montag», Hellmut von Gerlach, nannte[37], ausgerechnet im Reichstagsgebäude ihr Domizil aufschlagen konnte, war nicht dazu angetan, das Ansehen des deutschen Parlaments zu erhöhen.

Je länger der Krieg dauerte, desto brüchiger wurde der «Burgfrieden». Während der Kriegsalltag für große Teile der Bevölkerung beschwerlich wurde, immer mehr Menschen an Hunger litten, berauschten sich Schwerindustrielle, Großagrarier und alldeutsche Professoren an wahnwitzigen Kriegszielen. Auch bei den bürgerlichen Parteien des Reichstags bis in die Reihen der rechten Sozialdemokraten hinein fand der Annexionismus entschiedene Befürworter.

Um den trügerischen Schein «nationaler Eintracht» aufrechtzuerhalten, entschloß sich Wilhelm II., zu gewähren, was er bislang verhindert hatte: Im Dezember 1916 wurde unter dem Giebel des Reichstags die Inschrift «Dem deutschen Volke» angebracht. Das Fehlen der Inschrift war bereits bei der Einweihung 1894 manchem Beobachter aufgefallen. Die «Vossische Zeitung» machte damals den ironischen Vorschlag, eigentlich müsse das neue Haus «Dem Deutschen Heere» gewidmet werden.[38] In Hamburger Arbeiterkneipen fingen die Spitzel der Politischen Polizei Äußerungen von Sozialdemokraten auf, eigentlich sei es doch «sehr traurig, daß sich die Regierung schwer für die guten Absichten des Volkes verstehen kann. Nicht einmal hat man die von dem ganzen Volke gewünschte Inschrift ‹Dem deutschen Volke› am Reichstagsgebäude anbringen lassen». [39] In gewisser Weise war die leere Fläche «ein Symbol ungeklärter Identität».[40] Es bedurfte erst der Erfahrungen und Belastungen des Krieges, um die Einsicht zu befördern, daß man der Entscheidung über die Inschrift nicht mehr ausweichen könne. Im August 1915 empfahl der Unterstaatssekretär in der Reichskanzlei, Arnold Wahnschaffe, dieses Problem «still zu erledigen, damit die alten unliebsamen Erinnerungen nicht wieder wach werden».[41] Für den Guß der Buchstaben wurde Bronze aus erbeuteten Geschützen des Jahres 1813 verwendet. In der Öffentlichkeit wurde die Anbringung der Inschrift kaum beachtet. Sie war ja auch nicht mehr als eine symbolische Geste, die beruhigend wirken sollte. Zur freiwilligen Beschränkung ihrer Macht waren die herrschenden Eliten auch im dritten Jahr des Kriegs noch nicht bereit.

Erst im Juli 1917, nach dem Scheitern der deutschen U-Boot-Wunderwaffe, raffte sich eine Mehrheit aus Sozialdemokratie, Zentrum und Fortschrittlicher Volkspartei endlich zu einer Aktion auf. Sie bildete einen «Interfraktionellen Ausschuß», der die Frage der innenpolitischen Reformen und eines Verständigungsfriedens auf die Tagesordnung setzte. Zum Gegenspieler der dritten Obersten Heeresleitung unter Hindenburg und Ludendorff, den beiden mächtigsten Männern in den letzten Kriegsjahren, wurde die Reichstagsmehrheit nicht. Dazu war sie in sich zu zerstritten, dazu fehlte ihr vor allem der Wille zur Macht. Sie half den Heerführern, den verhaßten Reichskanzler Bethmann Hollweg zu stürzen, und sie erlaubte ihnen sogar, die «Friedensresolution» des Reichstags so zu verwässern, daß sie am Ende niemanden beeindruckte, schon gar nicht die Kriegsgegner der Mittelmächte.[42]

Im März 1918 stimmten Zentrum und Fortschrittspartei für den Gewaltfrieden von Brest-Litowsk, womit sie ihre eigene «Friedensresolution» vom Juli 1917 desavouierten. Die Sozialdemokraten enthielten sich der Stimme, was ihre Glaubwürdigkeit nicht erhöhte. Einzig die Unabhängige Sozialdemokratische Partei (USPD), die sich 1917 von der Mehrheitsrichtung abgespalten hatte, stimmte gegen den Vertrag.

Die «Parlamentarisierung» der Verfassung wurde von der Reichstagsmehrheit nicht erkämpft; sie wurde von den Militärs angeordnet, und zwar Ende September 1918, als das militärische Fiasko des Kaiserreichs sich nicht mehr verheimlichen ließ. Der Obersten Heeresleitung ging es darum, die Parteien der Reichstagsmehrheit, allen voran die Sozialdemokraten, mit dem Odium der Niederlage zu belasten und sich selbst klammheimlich aus der Verantwortung zu stehlen. Diese Rechnung ging auf fatale Weise auf. Der Keim zum Untergang der Weimarer Demokratie – er wurde bereits gelegt, als Ludendorff am Abend des 29. September 1918 vor seine Offiziere trat und erklärte: Er habe den Kaiser «gebeten, jetzt auch diejenigen Kreise an die Regierung zu bringen, denen wir es in der Hauptsache zu danken haben, daß wir so weit gekommen sind ... Die sollen nun den Frieden schließen, der jetzt geschlossen werden muß. Sie sollen die Suppe jetzt essen, die sie uns eingebrockt haben.»[43]

Der Berliner Reichstag war als Gegenentwurf zur Frankfurter Paulskirche erdacht worden, und diesen Geburtsmakel hat er vor 1918 nie abstreifen können. Wohl entwickelten sich hier, gegen den Willen seiner Verächter, zaghafte Ansätze eines Parlamentarismus.

Doch weit mehr symbolisierte sich im Reichstag der Kaiserzeit die ungebrochene Stärke der antidemokratischen, antiparlamentarischen und militaristischen Traditionen der deutschen Geschichte. Im Januar 1895, einen Monat nach der Einweihung des Reichstagsgebäudes, prophezeite der badische Liberale und Alt-Achtundvierziger Franz von Roggenbach: «Ohne einen geachteten Reichstag ist es mit dem Reiche nicht weit her, mag Sybel noch so dicke Bücher über ‹Neubegründung des Reiches› schreiben und jedes Dorf ein Denkmal für die ‹Neubegründer› aufweisen. Das einzige wirkliche Denkmal für dieselben wäre der ‹Reichstag› selbst, der allein auch Zeugnis gäbe, daß es überhaupt ein ‹Reich› gibt, das mehr ist als Dekoration und Großsprecherei, ‹wie wir es so herrlich weit gebracht haben›.»[44]

«Sozialismus, dein Reich komme»

Die wechselvolle Geschichte des Maifeiertags

«Stände nur Marx noch neben mir, dies mit eignen Augen zu sehn!» Als Friedrich Engels mit diesen Worten am 1. Mai 1890 in seinem Londoner Exil das Vorwort zur vierten deutschen Ausgabe des «Kommunistischen Manifests» abschließt[1], demonstrieren erstmals Hunderttausende von Arbeitern in Europa und den USA gemeinsam für den Achtstundentag. Der Vordenker des Sozialismus ist zwar schon 1883 gestorben, aber sein Feuergeist schwebt über den Maikundgebungen. «Die soziale Frage», so berichtet sein Schwiegersohn, der französische Sozialist Paul Lafargue, «ist in den Mittelpunkt des Interesses der Arbeiterklasse getreten. Die Maimanifestation erweist sich als der mächtigste Hebel, den die Sozialisten je besessen haben, um auf die proletarischen Massen einzuwirken und sie vorwärts zu bewegen.»[2]

Der Beschluß, den 1. Mai zum internationalen Kampf- und Festtag der Arbeiterbewegung zu küren, war knapp ein Jahr zuvor in Paris gefaßt worden. Hier hatten sich am 14. Juli 1889, hundert Jahre nach dem Sturm auf die Bastille, 390 Delegierte zu einem internationalen Arbeiterkongreß zusammengefunden, um – nach dem Scheitern der Internationalen Arbeiter-Assoziation 1876 – das Band der Einheit zwischen den sozialistischen Parteien wieder zu befestigen, eine neue, zweite Internationale zu gründen.

An der Stirnwand des mit roten Fahnen ausstaffierten Saales prangt in großen Lettern die dem «Kommunistischen Manifest» entlehnte Losung: «Proletarier aller Länder, vereinigen wir uns!» In seiner Begrüßungsansprache erinnert Paul Lafargue daran, daß die Arbeiter «etwas anderes aufzuführen» hätten «als das Werk der Revolution von 1789» – die Beseitigung «aller wirtschaftlichen und politischen Unterdrückung durch die Kapitalistenklasse».[3] Wie dieses Ziel zu erreichen sei, darüber wird tagelang heftig gestritten.

In der letzten Sitzung des Kongresses, am Nachmittag des 20. Juli, bringt der französische Delegierte Raymond Lavine eine Resolution ein, die von der Tagesordnung gar nicht vorgesehen war. Darin wird vorgeschlagen, daß «für einen bestimmten Zeitpunkt eine große Internationale Manifestation (Kundgebung) zu organisieren» sei, «und zwar dergestalt, daß gleichzeitig in allen Ländern und in allen Städten an einem bestimmten Tage die Arbeiter an die öffentlichen Gewalten (Behörden) die Forderung richten, den Arbeitstag auf acht Stunden festzusetzen und die übrigen Beschlüsse des internationalen Congresses von Paris zur Ausführung zu bringen».[4]

Die meisten Delegierten ahnen, als sie der Resolution zustimmten, kaum, welche Bewegung sie damit in Gang setzen. «Es war» – so schreibt «Die Neue Zeit», das theoretische Organ der deutschen Sozialdemokratie, 1890 – «eine kühne Idee, nicht etwa bloß verschiedene sozialistische Vereine verschiedener Länder, sondern das gesamte Weltproletariat ohne einheitliche Organisation zu einer Weltdemonstration aufzufordern. Ihr Gelingen setzte nicht bloß ein bisher unerhörtes internationales Solidaritätsgefühl der Massen voraus, sondern auch ihre entschiedene Übereinstimmung über die Mittel und Ziele des Klassenkampfes.»[5] Doch damit hapert es von Anfang an.

Einigkeit kann rasch erzielt werden über den Termin der «internationalen Kundgebung»: Sie soll jeweils am 1. Mai eines jeden Jahres stattfinden. Damit erweisen die Delegierten der amerikanischen Arbeiterbewegung ihre Reverenz. Diese hatte bereits am 1. Mai 1886 zu einem landesweiten Generalstreik für den achtstündigen Arbeitstag aufgerufen – in Anlehnung an die Tradition des *Moving Day*, eines Stichtags für die Regelung von Arbeits- und Lohnverträgen. In Chicago, dem Zentrum des Ausstands, eskalieren die Auseinandersetzungen zwischen streikenden Arbeitern und der Polizei. Am Abend des 4. Mai schleudert ein Unbekannter auf dem Haymarket eine Bombe in eine Protestversammlung der Arbeiter; bei dem anschließenden Schußwechsel gibt es Tote und viele Verwundete auf beiden Seiten.[6]

Was folgt, ist einer der größten Justizskandale in der Geschichte der USA: Acht Teilnehmer der Versammlung, als Anarchisten bekannt, werden verhaftet und des gemeinschaftlichen Mordes angeklagt. Für vier endet der Schauprozeß mit der Hinrichtung durch den Strang, einer beging Selbstmord, bei zwei anderen wird das Todesurteil in eine lebenslange Haftstrafe umgewandelt. Noch unter dem

Galgen ruft August Spies, ein aus dem hessischen Dorf Friedewald stammender gelernter Polsterer, der es zu einem der profiliertesten Sprecher des sozialrevolutionären Flügels der amerikanischen Arbeiterbewegung gebracht hat: «Die Zeit wird kommen, da unser Schweigen im Grabe mächtiger sein wird als unsere Reden.»[7]

Die Prophezeiung sollte sich erfüllen. Soziale Bewegungen brauchen ihre Märtyrer; die hingerichteten Chicagoer Anarchisten wurden es für die internationale Arbeiterbewegung. Als der Gründungskongreß der Zweiten Internationale in Paris seinen historischen Maifeierbeschluß faßte, stand ihm das Fanal der «Haymarket-Tragödie» vor Augen.

So einig sich der Kongreß in der Festlegung des Datums zeigte, so umstritten war von Anfang an die Frage der Durchführung der Kundgebung. Obwohl eine allgemeine Arbeitsruhe am 1. Mai als optimale Lösung erschien, verzichtete man darauf, sie verbindlich festzuschreiben. Die gewählten Aktionsformen sollten sich vielmehr an den jeweiligen Gegebenheiten in den einzelnen Ländern orientieren. Eine nicht unwesentliche Rolle spielte dabei die Rücksicht auf die Verhältnisse im deutschen Kaiserreich, wo die Sozialdemokratie noch immer unter der Fuchtel des Sozialistengesetzes stand.

Allerdings schienen sich gerade hier Anfang 1890 entscheidende Veränderungen anzubahnen. Bismarcks Versuch, durch Vorlage eines verschärften Sozialistengesetzes noch einmal die politische Initiative an sich zu reißen, scheiterte am Widerstand des Reichstags und des jungen Kaisers Wilhelm II. Der spektakuläre Sieg der Sozialdemokratie in den Reichstagswahlen vom 20. Februar 1890 – mit fast zwanzig Prozent der Stimmen wurde sie zur stärksten Partei des Kaiserreichs – signalisierte, daß die Tage des «Eisernen Kanzlers» gezählt waren. Seine Entlassung im März 1890 markierte zugleich das Scheitern der offenen Repressionspolitik gegen die Sozialdemokratie.

Beflügelt durch das neugewonnene Kraftgefühl, entwickelte sich an der Basis der Partei eine breite Bewegung, die sich für die Arbeitsruhe am 1. Mai 1890 stark machte. Doch die Parteiführung wiegelte ab. Sie fürchtete, große Maistreiks könnten der Berliner Regierung den Vorwand für neue Repressionen liefern. Schließlich lief das Ausnahmegesetz gegen die Sozialdemokraten erst Ende September 1890 aus. Deshalb – so ließ August Bebel, der in den Jahren der Verfolgung seit 1878 zum charismatischen Führer der deutschen Sozialdemokratie aufgestiegen war, Friedrich Engels am 31. März wissen – müßte alles getan werden, um «bei der Demonstration am 1. Mai die Massen in Schranken zu halten».[8]

Die Reichstagsfraktion, die sich lange Zeit in Schweigen hüllte, sekundierte dem Parteiführer in einem Aufruf an die Mitglieder vom 13. April. Darin wandte sie sich gegen eine allgemeine Arbeitsruhe am 1. Mai, weil diese nicht nur bei Arbeitern selbst «vielfach auf Widerstand stoßen», sondern «möglicherweise wirtschaftliche und politische Konflikte von unabsehbarer Tragweite» heraufbeschwören würde. Nur dort, wo dies ohne Risiko möglich war, das heißt also, wo die Unternehmen selbst ihre Einwilligung gaben, sollte die Arbeit niedergelegt werden dürfen.[9]

Dieser alles andere als kämpferische Appell wirkte stark abkühlend auf die Streikbegeisterung. In den meisten Orten folgten die Arbeiter am 1. Mai 1890 der Direktive der Parteiführung und beschränkten sich auf geschlossene Abendveranstaltungen. Doch es gab auch Ausnahmen – die bemerkenswerteste in Hamburg, einer Hochburg der Arbeiterbewegung, wo die Sozialdemokraten gerade am 20. Februar alle drei Reichstagswahlkreise erobert hatten.

Hier beschließt eine von 6000 Arbeitern besuchte Massenversammlung am 25. April, entgegen der Empfehlung der Reichstagsfraktion die Arbeit am 1. Mai ruhen zu lassen. Doch auch Hamburgs Unternehmer bleiben nicht untätig. Auf Initiative von Hermann Blohm, Inhaber der Werft von Blohm & Voss, gründen sie in diesen Tagen den «Arbeitgeberverband von Hamburg-Altona», die erste branchenübergreifende Unternehmerorganisation in Deutschland. Sie vereinigt nahezu alles, was in Hamburgs Wirtschaft Rang und Namen hat, und kann daher auf die geballte Finanzkraft der Hamburger Banken, Exportfirmen und Reeder zurückgreifen.[10] In einen Kampffonds fließen innerhalb weniger Tage 1,5 Millionen Mark – eine für damalige Verhältnisse riesige Summe.

Welche Befürchtungen die Unternehmer umtreiben, verdeutlicht die Äußerung eines ihrer Repräsentanten: «Wenn wir uns den willkürlichen Feiertag am 1. Mai ruhig gefallen lassen, dann müssen ja die Arbeiter auf den Gedanken kommen, daß sie es sind, welche über die Fabriken disponieren und nicht wir, und haben sie erst mit der Premiere am 1. Mai Glück, dann wird das Stück noch ganz andere Fortsetzungen erleben.»[11]

So spitzt sich die erste Maifeier in Hamburg sofort zu einer Machtprobe zwischen Kapital und Arbeit zu. Auf welcher Seite der Senat in dieser Auseinandersetzung steht, ist zu keinem Zeitpunkt zweifelhaft. Straßendemonstrationen und Versammlungen während der Arbeitszeit werden verboten. Alle Gefängnisse der Hansestadt richten sich auf «Massen-Arrestierungen» ein, und in der benachbarten Garnison Altona hält sich Militär bereit, um im Notfall der Hamburger Polizei zur Hilfe zu eilen.[12]

Zu diesen martialischen Drohgebärden steht das Verhalten der Hamburger Arbeiter am 1. Mai in einem eigentümlichen Kontrast: Überall in der Stadt sieht man am Morgen kleine Gruppen von Feiernden, die – zumeist im Sonntagsanzug und mit einer roten Nelke im Knopfloch – ins Hamburger Umland ziehen, um sich abends zu «Tanzkränzchen» und «Bierkommersen» wieder zusammenzufinden. Die von Bismarcks Hausblatt, den «Hamburger Nachrichten», herbeigeredete «Generalprobe für die soziale Weltrevolution» verläuft vollkommen ruhig.[13] Nirgendwo kommt es zu den befürchteten Ausschreitungen.

Dennoch machen die Unternehmer am darauffolgenden Tag ihre Drohung wahr und sperren alle Arbeiter, die dem Maiaufruf gefolgt sind, aus – rund 20000 an der Zahl, darunter 9000 Beschäftigte der Baubranche und 4000 Werftarbeiter. Vor ihrer Wiedereinstellung müssen die Ausgesperrten einen Revers unterschreiben, in dem sie sich zum Austritt aus ihrer Gewerkschaft verpflichten. Wer sich weigert, wird auf «schwarze Listen» gesetzt, womit ihm praktisch jede Möglichkeit genommen wird, im Bereich des Hamburger Arbeitgeberverbandes neue Beschäftigung zu finden.

Einige Branchen – so die Maurer und Ewerführer – beantworten die Unternehmerschikanen mit Streiks. Sie ziehen sich bis in den Juli hin und werden von beiden Seiten mit größter Erbitterung geführt. Immer deutlicher schält sich im Verlauf dieses Konflikts die Absicht der Unternehmer heraus, nicht nur Vergeltung für den 1. Mai zu üben, sondern der organisierten Arbeiterbewegung in ihrer Hochburg einen vernichtenden Schlag zu versetzen.[14] Aus dem gesamten Reichsgebiet werden Streikbrecher angeworben; umgekehrt mobilisiert der Kampf der Hamburger Arbeiter eine Welle von Solidarität in ganz Deutschland.

Am Ende jedoch müssen die Streikenden vor der überlegenen Organisations- und Finanzkraft der Hamburger Arbeitgeber kapitulieren. Der mit so viel Elan aufgenommene Kampf endet mit einer kompletten Niederlage, von der sich Hamburgs organisierte Arbeiterschaft erst langsam wieder erholen sollte. Die Maifeier – so zieht Bebel 1893 Bilanz – habe dazu geführt, daß «das stets opferwillige, in allen Kämpfen der Partei als festestes Bollwerk geltende Hamburg auf längere Zeit nahezu vollständig kampfunfähig gemacht wurde».[15]

Diese Erfahrungen bestärkten SPD und Gewerkschaften in der Überzeugung, risikoreichen Konfrontationen nach Möglichkeit aus dem Wege zu gehen und stattdessen alle Kräfte auf den Aufbau der Organisationen zu lenken. Unter den Parteien der Zweiten Internationale stieß diese Zurückhaltung auf wachsende Kritik. Denn von der deutschen Sozialdemokratie, der organisatorisch stärksten Kraft, erwartete man gerade in der Maifeierfrage kämpferische Initiativen.

Die Beschlüsse der SPD-Parteitage seit 1890 spiegeln das Dilemma wider, einen halbwegs gangbaren Weg zwischen der Strategie der Konfliktvermeidung und dem Gebot internationaler Solidarität zu finden. Zu einem vorläufigen Abschluß gelangten die Auseinandersetzungen mit der Kompromißformel des Gothaer Parteitags von 1896. Sie erklärte «die allgemeine Arbeitsruhe» zur «würdigsten Feier des 1. Mai» und machte den Arbeitern zur Pflicht, «überall, wo die Möglichkeit zur Arbeitsruhe vorhanden ist, die Arbeit am 1. Mai ruhen zu lassen».[16]

Bis 1914 gelang es allerdings nicht, dieses Ziel in den wichtigsten Bereichen der deutschen Wirtschaft durchzusetzen. Hier und da gewährten Unternehmer ihren Beschäftigten aus freien Stücken einen halben oder ganzen Tag Urlaub. Doch das Gros der Arbeitgeber betrachtete den im Maifeiertag fixierten Anspruch der Arbeiter auf Mit- und Selbstbestimmung als eine unerträgliche Herausforderung ihres «Herr im Hause»-Standpunktes, als eine Art permanenter Kriegserklärung, gegen die mit allen Mitteln zur Wehr zu setzen sie sich berechtigt glaubten.

So wiederholte sich Jahr für Jahr (sofern der 1. Mai nicht auf einen Sonntag fiel) dasselbe Schauspiel: Tausende von Arbeitern wurden ausgesperrt, viele konnten nicht wieder an ihre alten Arbeitsplätze zurückkehren. Und alljährlich bildete die Maifeier den Höhepunkt eines polizeilichen Kleinkriegs gegen die Arbeiterbewegung: Demonstrationen wurden verboten oder nur zögernd genehmigt, Versammlungen überwacht, das Tragen von Maifeierabzeichen untersagt. Es war beileibe kein Einzelfall, wenn die Magdeburger Polizei die aus den jährlichen Maifeiern entstandenen Akten unter der Registratur «Schwerere Kriminalfälle» führte.[17]

Die Teilnahme an einer Maidemonstration verlangte also nicht nur persönlichen Mut, sie war zugleich mit erheblichen finanziellen Opfern verbunden, und zwar besonders für die Organisationen der Arbeiterbewegung, die für die Unterstützung der Gemaßregelten aufkommen mußten: die Gewerkschaften. Kein Wunder, daß sich hier bald die Stimmen mehrten, die in den Maifeiern nur noch «leere Demonstrationen» zu erkennen meinten, wie es in einem Rundschreiben des Vorstands des Deutschen Metallarbeiter-Verbands vom März 1901 hieß.[18] Je deutlicher die Gewerkschaftsorganisationen die SPD an Mitgliedern überflügelten, desto nachdrücklicher verlangten sie nach gleichberechtigter Mitsprache in allen sie betreffenden Angelegenheiten. Das galt natürlich auch für die Maifeier und die damit zusammenhängende Unterstützungsfrage.

Auf dem Gewerkschaftskongreß in Köln 1905 artikulierte sich der Unmut über die bisherige Maifeierpraxis in bislang nicht gekannter Schärfe. Eine Resolution, die eine Beseitigung der Arbeitsruhe und die Reduzierung der Maifeier auf Abendveranstaltungen verlangte, wurde zwar zurückgezogen, offenbar weil sie noch nicht mehrheitsfähig war, doch die Zeichen standen auf Konfrontation. Dies um so mehr, als sich der Streit um die Maifeier mit der seit 1905 heftig diskutierten Massenstreikfrage überschnitt, und diese Kontroverse wiederum verknüpft war mit der Grundsatzdebatte um Reform und Revolution in der deutschen Arbeiterbewegung vor 1914.

Nach langwierigen Auseinandersetzungen einigten sich SPD und Gewerkschaften schließlich darauf, daß die Unterstützung der Ausgesperrten von ihnen zu gleichen Teilen getragen werden sollte. Doch schon an dem auf dem Nürnberger Parteitag 1908 gefaßten Beschluß, daß die in Partei-, Gewerkschafts- und Genossenschafts-Einrichtungen tätigen Funktionäre und Mitglieder ihren Tagesverdienst vom 1. Mai aus Solidarität mit den Ausgesperrten in einen Maifeierfonds einzahlen sollten, entzündete sich neuer Streit. Die Klassenfrage schien sich nunmehr vollends auf eine Kassenfrage zu reduzieren. «Die Maifeier ist ein Schmerzenskind unserer Partei, das nicht leben und nicht sterben kann», so klagte Karl Kautsky 1909.[19]

Doch hier irrte der Cheftheoretiker der deutschen Sozialdemokratie. Unter Arbeitern war der Gedanke des 1. Mai vor 1914 offenbar populärer als unter Gewerkschaftsfunktionären und Parteiredakteuren. Was ein Hamburger Sozialdemokrat im April 1909 in seiner Stammkneipe zum besten gab (und ein eifriger Polizeispitzel aufschrieb), war eine in Arbeiterkreisen nicht selten geäußerte Meinung: «Die Maifeier ist doch eine große Errungenschaft für uns Arbeiter, und nach meiner Ansicht müßte ein jeder, der nur irgend kann, diesen Tag feiern.»[20]

Der 1. Mai galt vielen Arbeitern als ein «Tag aus eignem Recht», wie Kurt Eisner, der begabteste Journalist in der deutschen Vorkriegssozialdemokratie, einmal formulierte[21] – ein Tag, der ihnen nicht geschenkt worden war, sondern den sie sich ständig aufs neue erkämpfen mußten. An diesem einen Tag im Jahr entzogen sie sich der Bevormundung und Fremdbestimmung, demonstrierten sie die wachsende Stärke und das Selbstbewußtsein ihrer Klasse. Mehr noch: Der 1. Mai war ein Stück verwirklichter Utopie. Die alte Vorstellung vom Wonnemonat Mai, in dem die Natur zu neuem Leben erwacht, traf sich hier mit der begeisternden Vision einer solidarischen Gesellschaft freier und gleicher Menschen, deren Verwirklichung man in nicht allzu ferner Zukunft erwartete.

Nirgendwo sonst spiegelt sich der Fortschrittsoptimismus der sozialdemokratischen Bewegung vor 1914 so unverfälscht wie in den Illustrationen ihrer Mai-Festzeitungen.[22] In immer neuen Variationen verkünden sie die Botschaft: Aus dunkler Vergangenheit führt der Weg in die helle Zukunft, aus rauchigen Fabrikhallen und tristen Mietskasernen in eine sonnenüberflutete Frühlingslandschaft.

Immer wieder tritt die Göttin der Freiheit ins Bild, so wie Delacroix sie 1830 gemalt hat, mit halb entblößter Brust und der phrygischen Mütze auf wallendem Haar. Sie erinnert an die uneingelösten Versprechen der bürgerlichen Revolution. Der «Riese Proletariat», ihr zur Seite, meist ein muskelbepacktes Mannsbild, symbolisiert hingegen den durch nichts erschütterbaren Glauben an die eigene Kraft; er zerbricht die Ketten der Unterdrückung und Ausbeutung und weist den Weg hinauf in die lichten Höhen des Sozialismus.

Nicht selten kleidete sich solche Zukunftsgläubigkeit in das Gewand chiliastischer Heilsgewißheit. «Sozialismus, dein Reich komme» war auf Transparenten zu lesen, die in den Maifestzügen mitgeführt wurden.[23] Und in einem Lied aus dem Jahre 1902 hieß es in der letzten Strophe: «Das Lied der Zukunft, das Lied vom Mai –/ Aus den Banden des Alltags macht es Euch frei:/ Heut seid Ihr des Frühlings Gäste./ Und mit Euch segnen auf weitem Rund/ Die Völker der Erde den heiligen Bund/ Und feiern das Fest der Feste!»[24]

Solcher religiösen Überhöhung zum Trotz besaß der 1. Mai eine eminent politische Bedeutung. Er diente nicht der Entspannung und Zerstreuung, sondern der politischen Agitation und Mobilisierung. Kampf und Fest waren eingebunden in das Konzept eines kollektiven Lernprozesses, das die Erfahrung von Solidarität vermitteln wollte. Allerdings läßt sich schon vor 1914 beobachten, wie allmählich die festliche Seite in den Vordergrund rückte, das Element des Kampfes hingegen an Bedeutung verlor. Die Demonstrations- und Feierpraxis erstarrte zum Ritual: Waldspaziergang, Festumzug, Abendveranstaltung mit Agitationsrede, Theaterspiel, Gesang, Tanz und Feuerwerk – all das zählte bald zum Standardrepertoire einer jeden Maifeier, dazu die unvermeidlichen Insignien: Maifestabzeichen – das rote Bändchen oder eine Blume im Knopfloch –, die Maiplakette oder – besonders beliebt – eine Taschenuhr, deren Ziffernblatt die Erinnerung an die Maikämpfe wachhielt.[25]

Was an Elementen einer proletarischen Alternativkultur ursprünglich in der Maifeierbewegung enthalten war, wurde zunehmend überlagert von und durchmischt mit Formen kleinbürgerlicher Geselligkeit, die manchen kritischen Beobachter an Gartenlaube und Kaffeekränzchen erinnerten. Darin spiegelte sich ein Stück Entwicklungsgeschichte von Sozialdemokratie und Gewerkschaften vor 1914, die sich, ungeachtet aller Diskriminierungen, in der gesellschaftlichen Ordnung des Kaiserreichs einzurichten begannen und deren Sturz immer weniger vorzustellen vermochten.

Der «Riese Proletariat» gewöhnte sich daran, mit den Muskeln zu spielen, ohne sie ernsthaft gebrauchen zu wollen. Von einer «gewaltigen Massendemonstration des einheitlichen revolutionären Willens des Proletariats», von der Rosa Luxemburg, Exponentin des linken Flügels der SPD, 1910 träumte, blieb die Maifeier selbst in ihren besten Zeiten weit entfernt.[26] Die Beteiligung schwankte von Jahr zu Jahr – je nach wirtschaftlicher Lage und dem befürchteten Ausmaß der Unternehmersanktionen. Doch gemessen an der Zahl der in SPD und Gewerkschaften organisierten Mitglieder, war der Mobilisierungsgrad gering. Vom kämpferischen Elan war in den Jahren vor 1914 kaum noch etwas zu spüren. «Begeisterung ist keine Heringsware, die man einpökeln kann für lange Jahre», schrieb damals Franz Mehring, der Historiker der deutschen Sozialdemokratie.[27]

Der zukunftssichere Optimismus, der die Maifeier geprägt hatte, zerbrach spätestens mit Beginn des Ersten Weltkriegs im August 1914. Die Beschlüsse der Zweiten Internationale erwiesen sich als Schall und Rauch. In fast allen sozialistischen Parteien triumphierte der Nationalismus über den Internationalismus. Sozialdemokratie und Gewerkschaften schlossen ihren «Burgfrieden» mit der kaiserlichen Reichsleitung, das heißt, sie verzichteten freiwillig auf eine kämpferische Vertretung von Arbeiterinteressen – unter anderem auch auf die Inszenierung der Maifeier.

Nachdem die Zweite Internationale zusammengebrochen sei, frohlockte die «Deutsche Arbeitgeber-Zeitung» im Februar 1915, «könnte man sehr wohl mit ihr auch die ganzen überflüssigen und nur auf Schürung des Klassenhasses berechneten Demonstrationen der Maifeier zum alten Plunder werfen».[28] Doch so schnell ließ sich die Idee des 1. Mai nicht begraben. Vielmehr wuchsen ihr, je länger der Krieg dauerte, neue Kräfte zu.

Am 1. Mai 1916 hat eine Gruppe oppositioneller Sozialdemokraten, die sich «Spartakus» nennt, zu einer Protestkundgebung gegen den Krieg auf dem Potsdamer Platz in Berlin aufgerufen. Der von Karl Liebknecht (er hatte als erster Reichstagsabgeordneter im Dezember 1914 den Mut besessen, Nein zum Kriege zu sagen) verfaßte Aufruf knüpft an die kämpferische Tradition und das pseudoreligiöse Pathos früherer Maifeiern an: «Der Verrat am Sozialismus, an der internationalen Solidarität der Arbeiter hat die Völker ins Verderben des Weltkrieges gestürzt. Nur die Rückkehr zum Evangelium des völkerbefreienden Sozialismus, zur proletarischen Internationale kann die Völker, die Kultur, die Arbeitersache vor dem Abgrund retten. Zeigt am 1. Mai, daß dieses Evangelium in euren Herzen und Hirnen lebt.»[29]

Dem Aufruf folgen Tausende kriegsmüder Berliner Arbeiter und Arbeiterinnen. Als die Polizei die Menge zu zerstreuen sucht, erklingt die laute Stimme Liebknechts: «Nieder mit dem Krieg! Nieder mit der Regierung!» Sofort stürzen sich Schutzleute auf ihn und schleppen den sich heftig Wehrenden zur nächsten Polizeiwache.

Zweieinhalb Jahre Zuchthaus und Aberkennung der bürgerlichen Ehrenrechte lautet das Urteil im Hochverratsprozeß. «Nun wohl», ruft der Angeklagte in seinem Schlußwort den Richtern zu, «Ihre Ehre ist nicht meine Ehre! Aber ich sage Ihnen: Kein General trug je eine Uniform mit so viel Ehre, wie ich den Zuchthauskittel tragen werde.»[30]

Die Demonstration vom 1. Mai 1916 und die anschließende Verurteilung Liebknechts hatten eine unübersehbare Signalwirkung. Mit einem Schlage war der täuschende Schleier des «Burgfriedens» zerrissen. «Nieder mit dem Krieg!» wurde zum Schlachtruf einer immer breiteren Protestbewegung, die am Ende des Krieges die ausgehöhlten Fundamente des Kaiserreichs hinwegspülte.

Im November 1918 schien es, als könnte der schöne Traum vom «Weltenmai» doch noch Wirklichkeit werden. Eine der ersten Maßnahmen der neuen Revolutionsregierung der «Volksbeauftragten» war die Einführung des Achtstundentages. Im April 1919 verabschiedete die Nationalversammlung ein Gesetz, das den bevorstehenden 1. Mai zum «allgemeinen Feiertag» erklärte. Doch schon die zum Teil stürmische parlamentarische Debatte über dieses Gesetz ließ erkennen, wie stark sich die politische Rechte bereits wieder fühlte. So sprach der Redner der Deutschnationalen Volkspartei von einer «Herausforderung des gesamten deutschen Bürgertums» und schlug – statt der Maifeierregelung – die Einführung eines Trauertages für die Gefallenen vor. Dieser Vorschlag fand jedoch ebensowenig eine Mehrheit wie der Antrag der Unabhängigen Sozialdemokraten (USPD), gleichzeitig mit dem 1. Mai auch den 9. November zum Gedenken an den Beginn der Revolution als Nationalfeiertag einzuführen.[31]

Der 1. Mai 1919 wurde nicht zum Zeichen einer siegreichen Revolution, sondern zum Triumph der Gegenrevolution: An diesem Tag rückten Freikorpstruppen in München ein und schlugen die Räterepublik blutig nieder. Thomas Mann notierte in sein Tagebuch: «Die Münchner kommunistische Episode ist vorüber; es wird wenig Lust vorhanden sein, sie zu erneuern. Eines Gefühls der Befreiung und Erheiterung entschlage auch ich mich nicht.»[32]

Ein Jahr später fand sich im Reichstag keine Mehrheit mehr, um den Maifeierbeschluß der Nationalversammlung vom April 1919 zu bekräftigen; bis auf wenige Ausnahmen (z.B. Hamburg, Braunschweig, Sachsen, Schaumburg-Lippe) wurde die Festtagsregelung nach und nach auch in den einzelnen Ländern abgeschafft. Weitere drei Jahre später, nach der Hyperinflation 1923, mußten die Gewerkschaften ein Gesetz hinnehmen, das den Achtstundentag in eine Kann-Bestimmung verwandelte. Eine der wichtigsten Errungenschaften der Novemberrevolution war damit faktisch wieder rückgängig gemacht worden.

Die in Krieg und Revolution entstandene Spaltung der Arbeiterbewegung setzte sich in der Weimarer Republik fort. In dem Maße, wie sich die Arbeiterkultur in zwei Lager auflöste, das sozialdemokratische und das kommunistische, die sich zunehmend voneinander abschotteten und gegenseitig bekämpften, spaltete sich auch die Maifeierbewegung: Kommunisten und Sozialdemokraten feierten in der Regel getrennt, wobei die SPD den Charakter des 1. Mai als Fest und Kulturfeier kultivierte, die KPD hingegen demonstrativ die Züge des Kampftages hervorkehrte.[33]

Beiden Parteien gemeinsam war allerdings ein Verlust an utopischen Perspektiven. Für die KPD hatte die Utopie des Sozialismus in der jungen Sowjetmacht Gestalt gewonnen; sie unterwarf sich freiwillig ihrem Führungsanspruch und sank mehr und mehr zu einem bloßen Instrument von deren außenpolitischen Interessen herab. Dagegen identifizierte sich die SPD mit dem Schicksal der Weimarer Republik. Ihre Anstrengungen richteten sich auf die Verteidigung und den Ausbau des Erreichten. Der Sozialismus blieb zwar weiterhin vielbeschworenes Zukunftsziel, doch büßte er im täglichen Kampf um die kleinen Verbesserungen immer mehr an Zugkraft ein.

So groß die Gegensätze zwischen KPD und SPD auch waren – zur unversöhnlichen Feindschaft steigerten sie sich erst durch die Ereignisse um den 1. Mai 1929, der als Berliner «Blutmai» in die Geschichte eingegangen ist.[34] Bereits im Dezember 1928 hatte der sozialdemokratische Polizeipräsident von Berlin, Zörgiebel, ein allgemeines Demonstrationsverbot ausgesprochen, das auch auf die Maifeier des folgenden Jahres ausgedehnt wurde. Als die KPD dennoch am 1. Mai das «Recht auf die Straße» in Anspruch nahm, schoß die Polizei.

Die Bilanz der bürgerkriegsähnlichen Auseinandersetzungen: 33 Tote, 198 zum Teil Schwerverletzte, über tausend Verhaftungen. Carl von Ossietzky kommentierte in der «Weltbühne»: «Einen durch jahrzehntelange Tradition fast sakral gewordenen Aufzug, eine letzte Erinnerung an die alte sozialistische Weltgemeinschaft kurzerhand zu verbieten, das bringt kein Bourgeois fertig, dazu gehört schon einer jener wohlzugeschnittenen Parteisozialisten, deren Energie sich ausschließlich im Abbau der alten sozialistischen Werte und Riten betätigt.»[35]

Die politischen Folgen des «Blutmai» waren verhängnisvoll: War die von der Kommunistischen Internationale lancierte «Sozialfaschismus»-These, welche die SPD als Schrittmacher der Faschisierung denunzierte, zuvor nur auf geringe Akzeptanz in der KPD-Mitgliedschaft gestoßen, so lieferten die Ereignisse des 1. Mai 1929 den scheinbaren Beweis für ihre Richtigkeit. Mit der Durchsetzung dieser Parole verstellte sich die KPD aber die Möglichkeit, gemeinsam mit SPD und Gewerkschaften Abwehrkräfte gegen die wirklichen Träger der Faschisierung in Deutschland, die konservativen Eliten im Bunde mit der nationalsozialistischen Massenbewegung, zu mobilisieren.

In der Führung der NSDAP war man sich in den ersten Wochen nach der Machtübertragung am 30. Januar 1933 noch nicht sicher, wie man künftig mit dem 1. Mai verfahren sollte. Der Parteiideologe Alfred Rosenberg etwa wollte den traditionellen Kampf- und Feiertag der Arbeiterbewegung verbieten lassen; Joseph Goebbels, seit 11. März Reichsminister für Volksaufklärung und Propaganda, wandte sich ebenso entschieden dagegen. Mit Verboten allein – so sein Kalkül – ließ sich die Arbeiterschaft nicht für das Regime gewinnen. Wohl aber konnte dieses Ziel erreicht werden, wenn es gelang, die Leitungen der Arbeiterorganisationen öffentlich zu diskreditieren und zugleich die Arbeiterbewegung ihrer identitätsstiftenden Symbole zu berauben.

Für diese Strategie bot der 1. Mai einen geradezu idealen Ansatzpunkt. Am 23. März schlug Goebbels im Reichskabinett vor, den 1. Mai zum «Feiertag der nationalen Arbeit» zu erklären. Ein entsprechender Gesetzentwurf wurde am 7. April im Kabinett verabschiedet und am 10. April im Reichsgesetzblatt veröffentlicht. Was Sozialdemokraten und Gewerkschaften in den vierzehn Jahren der Weimarer Republik nicht gelungen war – die Nationalsozialisten machten es wahr.

Von Anfang an war die Proklamation des 1. Mai zum Feiertag jedoch gekoppelt mit der Absicht, die Gewerkschaften in eigene Regie zu nehmen und zu zerschlagen. Die endgültige Entscheidung Hitlers fiel am 16. April 1933 auf dem Obersalzberg. Einen Tag später notierte Goebbels in sein Tagebuch: «Den 1. Mai werden wir zu einer grandiosen Demonstration deutschen Volkswillens gestalten. Am 2. Mai werden dann die Gewerkschaftshäuser besetzt. Gleichschaltung auch auf diesem Gebiet. Es wird vielleicht ein paar Tage Krach geben, aber dann gehören sie uns.»[36]

Erleichtert wurde dieses Doppelspiel von Verführung und Gewalt durch das Verhalten der Gewerkschaftsführung selbst. Von dem einzigen Gedanken beseelt, die in jahrzehntelanger Kleinarbeit aufgebauten Organisationen zu retten, begann der Vorstand des «Allgemeinen Deutschen Gewerkschaftsbundes» (ADGB) seit Februar 1933, die politischen Bindungen zur SPD zu kappen und sich der neuen Regierung als loyaler Erfüllungsgehilfe bei der Lösung ihrer sozialpolitischen Aufgaben zu empfehlen.

Der Höhepunkt dieser bis an die Grenze der Selbstaufgabe führenden Anbiederung war erreicht, als der Bundesvorstand des ADGB am 15. April die Erklärung des 1. Mai zum Feiertag mit hymnischen Worten begrüßte und der Bundesausschuß vier Tage später zur Teilnahme an den Feierlichkeiten aufrief. So marschierten am 1. Mai 1933 Gewerkschaftsmitglieder gemeinsam mit Nationalsozialisten unter dem Hakenkreuzbanner.

Die zentrale Kundgebung findet auf dem Tempelhofer Feld in Berlin, dem früheren kaiserlichen Paradeplatz, statt. Hier zieht Goebbels zum erstenmal alle technischen Register, wie sie für die Liturgie der NS-Massenfeiern kennzeichnend werden sollten. Choreographische Gestaltung und Lichtregie sind wochenlang generalstabsmäßig vorbereitet worden. In seiner Rede vor eineinhalb Millionen Menschen greift Hitler auf die Symbolik der sozialistischen Maitradition zurück, um sie in die nationalsozialistische «Volksgemeinschafts»-Ideologie einzuschmelzen und sie damit ihres Sinnes zu berauben. Geschickt verbindet der Diktator soziale Versöhnungsrhetorik mit einem Schmeichelappell an die «Arbeiter der Stirn und der Faust» – eine Gleichheit suggerierende Formel, die, ebenso wie die Inszenierung des Massenspektakels selbst, auch auf manchen skeptischen Arbeiter nicht ohne Eindruck bleibt.[37]

Am Morgen des 2. Mai besetzten SA- und SS-Trupps die Gewerkschaftshäuser. Wenige Tage später wurde die «Deutsche Arbeitsfront» unter dem Reichsorganisationsleiter der NSDAP, Robert Ley, gegründet, die Arbeiter, Angestellte und Unternehmer in einer Organisation zusammenfassen sollte. In den folgenden Jahren spaltete sich die Maifeier wiederum in zwei Bestandteile: einen offiziellen Staatsakt, welcher der Repräsentation des Regimes nach außen diente, und die Feste der «Betriebsgemeinschaft», auf denen in der Regel dem Alkohol reichlich zugesprochen wurde. «Nie war besudelter der Erste Mai», klagte der kommunistische Schriftsteller Erich Weinert 1935 im Pariser Exil.[38]

Zwar gelang es den Nationalsozialisten nicht, die sozialistische Maifeiertradition restlos für sich zu vereinnahmen; doch mit der Zerstörung der alten Arbeitermilieus entzogen sie ihr gewissermaßen das materielle Unterfutter. Alle Versuche nach 1945, an diese Tradition anzuknüpfen und sie mit neuem Leben zu erfüllen, blieben auf Dauer ohne große Resonanz. In der DDR erstarrte der erneut als Massenfest inszenierte Staatsfeiertag bald zum Pflichtritual. In der Bundesrepublik verloren die Maifeiern im Zuge des «Wirtschaftswunders» der fünfziger Jahre und über die Orientierung der Wünsche auf den individuellen Konsum vollends ihre alte sinnstiftende Funktion. Daran vermochten auch die rebellierenden Studenten nichts zu ändern, als sie sich seit den späten sechziger Jahren noch einmal des kulturellen Erbes der Arbeiterbewegung bemächtigten und versuchten, die alten revolutionären Symbole den Maiveranstaltungen zu implantieren.

Heute ist der 1. Mai für die meisten Bundesbürger ein freier Tag wie andere auch. Wer, eher der Pflicht als der Neigung gehorchend, an den Kundgebungen des DGB teilnimmt, den erwarten Reden, in denen, wohldosiert und wohlkalkuliert, gewerkschaftliche Forderungen formuliert werden. Kaum etwas daran erinnert noch an die kühnen Visionen einer sozialistischen Zukunftsgesellschaft, die an der Wiege der Maifeier standen.

Haben diese Visionen sich historisch überlebt? Sind sie – wie manche meinen – durch den Zusammenbruch der kommunistischen Systeme, die sich selbst als «realsozialistische» Alternative zum Kapitalismus verstanden, endgültig diskreditiert? In Zeiten, in denen von Utopie zu sprechen schon als anstößig gilt, bietet gerade die Geschichte des 1. Mai Anlaß, über diese Fragen nachzudenken.

«... deutsches Blut zu rächen!»

Dem Aufstand der Herero 1904 folgte Deutschlands erster Vernichtungskrieg

Am 12. Januar 1904, morgens um 7.45 Uhr, fiel in Okahandja, der wichtigen Militärstation an der Eisenbahnlinie zwischen dem Hafen Swakopmund und der Hauptstadt Windhuk in Deutsch-Südwestafrika, der erste Schuß. Zwei Tage später wurde die Reichshauptstadt Berlin durch eine Meldung des Wolffschen Telegraphenbüros aufgeschreckt: «Nach hier eingetroffenen Telegrammen haben die Hereros durch Einschließung von Okahandja und durch Zerstörung der Eisenbahnbrücke bei Osona, etwa drei Kilometer südöstlich von Okahandja, sowie durch Unterbrechung der Telegraphenverbindung mit Windhuk die Feindseligkeiten eröffnet.»[1]

Trotz mancher Vorwarnungen kam der Ausbruch des Herero-Aufstands für die deutsche Kolonialverwaltung völlig überraschend. Zwar hatte es, seit die deutsche Regierung sich Anfang der neunziger Jahre entschlossen hatte, das 1884 erworbene «Schutzgebiet» zur deutschen Kolonie auszubauen, immer wieder Erhebungen einzelner Stämme gegeben. Doch das waren isolierte Unternehmungen geblieben, die von der kleinen deutschen Schutztruppe mühelos niedergeschlagen werden konnten.

Major Theodor Leutwein, seit 1894 dritter Gouverneur in Südwestafrika (nach Heinrich Göring, dem Vater des späteren Reichsmarschalls, und Hauptmann Curt von François), war ein Meister des *divide et impera*. Er verstand es, die deutsche Kolonialherrschaft zu etablieren, indem er Rivalitäten zwischen den Stämmen schürte und Häuptlinge gegeneinander ausspielte.[2] Zu Diensten war ihm hierbei der Oberhäuptling der Herero, Samuel Maharero, der, um seine umstrittene Stellung zu festigen, die Zusammenarbeit mit den Deutschen suchte. Daß ausgerechnet dieser zugleich hofierte und verachtete Kollaborateur es war, der Anfang 1904 die Herero im Widerstand gegen die Kolonialmacht einte, war für Leutwein ein schwerer Schlag. «Der Aufstand», berichtete er nach Berlin, «ist der Regierung wie den Missionaren und Ansiedlern gleich unerwartet gekommen ... Ich habe mit den Hereros nunmehr zehn Jahre zu tun und glaube sie zu kennen, aber ein derartiges gemeinsames und tatkräftiges Handeln hätte ich ihnen niemals zugetraut ... Ich hätte niemals an einen elementaren Ausbruch geglaubt, wie er jetzt erfolgt ist.»[3]

Hätten die Deutschen Land und Leute etwas besser gekannt – der Aufstand hätte sie nicht überraschen dürfen. Denn seit immer mehr weiße Einwanderer nach Südwestafrika kamen – 1891 waren es 539, 1903 bereits 4640 –, sahen sich die Hirtenstämme der Herero einer gewaltsamen Veränderung ihrer bisherigen Lebensweise ausgesetzt. «Wir sehen mit Entsetzen, wie ein Platz nach dem anderen in die Hände der Weißen übergeht», klagten Herero-*chiefs* in einem Brief an Leutwein vom August 1901.[4] Nicht nur beanspruchten die Siedler einen immer größeren Teil des Landes, darunter gerade die besten Weideflächen: sie suchten sich auch durch allerlei betrügerische Machenschaften in den Besitz der durch eine verheerende Rinderpest des Jahres 1897 ohnehin stark dezimierten Herden zu bringen. Das Vieh war für die Herero nicht nur Grundlage ihrer Wirtschaft, sondern auch ein Unterpfand von Sozialprestige und Macht. Jede Einbuße mußte sie hier besonders empfindlich treffen.[5]

Noch mehr als der Verlust von Land und Vieh erbitterte die Herero, wie sie von den deutschen Kolonialherren behandelt wurden. Für die meisten weißen Siedler waren die «Neger» Menschen zweiter Klasse, primitive, faule, triebhafte Wesen, denen man die Maßstäbe europäischer Gesittung und Arbeitsmoral buchstäblich einbleuen mußte. Prügelstrafen aus geringfügigen Anlässen, zumeist ausgeführt auf dem berüchtigten «Schambock», waren an der Tagesordnung. Im Juli 1900 sprachen sich Windhuker Bürger in einer Eingabe an die Kolonialabteilung des Auswärtigen Amtes gegen die Abschaffung der Prügelstrafe aus: «Für Milde und Nachsicht hat der Eingeborene auf die Dauer kein Verständnis: er sieht nur Schwäche darin und wird infolgedessen anmaßend und frech gegen den Weißen, dem er doch nun einmal gehorchen lernen muß, denn er steht geistig und moralisch doch so tief unter ihm ... Als Strafe war ihm bisher nur körperliche Züchtigung bekannt, und die muß naturgemäß auch beibehalten werden, bis er in späteren Zeiten einmal mehr Mensch geworden ist.»[6]

Vergewaltigungen von Hererofrauen galten als Kavaliersdelikt; selbst Morde an Schwarzen blieben ungesühnt oder wurden nur geringfügig bestraft. Es war gerade diese alltägliche Diskriminierung, vor allem die Erfahrung völliger Rechtsunsicherheit, welche die Herero in den Aufstand trieb. In einem Brief an seinen alten Widersacher, den Häuptling der Witbooi-Nama, Hendrik Witbooi, schrieb Samuel Maharero am 11. Januar, einen Tag vor Beginn der Erhebung: «Laßt uns lieber zusammen (im Kampf) sterben und nicht sterben durch Mißhandlung, Gefängnis oder auf allerlei andere Weise.»[7] Doch der Appell erreichte den Adressaten nicht, weil der Brief Mahareros in die Hände der Deutschen fiel. Allerdings ist zweifelhaft, ob er bei Hendrik Witbooi auf Resonanz gestoßen wäre. Zu tief saß noch der Stachel der alten Feindschaft zwischen Herero und Nama (früher Hottentotten genannt). Statt die Herero zu unterstützen, schickte Witbooi den Deutschen hundert Krieger zu Hilfe.

Der Zeitpunkt für den Aufstand war klug gewählt: Gouverneur Leutwein befand sich seit Ende 1903 mit dem größten Teil der Schutztruppe im Süden der Kolonie, wo es zu Unruhen unter den Bondelzwarts gekommen war. Das Hereroland war also von deutschen Truppen weitgehend entblößt.[8] In den ersten Wochen beherrschten Mahareros Krieger das Feld. Sie überfielen Farmen und Handelsniederlassungen, unterbrachen die für den deutschen Nachschub lebenswichtige Bahnlinie Swakopmund-Windhuk und belagerten die befestigten Militärstationen. Über hundert deutsche Männer, Siedler und Soldaten der Stationsbesatzungen, wurden getötet. Dagegen rührten die Aufständischen das Leben der Missionare nicht an, und auch Frauen und Kinder blieben verschont, ebenso Angehörige anderer Nationalitäten, einschließlich der Engländer und Buren – ein Beweis dafür, daß sich der Aufstand nicht gegen die Weißen an sich, sondern allein gegen die deutsche Kolonialherrschaft richtete.

Dennoch gelangten bald Berichte über furchtbare Grausamkeiten der Herero, über die «Abschlachtung» weißer Frauen und Kinder in die deutsche Presse.[9] Sie wurden offenbar von interessierten Kolonialkreisen lanciert, um Haß gegen die Rebellen zu schüren und Stimmung für die Bewilligung zusätzlicher Militärausgaben zu machen. Die jungen Offiziere und Soldaten, die sich zu Tausenden freiwillig für den Kampfeinsatz in der Kolonie meldeten, betraten den afrikanischen Boden mit dem festen Willen, wie Gustav Frenssen seinen Helden in «Peter Moors Fahrt nach Südwest» sagen läßt, «an einem wilden Heidenvolk vergossenes deutsches Blut zu rächen».[10]

Unter den deutschen Farmern, Händlern und Kolonialbeamten in Südwestafrika herrschte Pogromstimmung. Daß mit den «schwarzen Bestien» ein für allemal abgerechnet werden müsse, war Tenor aller Äußerungen. Entsetzt schrieb ein Missionar im Februar 1904: «Die Deutschen sind erfüllt von einem furchtbaren Haß und schrecklichen Rachedurst, ja ich möchte sagen: Blutdurst gegen die Hereros. Man hört in dieser Beziehung nichts als ‹aufräumen, aufhängen, niederknallen bis auf den letzten Mann, kein Pardon› etc. Mir graut, wenn ich an die nächsten Monate denke.»[11]

Zunächst freilich beschränkten sich die Deutschen darauf, die eingeschlossenen Ortschaften zu entsetzen, die Bahnstrecke zu reparieren und militärische Verstärkungen heranzuführen. Mitte Februar 1904 kehrte Gouverneur Leutwein nach Swakopmund zurück. Erst hier wurde ihm der ganze Ernst der Lage bewußt. Und dennoch suchte er die bisher praktizierte geschmeidige Politik gegenüber den Herero fortzusetzen. Das heißt: Leutwein wollte zwar die Schuldigen am Aufstand hart bestrafen, aber die Tür für Verhandlungen nicht gänzlich zuschlagen: «Die Aufständischen müssen wissen, daß ihnen auch noch ein Rückweg freisteht, welcher nicht auf alle Fälle zum Tode führt. Andernfalls treiben wir sie zur Verzweiflung, und ein nicht enden wollender Krieg ist die Folge, bei welchem der Nachteil auf unserer Seite ist.»[12]

Gleich nach seiner Rückkehr schrieb der Gouverneur an Häuptling Maharero und fragte, scheinbar unwissend, nach den Gründen für den Aufstand.[13] In Berlin, wo Kaiser Wilhelm II. inzwischen den Chef des Generalstabs der Armee, Alfred Graf von Schlieffen, mit der Oberleitung der Operationen beauftragt hatte, war man über diesen Schritt Leutweins äußerst ungehalten. Ohne ausdrückliche Genehmigung des Kaisers, so wurde ihm bedeutet, dürfe es keine Verhandlungen mehr mit den Herero geben. Der Gouverneur wurde angewiesen, sich ganz auf die militärische Niederschlagung des Aufstands zu konzentrieren.[14]

Doch auf dem Kriegsschauplatz operierte Leutwein glücklos. Die deutschen Truppen wurden immer wieder in verlustreiche Kämpfe verwickelt. Anfang April 1904 mußte Leutwein einräumen, daß man die Kampfkraft des Gegners «weit unterschätzt» habe: «Die Hereros sagen sich anscheinend, daß sie doch keine Gnade zu erwarten haben, und sind zum äußersten entschlossen. Sie lassen sich mit Gleichmut totschießen, wo auch das Schicksal es mit sich bringt. Der Krieg wird daher erst aufhören, wenn der Feind seine letzte Patrone verschossen hat.»[15] Besonders irritierte die deutschen Soldaten, daß Hererofrauen bei den Gefechten hinter der Kampflinie standen und ihre Männer durch Sprechchöre anfeuerten: «Wem gehört Hereroland? Uns gehört Hereroland.»[16]

Bereits in dieser ersten Phase des Krieges wurde deutlich, daß die Deutschen nicht gewillt waren, sich an die Normen des Völkerrechts zu halten. Gefangene Herero wurden nicht selten entweder gleich erschossen oder, nach kurzem Kriegsgerichtsverfahren, am nächsten Baum aufgehängt.[17] In einer Reichstagsrede vom 10. März 1904 prangerte August Bebel, Vorsitzender der Sozialdemokratischen Partei, diese barbarische Kriegführung an.[18] Auf eine Anfrage der Kolonialabteilung des Auswärtigen Amtes mußte Leutwein zugeben, daß «der Abgeordnete Bebel dieses Mal in manchen Dingen richtig geurteilt» habe. Einen Befehl, keine Gefangenen zu machen, gebe es zwar nicht: «Daß indessen auch auf seiten unserer Soldaten nach allem, was vorgekommen ist, nicht mit besonderer Schonung vorgegangen wird, ist nur naturgemäß.»[19]

In Berlin war man mittlerweile überzeugt, daß Leutwein nicht mehr der richtige Mann am richtigen Platze sei – nicht etwa, weil er offenkundig Kriegsverbrechen seiner Truppe duldete, sondern weil er nicht scharf genug gegen die Herero vorging. In Kolonialkreisen und Rechtspresse machte man gar seine zu milde Politik gegenüber den «Eingeborenen» für den Aufstand verantwortlich. So unsinnig dieser Vorwurf auch war – er verfehlte seine Wirkung auf Kaiser und Generalstab nicht. Anfang Mai 1904 übertrug Wilhelm II. das Kommando über die Schutztruppe in Südwestafrika auf Generalleutnant von Trotha[20] – einen militärischen Haudegen, der sich bereits bei der Unterdrückung des Waheke-Aufstands in Deutsch-Ostafrika 1896 und während der Boxerwirren in China 1900 hervorgetan hatte. Sein Auftrag war klar: den Aufstand mit allen Mitteln so schnell wie möglich niederzuschlagen.

Von Trotha traf am 11. Juni 1904 in Swakopmund ein. Gleich in der ersten Aussprache mit dem Gouverneur prallten die unterschiedlichen Auffassungen hart aufeinander: Auf Leutweins Bitte, den Krieg so anzulegen, «daß das Volk der Hereros erhalten bleibe», erwiderte der neue Kommandant nur kühl, man müsse es ihm schon überlassen, den Feldzug «nach eigenem Ermessen» zu führen.[21] Was das hieß, erläuterte von Trotha in einem späteren Brief an Leutwein: «Ich kenne genug Stämme in Afrika. Sie gleichen sich alle in dem Gedankengang, daß sie nur der Gewalt weichen. Diese Gewalt mit krassem Terrorismus und selbst mit Grausamkeit auszuüben, war und ist meine Politik.»[22]

Von Trotha schlug nicht gleich los, sondern wartete das Eintreffen weiterer Verstärkungen ab. Anfang August 1904 glaubte er sich für die Entscheidungsschlacht gerüstet. Die Masse der Hererokrieger, mitsamt ihren Familien und Rinderherden, hatte sich zu diesem Zeitpunkt auf dem Plateau des Waterbergs versammelt, um sich dort dem Kampf zu stellen. Von Trotha zog mit sechs deutschen Truppenverbänden einen Belagerungsring um den Waterberg, ließ aber ein Schlupfloch im Südosten offen, das den Weg in die Omaheke-Wüste wies. Was dieser Plan bezweckte, wurde im offiziellen Werk des deutschen Generalstabs «Die Kämpfe der deutschen Truppen in Südwestafrika» (1906) offen ausgesprochen: «Sollten die Hereros indessen versuchen, hier durchzubrechen, so mußte ein solcher Ausgang der deutschen Führung um so erwünschter sein, als der Feind dann freiwillig in sein Verderben rannte. Denn in dem wasserlosen Sandfelde mußte er verdursten.»[23]

Und genau so geschah es. Nach einer zweitägigen Kesselschlacht am 11./12. August, in der die deutschen Artilleriegeschütze und Maschinengewehre ein furchtbares Blutbad anrichteten, durchbrachen die verzweifelt kämpfenden Herero die deutschen Linien an der schwächsten Stelle – und liefen in eine tödliche Falle. Trocken vermerkte das Generalstabswerk: «Die wasserlose Omaheke sollte vollenden, was die deutschen Waffen begonnen hatten: die Vernichtung des Hererovolkes.»[24]

Aus der Bekämpfung des Aufstands war ein Vernichtungskrieg geworden. Den Deutschen kam dabei zustatten, daß die Aufmerksamkeit der Weltöffentlichkeit abgelenkt war durch den russisch-japanischen Krieg, der mit dem Überfall japanischer Torpedoboote auf die russische Kriegsflotte in Port Arthur in der Nacht vom 8. auf den 9. Februar 1904 begonnen hatte. Im Windschatten des Konflikts im Fernen Osten vollzog sich die Tragödie des stolzen Hererovolkes.

Unbarmherzig setzten die deutschen Truppen den panikartig Flüchtenden nach, hetzten sie von Wasserstelle zu Wasserstelle immer tiefer in die Omaheke-Wüste hinein. Den Soldaten boten sich entlang des Fluchtwegs entsetzliche Bilder: Hilflose Männer, Frauen, Kinder hockten, erschöpft und halbverdurstet, im Busch und warteten auf ihr Ende. Kläglich brüllende Rinderherden irrten, von ihren Hirten verlassen, ziellos umher. Ein durchdringender Geruch von verwesenden Kadavern erfüllte die drückend heiße Luft. «Wo wir hinsahen» – so beschrieb ein deutscher Hauptmann die apokalyptische Szenerie – «nichts als Verzweiflung, Tod, Vernichtung.»[25]

Aber noch immer war General von Trotha nicht zufrieden. Er ließ um das Gebiet der Omaheke im Westen und Südwesten einen 250 Kilometer langen Absperrungsgürtel legen, so daß es für die Herero keine Chance des Entrinnens gab. Kaum war dies vollbracht, richtete er am 2. Oktober 1904 eine Proklamation «an das Volk der Herero». Darin hieß es: «Innerhalb der deutschen Grenze wird jeder Herero mit oder ohne Gewehr, mit oder ohne Vieh erschossen. Ich nehme keine Weiber und Kinder mehr auf, treibe sie zu Ihrem Volk zurück oder lasse auf sie schießen.» Unterzeichnet: «Der große General des mächtigen Deutschen Kaisers».[26]

In einem erläuternden Befehl an die Truppe erklärte von Trotha, daß auf Frauen und Kinder nicht direkt, sondern über sie hinweggeschossen werden solle, «um sie zum Laufen zu zwingen». Er nehme «mit Bestimmtheit an, daß dieser Erlaß dazu führen wird, keine männlichen Gefangenen mehr zu machen, aber nicht zu Grausamkeiten gegen Weiber oder Kinder ausartet».[27] In diesen Worten lag ein kaum zu überbietender Zynismus. Denn wohin sollten Frauen und Kinder laufen, wenn über sie hinweggeschossen wurde? Zurück in die Omaheke-Wüste, in den sicheren Tod.

Gouverneur Leutwein war entsetzt über die gnadenlose Ausrottungspolitik von Trothas. Nach einem letzten erfolglosen Protest resignierte er und erbat Anfang November 1904 seinen Urlaub. Doch auch in der militärischen und politischen Führung des Reiches begann man nun, von dem General abzurücken. Reichskanzler Bernhard von Bülow sorgte sich darum, daß das «deutsche Ansehen unter den zivilisierten Nationen» Schaden nehmen könne, und bat Wilhelm II. um die Erlaubnis, die Proklamation von Trothas aufheben zu dürfen.[28] Nach einigem Zögern stimmte der Kaiser zu. In einem Ge-

genbefehl vom 8. Dezember 1904 wurde den Herero, die sich freiwillig ergaben, Schonung versprochen (soweit sie nicht an Tötungen von Deutschen oder an der Führung des Aufstands beteiligt gewesen waren).

Für die meisten Herero kam der «Gnadenerlaß», dessen Ausführung von Trotha überdies monatelang erfolgreich hintertrieb, zu spät. Viele waren inzwischen in der Omaheke-Wüste elendig umgekommen. Eine Gruppe von über tausend Herero, darunter Häuptling Samuel Maharero, konnte unter großen Strapazen die Wüste durchqueren und im benachbarten Britisch-Betschuanaland Zuflucht finden. Anderen gelang es, durch das deutsche Absperrnetz zu schlüpfen und in das Hereroland zurückzukehren. Sie wurden später zusammen mit den Herero, die sich ergaben, in Sammellager verbracht und zur Zwangsarbeit herangezogen, wobei noch einmal Tausende ihr Leben ließen. Am Ende sollten von den 60000 bis 80000 Herero, die vor dem Aufstand in Deutsch-Südwestafrika gezählt wurden, nur etwa 16000 überleben. Das heißt, daß 75 bis 80 Prozent des Stammes der deutschen Vernichtungspolitik zum Opfer gefallen waren.

Nicht viel besser erging es den Nama, die sich im Oktober 1904 erhoben – zu einem Zeitpunkt, als die Herero militärisch bereits geschlagen waren. Warum Hendrik Witbooi sich nun doch noch zum Aufstand entschloß, ist nicht ganz klar. Vermutlich haben Nachrichten über die brutale deutsche Kriegführung gegen die Herero eine Rolle gespielt. Im Unterschied zu den Herero verzichteten die Nama darauf, sich zu einer Entscheidungsschlacht zu stellen; vielmehr wählten sie von Anfang an die Methoden des Guerillakrieges, die sie meisterlich beherrschten. Nachdem Hendrik Witbooi im Oktober 1905 gefallen war, übernahmen andere die Führung, unter ihnen der legendäre Jakob Morenga, dem Uwe Timm mit seinem Roman ein Denkmal gesetzt hat.[29] Nur wenige hundert Namakrieger verwickelten eine Streitmacht von 14000 deutschen Soldaten in jahrelange Kämpfe.

Von Trotha wurde im November 1905 abberufen, aber auch seine Nachfolger mühten sich lange vergeblich, die Flamme der Rebellion zu ersticken. Erst Ende März 1907 wurde der Kriegszustand in Südwestafrika offiziell für beendet erklärt. Von den 20000 Angehörigen der Namastämme lebten 1911 nur noch 9781, also noch knapp die Hälfte.

Auf die Herero und Nama, die Krieg, Gefangenschaft und Deportationen überlebten, warteten schwere Zeiten. Durch die «Eingeborenenverordnungen» von 1906/07 wurde nicht nur alles Stammesvermögen, also Land und Vieh, konfisziert, sondern auch die Stammesorganisation selbst aufgelöst. Arbeitszwang (mit «Dienstbuch») und Paßpflicht unterwarfen die «Eingeborenen» einer lückenlosen Kontrolle und machten aus ihnen besitzlose Lohnarbeiter. Heftig kritisierte der junge Zentrumsabgeordnete Matthias Erzberger diese radikale Zerstörung einer gewachsenen Lebensordnung: «Das Ideal der ‹wirtschaftlichen Kolonialpolitiker› geht seiner Verwirklichung entgegen: Der Schwarze wird ‹Arbeitstier› beim Weißen! Eine moderne Sklaverei hält mit dieser Verordnung ihren Einzug in Südwestafrika.»[30]

Der erste Krieg des wilhelminischen Deutschland kostete über 1500 deutschen Soldaten das Leben. Die Ausgaben für den Militäreinsatz addierten sich auf die riesige Summe von 585 Millionen Mark. Neben der ruinösen Flottenrüstung trug der Kolonialkrieg entscheidend zur Zerrüttung der Reichsfinanzen bei.

Gravierender waren allerdings die Langzeitfolgen: In Deutsch-Südwestafrika wurde, wie Helmut Bley in seiner bahnbrechenden Studie über «Kolonialherrschaft und Sozialstruktur» (1968) gezeigt hat, die Schwelle zum Totalitären überschritten.[31] Die Radikalisierung in Mentalität und Verhalten der weißen Siedlergesellschaft schlug aufs Mutterland zurück. In von Trothas «Kolonialpolitik des Schwertes» sind bereits Tendenzen zur Entgrenzung und Brutalisierung der Kriegführung erkennbar, die sich im Ersten Weltkrieg, etwa in deutschen Massakern an belgischen Zivilisten, fortsetzten und im Zweiten Weltkrieg im Vernichtungskrieg gegen die Sowjetunion kulminierten.

In den rassistischen Konzepten zur Versklavung der «Eingeborenen», wie sie der Publizist Paul Rohrbach, zeitweilig Ansiedlungskommissar in Südwestafrika, formulierte, wurde manches vorgedacht, was später Eingang fand in die Planungen zur Eroberung und Unterwerfung der Völker Osteuropas.[32] Betrachtet man zum Beispiel die Karriere eines Wissenschaftlers wie die des Mediziners Eugen Fischer, der 1908 in Südwestafrika Material für seine Studien über die Rehobother Bastards sammelte, 1927 zum Direktor des Kaiser-Wilhelm-Instituts für Anthropologie, menschliche Erblehre und Eugenik ernannt und 1933 zum Rektor der Berliner Universität gewählt wurde[33], ist die Kontinuität zwischen wilhelminischer Kolonial- und nationalsozialistischer Rassenpolitik mit Händen zu greifen.

Ein Sommer, wie er keiner mehr war

Als der Erste Weltkrieg begann

Es war ein strahlend schöner Sonntag, jener 28. Juni 1914. In Baden, einem beliebten Kurort in der Nähe Wiens, saß der Schriftsteller Stefan Zweig auf einer Bank, las ein Buch und lauschte den Klängen des Kurorchesters. Plötzlich, mitten im Takt brach die Musik ab. «Instinktiv sah ich vom Buche auf», erinnerte sich Zweig in seiner im Exil geschriebenen Autobiografie «Die Welt von Gestern». «Auch die Menge, die als eine einzige flutende helle Masse zwischen den Bäumen promenierte, schien sich zu verändern; auch sie stockte plötzlich in ihrem Auf und Ab. Es mußte sich etwas ereignet haben.»[1]

Was sich ereignet hatte, das erfuhren die Kurgäste durch eine Depesche, die am Musikpavillon angeheftet wurde. Darin wurde in dürren Worten mitgeteilt, daß der österreichisch-ungarische Thronfolger Franz Ferdinand und seine Frau bei ihrem Besuch in Sarajewo einem Mordanschlag zum Opfer gefallen waren.

Zur selben Zeit in Wien: Auch hier waren Kaffeehäuser und Parks voller festlich gestimmter Menschen. Und auch hier erschienen kurz vor drei Uhr nachmittags Polizisten und flüsterten den Kapellmeistern eine Nachricht zu. Die Geigenbögen senkten sich, die Walzerklänge verstummten.[2] Schon einmal hatte in Wien die Musik so plötzlich ausgesetzt. Das war vor fünfundzwanzig Jahren gewesen, 1889, als bekannt wurde, daß Kronprinz Rudolf, der einzige Sohn des Kaisers Franz Joseph, sich in Mayerling mitsamt seiner Geliebten erschossen hatte.

Doch es gab einen Unterschied: Damals war die Stadt voller Anteilnahme gewesen, denn dem jungen, charmanten Rudolf waren die Herzen aller Wiener zugeflogen. Diesmal war man zwar betroffen, aber nicht erschüttert. Franz Ferdinand, der Thronfolger, war aufgrund seiner schroffen, abweisenden Art bei seinen künftigen Untertanen alles andere als beliebt. Schon bald, nachdem der erste Schock vorüber war, setzte die Musik wieder ein. Auf dem Wiener Prater wurde gelacht und gescherzt, als sei nichts geschehen, und in den Heurigenschenken erklang ein Lied, das so populär war wie kein anderes in diesem Sommer 1914: «Wien, Wien, nur du allein,/ sollst stets die Stadt meiner Träume sein,/ dort wo die alten Häuser stehn,/ dort wo die lieblichen Mädchen gehn ...»[3]

Am Wiener Hof äußerte man zwar Empörung und Abscheu über das Attentat. Doch insgeheim war man auch hier über den Tod des Thronfolgers eher erleichtert. Seine Pläne für eine Reform des Vielvölkerstaates waren vielen unheimlich. Und Kaiser Franz Joseph hatte seinem Neffen die unstandesgemäße Heirat mit einer böhmischen Gräfin nie verziehen. «Der Allmächtige läßt sich nicht herausfordern! Eine höhere Gewalt hat wieder jene Ordnung hergestellt, die ich leider nicht zu erhalten vermochte», so hat einer seiner Adjutanten seine spontane Reaktion auf das Attentat überliefert.[4]

Am 2. Juli wurden die Särge mit den Ermordeten in der Hofburgkapelle aufgebahrt. Franz Ferdinands Sarg war nicht nur reicher geschmückt – er stand auch einen halben Meter höher als der seiner Frau. Die hierarchische Ordnung war damit wiederhergestellt. Kein Mitglied des Hochadels war zugegen, als die sterblichen Überreste des Thronfolgerpaares am 4. Juli auf Schloß Artstetten beigesetzt wurden. In Wien sprach man von einem «Begräbnis dritter Klasse».[5]

Damit schien der Fall abgeschlossen. Nichts deutete darauf hin, daß aus dem Attentat noch eine ernste internationale Krise entstehen, ja daß es gar die Ouvertüre zu einem Weltkrieg werden könnte. Doch in Wien waren einflußreiche Kreise in Armee und Politik nicht gewillt, die Gunst der Stunde ungenutzt verstreichen zu lassen. Vor allem Generalstabschef Franz Graf Conrad von Hötzendorf sah in dem Mord von Sarajewo eine willkommene Gelegenheit, endlich gegen das verhaßte Serbien, das Zentrum des südslawischen Nationalismus, loszuschlagen. Allerdings war für ein solch riskantes Unternehmen die Rückendeckung durch den deutschen Bündnispartner erforderlich. Denn schließlich stand Serbien unter dem Schutz des Zarenreiches, das einer militärischen Strafaktion gegen den Balkanstaat kaum tatenlos zusehen würde.

Am 4. Juli wurde Alexander Graf Hoyos, Kabinettschef im k. u. k. Außenministerium, nach Berlin entsandt, um die Haltung der deutschen Reichsleitung zu erkunden. Das Ergebnis seiner Mission fiel zur vollen Zufriedenheit der Kriegspartei in Wien aus: Kaiser Wilhelm II. und Reichskanzler Bethmann Hollweg sicherten Österreich-Ungarn die volle deutsche Unterstützung zu. Mehr noch: sie drängten auf rasches und energisches Handeln. Auch in Berlin war man nun entschlossen, alles auf eine Karte zu setzen, um die Mächtekonstellation in Europa zu Deutschlands Gunsten zu wenden.

»Jetzt oder nie ... Mit den Serben muß aufgeräumt werden, und zwar bald.»[6] Diese Parole hatte Wilhelm II. bereits am 30. Juni ausgegeben. Dabei waren sich die deutschen Politiker und Militärs darüber im klaren, daß ein militärisches Vorgehen gegen Serbien mit einem hohen Risiko verbunden war. Am Abend des 6. Juli, dem Tag, an dem Österreich-Ungarn den «Blankoscheck» der deutschen Regierung erhalten hatte, gestand Bethmann Hollweg einem Vertrauten, dem Legationssekretär im Auswärtigen Amt Kurt Riezler: «Eine Aktion gegen Serbien kann zum Weltkrieg führen.»[7]

Das hieß nicht, daß der Kanzler den Weltkrieg unter allen Umständen wollte, aber die Wahrscheinlichkeit, daß die beschlossene Eskalationsstrategie darin enden würde, war von Anfang an sehr hoch. Allerdings hütete sich Bethmann Hollweg, etwas über die befürchteten Folgen seiner halsbrecherischen Risikopolitik an die Öffentlichkeit dringen zu lassen. In einem Brief an Kronprinz Wilhelm vom 17. Juli unterstrich er das «absolute Interesse daran, bei entschiedener Sekundierung Österreichs nach außen nicht als diejenigen zu erscheinen, die ihrerseits durch Aufpeitschung der nationalen Leidenschaften auf eine europäische Konflagration losarbeiten».[8]

Während in Berlin und Wien hinter den Kulissen die Weichen für den Krieg gestellt wurden, lag über dem Kontinent eine trügerische Ruhe. Um die Öffentlichkeit über den Ernst der Lage zu täuschen, fuhren die führenden Militärs des Zweibunds in Urlaub. Auch Wilhelm II. trat seine traditionelle Nordlandreise an. Nichts sollte die allgemeine Ferienstimmung stören.

Juli 1914 – ein Sommer, wie es ihn lange nicht gegeben hatte und lange nicht mehr geben würde. «Seidenblau der Himmel durch Tage und Tage, weich und doch nicht schwül die Luft, duftig und warm die Wiesen, dunkel und füllig die Wälder mit ihrem jungen Grün; heute noch, wenn ich das Wort Sommer ausspreche, muß ich unwillkürlich an jene strahlenden Julitage denken, die ich damals in Wien verbrachte.» So erinnerte sich Stefan Zweig Anfang der vierziger Jahre.[9]

«Es ist so heiß, daß meine Gedanken zerfließen», schrieb die Malerin Käthe Kollwitz am 11. Juli 1914 aus Georgenswalde an ihre beiden Söhne. «Wir lassen bei diesem Wetter natürlich kein Bad aus.»[10] Und der «Vorwärts», das SPD-Parteiblatt, berichtete aus Berlin: «Auf den Asphalt in den Straßen hat die Hitze bereits derart nachteilig eingewirkt, daß ganze Stellen weich wurden und einfielen. Der Eisverbrauch ist in den Markthallen, in den Geschäften und im Haushalt jetzt ein so enormer, daß die Eisfabriken nur schwer imstande sind, alle Nachfragen zu erfüllen.»[11]

Die Sonne schien, die Tage vergingen. Niemand dachte an Krieg. Wer es sich leisten konnte, reiste in die beliebten Urlaubsorte – in die Schweizer Alpen oder zu den Nord- und Ostseebädern. Hier und dort war an Stränden und in Freibädern etwas aufregend Neues zu sehen: Frauen in knappen Badetrikots statt in den bislang üblichen Schwimmkostümen, die fast den ganzen Körper verhüllten.[12]

Leichter, luftiger, freier – das war der Modetrend in diesem sinnenfrohen Sommer 1914. Besonders beliebt waren weite, fließende Gewänder aus neuen buntstreifigen Seidenstoffen, die den weiblichen Körper nicht mehr in Korsetts einzwängten und dennoch fraulich und elegant wirkten. Beim Fahrradfahren, der mittlerweile ganz selbstverständlich gewordenen Freizeitbeschäftigung, war diese Kleidung auch entschieden praktischer. «Über die Frage, ob das Radfahren den Damen erlaubt sei, ist man längst allgemein zur Tagesordnung übergegangen; es radeln jetzt Kinder, junge Mädchen und grauhaarige Damen.»[13] In der Werbung avancierte die Radfahrerin bereits vor dem Weltkrieg zum Symbol moderner Weiblichkeit.

Als letzter Schrei der Abendrobe galt eine Kreation des französischen Modeschöpfers Paul Poiret: Kurze Reifröckchen, die über einem knöchellangen, engen Rock getragen wurden. Trotz heftiger Kritik aus Kreisen der Naturschützer war die Vorliebe der Damen für exotische Hutfedern noch ganz ungebrochen. Zum abendlichen Kopfputz gehörte eine senkrecht stehende Aigrette – eine Reiherfeder –, die beim Tangotanzen mitwippte.[14]

1914 hielt der Foxtrott Einzug in Europa, ein neuer Tanz im Viervierteltakt, der um 1912 in den USA aufgekommen war. Aber auch der Tango blieb populär. Den Hütern von Sitte und Moral galt dieser Tanz als ganz und gar unanständig, weshalb auch in einigen deutschen Kommunen Tangoverbote erlassen wurden. Obrigkeitliche Prüderie und gesellschaftliche Vergnügungssucht bildeten einen eigentümlichen Kontrast in der wilhelminischen Gesellschaft am Vorabend des großen Krieges.

Nach wie vor war Paris das Zentrum der Vergnügungsindustrie, doch hatte Berlin inzwischen aufgeholt. Variétés und Kabaretts erfreuten sich hier steigender Beliebtheit. 1914 präsentierte Rudolf Nelson, einer der bekanntesten Berliner Unterhaltungskünstler, im neuen «Künstlertheater» eine Mischung aus Kabarett und Revue. Für die weniger betuchten Schichten gab es die sogenannten «Rummelplätze», etwa den City-Park am Berliner Bahnhof Friedrichstraße, in dem für 10 Pfennig Eintritt «Sensationen» geboten wurden.[15]

Sensationen gab es viele in diesem unheilschwangeren Jahr. Das Kino, das neue Leitmedium der Populärkultur, setzte seinen Siegeszug fort. An den Boulevards der Metropolen warteten funkelnagelneue Lichtspiel-Paläste auf ihr Publikum.[16] In den Ateliers der Deutschen Bioskop, der Urzelle der späteren Ufa-Stadt Neubabelsberg, entstanden die ersten künstlerisch anspruchsvollen Produktionen. Berühmte Schauspieler aus Max Reinhardts «Deutschem Theater» wirkten mit. Bester deutscher Film des Jahres 1914 war der im Januar uraufgeführte Streifen «Engelein» mit der Dänin Asta Nielsen, dem großen Star des frühen Stummfilms, in der Hauptrolle. «Ich konnte», erinnerte sich die Schauspielerin, «eine ganze Zeit lang keine größere Straße entlanggehen, ohne daß mir an allen Plakatsäulen mein eigenes Abbild – oder wie die kühne Phantasie des ausführenden Künstlers es sehen mochte – entgegenprangte, dem das blutende Herz aus der Brust hing. Darunter stand zu lesen: Asta Nielsen, die Duse des Films!»[17]

Das bei weitem bedeutendste Filmland blieben freilich die Vereinigten Staaten. Im Jahre 1914 stellte die amerikanische Filmindustrie bereits die Hälfte der Weltproduktion; ein Netz von Verleihbüros umspannte die Welt. In Hollywood, der Vorstadt von Los Angeles, entstanden immer größere und prächtigere Ateliers. Bei der Keystone Company des amerikanischen Produzenten Mack Sennett begann 1914 ein 25-jähriger Komiker seine kometenhafte Karriere: Charlie Chaplin. «In jenen frühen Jahren des Films», schrieb er in seinen Memoiren, «spürte ich, daß ich über einen großen Vorsprung gebot und daß ich wie ein Geologe ergiebiges, unerforschtes Gebiet betrat. Das war wohl der erregendste Abschnitt in meiner Laufbahn, denn ich stand an der Schwelle zu einer wunderbaren Welt.»[18]

In den 35 Filmen, die Chaplin 1914 für Keystone drehte, entstand jene Figur des Tramps, die ihn weltberühmt machte: ein kleiner Mensch mit verbeulten, ständig rutschenden Hosen, langen, flachen Schlappschuhen, mit einem Schnurrbart, in der Hand ein Stöckchen und auf dem Kopf eine Melone – Landstreicher und Gentleman: in diesem Kontrast lag das Geheimnis der chaplinschen Komik.[19]

Neben dem Kino zählte das Grammophon zur neuen Attraktion auf dem Vergnügungsmarkt. 1914 existierten im Kaiserreich bereits über 300 Plattenmarken. Ein Kritiker beschwerte sich über die Belästigung durch den «musikalischen Schund»: «Die Grammophone vor allen Dingen wirken als wahre Pest. Solch ein Ungeheuer wird ... mit Vorliebe auf dem Balkon aufgestellt und grölt diese widerwärtigen Tingeltangelmelodien mit den ekelhaften Texten in die Umwelt hinein. Die Kinderohren schon werden damit vergiftet.»[20] In einem der populärsten Schlager der damaligen Zeit hieß es: «Schorschl, ach fahr mit mir im Automobil,/ 's kost' ja nicht viel, von Hamburg nach Kiel./ Schorschl, ach fahr mit mir im Automobil,/ schnell mit mir nach Kiel ...»[21]

Der Schlagerwunsch blieb für die meisten ein unerfüllbarer Traum. Denn das Auto war immer noch eine Luxusware. 1914 waren im Kaiserreich gerade 61 000 PKW zugelassen. Besonders neureiche Bürger liebten es, sich mit dem begehrten Statussymbol zu schmücken. Aber auch Kaiser Wilhelm II. war in Autos vernarrt, ebenso Erzherzog Franz Ferdinand. Das Thronfolgerpaar fuhr, als es in Sarajewo erschossen wurde, in einem offenen «Graef & Stift»-Sechssitzer – einer besonders prächtigen Staatskarosse.

Doch es regte sich auch Widerstand gegen das neue Verkehrsmittel. Autos verursachten Lärm, wirbelten Staub auf und verpesteten die Luft. Sie machten die Pferde der Kutscher scheu und gefährdeten spielende Kinder. Die Rücksichtslosigkeit, mit der viele Autofahrer ihr Recht auf die Straße beanspruchten, erzeugte immer wieder Unmut. Nicht selten wurden die fahrenden Vehikel mit Steinen beworfen oder durch Blockaden am Weiterfahren gehindert.[22]

Automobilrennen freilich erfreuten sich vor 1914 steigender Beliebtheit. Über ihren sportlichen Stellenwert hinaus besaßen sie eine Ventilfunktion: Hier konnte der Geschwindigkeitsrausch einer vom technischen Fortschritt faszinierten Gesellschaft ausagiert werden. «Brüllend jagt ein Automobil nach dem anderen, oft zwei kämpfend nebeneinander, an den Menschen vorüber. Weiter nur weiter. Und wieder malen die Pinsel neue Ziffern an die schwarzen Tafeln, das Volk rechnet, wer in dem Riesenkampf pferdeloser Maschinen die beste Zeit gefahren hat, wer der Rasendste gewesen ist.» So berichtete ein Reporter des «Berliner Tageblatts» über ein Rennen.[23] Anfang Juli 1914 war das beherrschende Gesprächsthema im Kaiserreich nicht das Attentat in Sarajewo, sondern der Sieg des deutschen Rennfahrers Christian Lautenschläger im Großen Preis von Frankreich in Lyon. Mit seinem Mercedes-Benz hatte er eine Durchschnittsgeschwindigkeit von 105 km pro Stunde erzielt – eine für damalige Verhältnisse phantastische Zeit.[24]

Die Jagd nach Rekorden trieb auch die Entwicklung des Flugzeugs voran: höher, schneller, länger, weiter – lautete die Devise. Namentlich Frankreich und Deutschland lieferten sich auf diesem Felde einen erbitterten Konkurrenzkampf.[25] Am 11. Juli 1914 gab es wieder etwas zu feiern: Ein deutscher Pilot stellte mit 24 Stunden und 12 Minuten einen neuen Weltrekord im Dauerflug auf.

Das Flugfieber löste vor 1914 eine Art Goldrausch aus. Clevere Veranstalter auf beiden Seiten des Atlantiks erkannten die Faszination, welche die Fliegerei auf große Zuschauermassen ausübte. Sie organisierten Flugwettbewerbe, bei denen die Piloten, häufig unter Einsatz ihres Lebens, um stattliche Prämien kämpften. In aller Welt verkündeten die Schlagzeilen der Zeitungen die Heldentaten dieser Pioniergeneration der Fliegerei.

Der technische Fortschritt schien keine Grenzen mehr zu kennen. Ein weiteres markantes Beispiel – neben Auto und Flugzeug – war die Entwicklung der Telegraphie. Im Februar 1914 wurde die erste drahtlose Verbindung zwischen dem deutschen Großsender Nauen bei Berlin und der amerikanischen Station Sayville auf Long Island bei New York eröffnet. Im März 1914 gelang der drahtlose Kontakt zwischen Nauen und der deutschen Kolonie Südwestafrika.[26] In der Gründung zahlreicher neuer Forschungseinrichtungen – etwa des Instituts für Pflanzenphysiologie in Berlin vom Mai 1914 – spiegelte sich der ungebrochene Aufstieg der Naturwissenschaften. 1914 erhielt Max von Laue für seine Entdeckung, die Röntgenstrahlen-Interferenzen an Kristallen, den Nobelpreis für Physik.

Doch hinter aller Fortschrittsgläubigkeit, allen technischen Machbarkeitsphantasien verbargen sich tiefsitzende Unsicherheiten und

Ängste. Das Gefühl, am Vorabend großer Erschütterungen und Katastrophen zu stehen, war weit verbreitet. Am sensibelsten registriert und artikuliert wurde es von Künstlern und Schriftstellern. Verfall und Untergang, aber auch Aufbruch und Erneuerung – das war das zentrale Thema der neuen expressionistischen Dichtergeneration. «Ich habe den neuen Menschen gesehen – in dieser Nacht ist er geboren!», heißt es ekstatisch-bewegt am Ende von Georg Kaisers Läuterungsdrama «Die Bürger von Calais» aus dem Jahre 1914.[27] Der alte Mensch – er begegnet uns zum Beispiel in der Gestalt des Vaters in Walter Hasenclevers Stück «Der Sohn», einem weiteren typischen expressionistischen Verkündigungsdrama, das 1914 im Kurt Wolff-Verlag in Leipzig erschien. Als der Sohn am Ende des Stücks den Revolver auf den Vater richtet, trifft diesen der Schlag – er stirbt als Repräsentant einer überlebten patriarchalischen Gesellschaftsordnung. Die außerordentliche Wirkung des Dramas erklärt sich damit, daß hier der Konflikt der Generationen auf exemplarische Weise gestaltet wurde.[28]

Endzeitstimmung, Menschheitsdämmerung – in zahlreichen expressionistischen Gedichten, aber auch in Werken der neuen Musik und bildenden Kunst hatte sich vor 1914 der Krieg angekündigt. «Aufgestanden ist er, welcher lange schlief,/ aufgestanden unten aus Gewölben tief./ In der Dämmrung steht er, groß und unbekannt,/ und den Mond zerdrückt er in der schwarzen Hand.» So lautet die erste Strophe von Georg Heyms Gedicht «Der Krieg».[29]

Im Sommer 1914 war Europas musikalische Sensation immer noch Igor Strawinskys Ballett «Le Sacre du Printemps», dessen Premiere ein Jahr zuvor in Paris einen beispiellosen Skandal ausgelöst hatte: Es brach nicht nur mit allen Regeln der Harmonie und der klassischen Choreographie; in der Allegorie des tödlichen Frühlingstanzes ließ es zugleich erahnen, was später auf den Schlachtfeldern Europas mörderische Wirklichkeit werden sollte.[30]

Bei der Eröffnung einer Ausstellung in München Anfang Juni 1914 erregte ein Werk des österreichischen Malers Oskar Kokoschka Aufsehen: «Die Windsbraut». Kalte, blaugrüne Farbwirbel zeigen ein aneinandergedrängtes Paar, einen Mann und eine Frau, umtost von wilden Fluten – eine visionäre Vorwegnahme des kommenden Unheils. «Die Windsbraut», so hat ein Kritiker im Rückblick geschrieben, «wurde in unseren Tagen als zwingende Metapher von Zusammenbruch, Auflösung, Finis austriae, Ende der Zeiten interpretiert.»[31]

Auch in den europäischen Hauptstädten hatte man sich an den Gedanken gewöhnt, daß der Krieg früher oder später einmal kommen würde. Immer schneller hatte sich vor 1914 das Krisenkarussell gedreht, begleitet von einem gigantischen Rüstungswettlauf. Dennoch: In den ersten Wochen des Juli 1914 rechnete kaum einer mit einem Krieg. Die öffentliche Aufmerksamkeit in den Hauptstädten der Triple-Entente war durch ganz andere Dinge in Anspruch genommen.

In Paris begann am 20. Juli der Prozeß gegen Madame Henriette Cailloux, die Frau des ehemaligen französischen Finanzministers. Sie hatte im März 1914 den Chefredakteur des «Figaro», Gaston Calmette, mit fünf Revolverschüssen niedergestreckt, weil sie sich durch private Enthüllungen der Zeitung in ihrer Ehre kompromittiert fühlte. Gespannt verfolgte das Publikum die Verhandlungen im Gerichtssaal, die täglich neue peinliche Details über Amouren und Korruptionspraktiken der Mächtigen in Frankreich zutage förderten.

In London war man besorgt über die dramatische Zuspitzung des irischen Konflikts. Alle Versuche, dem mehrheitlich katholischen Irland einen Autonomiestatus – die Homerule – zu gewähren, waren am Widerstand der protestantischen Bevölkerung der Provinz Ulster gescheitert, die weiter an der Union mit Großbritannien festhalten wollte. Am 21. Juli 1914 rief der englische König Georg V. die streitenden Parteien zu einer Schlichtung in den Buckingham Palace. Doch schon drei Tage später wurde die Konferenz ergebnislos abgebrochen. Irland stand am Rande eines Bürgerkriegs.[33]

Auch in Rußland war die innenpolitische Situation gespannt. Im Juli 1914 erreichte die Streikwelle in Sankt Petersburg ihren Höhepunkt. Die meisten Fabriken standen still; auf den Straßen wurden Barrikaden errichtet. Arbeiter und Polizisten lieferten sich heftige Kämpfe.[34] Als der französische Staatspräsident Poincaré am 20. Juli zu einem mehrtägigen Besuch in Sankt Petersburg eintraf, hatten seine Gastgeber alle Mühe, vor ihm die Anzeichen innerer Instabilität zu verbergen.

Am Abend des 23. Juli, bald nachdem Poincaré aus Petersburg abgereist war, übergab der österreichisch-ungarische Gesandte in Belgrad ein Ultimatum an Serbien, an dem die Wiener Diplomaten lange gefeilt hatten. Es war auf 48 Stunden befristet. Die Bedingungen waren mit voller Absicht so formuliert, daß sie für Serbien unannehmbar waren, wenn es nicht als souveräner Staat abdanken wollte.

Das Ultimatum schlug in den Hauptstädten Europas wie eine Bombe ein. Denn es machte für jedermann deutlich, daß die Donaumonarchie, mit deutscher Rückendeckung, auf eine militärische Aggression gegen Serbien zusteuerte. In einer erregten Unterredung mit dem österreichisch-ungarischen Botschafter am 24. Juli warf der russische Außenminister Sasonow der Regierung in Wien vor, das Attentat in Sarajewo nur als Vorwand zu benutzen: «Sie wollen den Krieg und haben die Brücken hinter sich abgebrochen.»[35]

Rußland war von Anfang an entschlossen, vor dieser Provokation nicht zurückzuweichen, und es konnte dabei auf die Unterstützung Frankreichs bauen. Der Krieg, der lange erwartet worden war, mit dem im Juli 1914 aber kaum jemand ernsthaft gerechnet hatte – er war plötzlich in allernächste Nähe gerückt. Am Abend des 25. Juli, unmittelbar nach Übergabe der serbischen Antwortnote, brach Österreich-Ungarn die diplomatischen Beziehungen zu Belgrad ab. Ein Reporter der «Täglichen Rundschau» hat festgehalten, wie diese Nachricht in Berlin aufgenommen wurde: «Et jeht los! Das ist das geflügelte Wort dieser Stunde. Es geht durch Mark und Bein ... Und plötzlich, eh man's sich versieht, hat sich ein Zug gebildet, keiner kennt den anderen, aber alle gehören zusammen ... Und dann klingt es, ernst und feierlich, zum abendlichen Himmel empor: ‹Es braust ein Ruf wie Donnerhall›.»[36]

Jetzt trat die Julikrise in ihre heiße Phase. Am 28. Juli erklärte Österreich-Ungarn Serbien den Krieg. Am 31. Juli traf in Berlin die Nachricht von der russischen Generalmobilmachung ein. Einen Tag später machte das Deutsche Reich mobil und erklärte Rußland den Krieg. Am 3. August folgte die Kriegserklärung an Frankreich und am 4. August, nach dem Einmarsch der deutschen Truppen ins neutrale Belgien, die Kriegserklärung Englands an Deutschland.

Gab es keine Kräfte, die das Unheil hätten aufhalten können? Am 21. Juni 1914, sieben Tage bevor die Schüsse in Sarajewo fielen, war in Wien die große österreichische Pazifistin, Bertha von Suttner, gestorben. Nur wenige Wochen vor ihrem Tode hatte sie, schon halb resigniert, ihrem Tagebuch anvertraut: «Die einzigen – weil sie auch eine Macht sind –, auf die man hoffen kann, daß sie den Massenkrieg abwenden, sind die Sozialdemokraten. Die bürgerliche Friedensbewegung bei uns ist wirklich von einer Schlappheit, die ihresgleichen sucht.»[37]

In der Tat: Jetzt war es an der Sozialistischen Internationale zu beweisen, ob es ihr ernst war mit ihrem immer wieder bekräftigten Beschluß, im Falle drohender Kriegsgefahr die Arbeiter zum zivilen Ungehorsam aufzurufen. Eine, die an der Antikriegsresolution der Internationale mitgewirkt hatte, war Rosa Luxemburg. Im Februar 1914 wurde die linke Sozialdemokratin in einem Prozeß vor der zweiten Frankfurter Strafkammer zu einem Jahr Gefängnis verurteilt, weil sie in SPD-Versammlungen geäußert hatte: «Wenn uns zugemutet wird, die Mordwaffe gegen unsre französischen und anderen Brüder zu erheben, dann rufen wir: Nein, das tun wir nicht!»[38]

Am 25. Juli, nach Bekanntwerden des österreichisch-ungarischen Ultimatums an Serbien, rief der SPD-Parteivorstand zum Protest gegen den drohenden Krieg auf, und diesem Aufruf folgten in den letzten Julitagen Hunderttausende von Sozialdemokraten. In manchen Orten kam es im Anschluß an die Versammlungen zu Straßendemonstrationen, nicht selten auch zu gewalttätigen Auseinandersetzungen mit der Polizei. Doch die SPD-Führung versäumte es, diese nachdrückliche Bekundung proletarischen Friedenswillens als Druckmittel einzusetzen. Erschrocken über die Militanz von Teilen der Basis, gab sie bereits am 29. Juli, also zu einem Zeitpunkt, als noch viele ihrer Anhänger gegen den Krieg demonstrierten, gegenüber Reichskanzler Bethmann Hollweg die beruhigende Erklärung ab, daß im Falle eines Krieges mit sozialdemokratischem Widerstand nicht zu rechnen sei.[39]

Auch die Sondersitzung des Internationalen Sozialistischen Büros, die am 29. und 30. Juli in Brüssel stattfand, stand bereits im Zeichen der Resignation. Das einzige, wozu sich die Teilnehmer aufraffen konnten, war der Beschluß, den für September in Wien vorgesehenen ordentlichen Kongreß der Internationale nach Paris, und zwar schon zum 9. August, einzuberufen. Doch dieser Kongreß fand nicht mehr statt. Der Internationalismus der Arbeiterbewegung hielt der Bewährungsprobe nicht stand. Fast so rasch wie ihre Führer schwenkten auch die Massen Anfang August 1914 auf die nationale Parole um und unterstützten die Kriegsanstrengungen ihrer jeweiligen Regierungen.[40]

Die Julikrise 1914 begann mit einem Mord, und sie endete mit einem Mord: Am Abend des 31. Juli wurde der französische Sozialistenführer Jean Jaurès in einem Pariser Café von einem jungen Nationalisten erschossen. Mit ihm, der beredtesten Stimme gegen den Krieg, wurde zugleich die Sozialistische Internationale zu Grabe getragen.[41]

In allen am Krieg beteiligten Ländern schlugen die Wellen der Kriegsbegeisterung hoch, am höchsten vielleicht im deutschen Kaiserreich. Alles Beengende, alles Trennende schien plötzlich in einem rauschhaften Gemeinschaftserlebnis aufgehoben zu sein. Stefan Zweig konnte sich noch fast dreißig Jahre später lebhaft daran erinnern: «Der erste Schrecken über den Krieg ... war umgeschlagen in einen plötzlichen Enthusiasmus, Aufzüge formten sich in den Straßen, plötzlich loderten überall Fahnen, Bänder und Musik, die jungen Rekruten marschierten im Triumph dahin, und ihre Gesichter waren hell, weil man ihnen zujubelte, ihnen, den kleinen Menschen des Alltags, die sonst niemand beachtet und gefeiert. Um der Wahrheit die Ehre zu geben muß ich bekennen, daß in diesem ersten Aufbruch der Massen etwas Großartiges, Hinreißendes und sogar Verführerisches lag, dem man sich nur schwer entziehen konnte.»[42]

Selbst Erich Mühsam, der Münchner Anarchist und Antimilitarist, ertappte sich in diesen Tagen «irgendwie ergriffen von dem allgemeinen Taumel, entfacht von zorniger Leidenschaft». «Es ist jetzt eine seelische Einheit vorhanden, die ich einmal für große Kulturdinge erhoffe.»[43] Dennoch kann, wie neuere Untersuchungen gezeigt haben, von einer allgemeinen Kriegsbegeisterung keine Rede sein. Auf dem Lande etwa war davon in der Regel nicht viel zu spüren. «Schwerer Kummer aber ist bei vielen unserer Bauernfamilien eingezogen, denn die Väter oft sehr kinderreicher Familien müssen fort, die Söhne, Pferde und Wagen werden von den Militärbehörden gefordert, und draußen steht die Ernte», berichteten die «Münchener Neuesten Nachrichten» vom 4. August 1914.[44] Aber auch in den Großstädten war die Begeisterung im wesentlichen auf die bürgerlichen Schichten beschränkt. Vor allem die korporierten Studenten bestimmten mit ihrem «Wichs» und ihren bierseligen Gesängen das Bild der Kundgebungen. «Patriotischer Mob», nannte sie der «Vorwärts» am 26. Juli 1914. «Es waren Schreier, die mit dem Volke nichts, gar nichts gemein haben.»[45]

Am empfänglichsten zeigten sich wiederum die Intellektuellen, Schriftsteller, Künstler. Viele von ihnen meldeten sich freiwillig – darunter die Maler Oskar Kokoschka und Franz Marc, die Dichter Walter Hasenclever und Ernst Toller oder der Schauspieler Alexander Moissi. Unterschiedliche Motive trafen hier zusammen: patriotische Hingabe, Abenteuerlust, Überdruß an den bürgerlichen Verhältnissen, Sehnsucht nach Gemeinschaft. Auf viele wirkte der Kriegsausbruch wie ein reinigendes Gewitter. So notierte Harry Graf Kessler, der Kunstsammler, am 31. Juli: «Man atmet auf, Druck und Schwüle weichen, die kühle Entschlossenheit tritt an ihre Stelle.»[46] Und Thomas Mann, einer der Wortführer der geistigen Mobilmachung von 1914, schrieb im September 1914: «Wie hätte der Künstler nicht Gott loben sollen für den Zusammenbruch einer Friedenszeit, die er satt, so überaus satt hatte! – Krieg! Es war Reinigung, Befreiung, was wir empfanden, und eine ungeheure Hoffnung.»[47]

Es gab aber auch Gegenstimmen – Thomas Manns Bruder Heinrich zum Beispiel. Nur wenige Tage nach Kriegsbeginn stoppte die Münchner Illustrierte «Zeit im Bild» den Vorabdruck von Heinrich Manns Roman «Der Untertan» – das Buch sollte erst nach dem Ende des Kaiserreichs 1918 erscheinen. Zur Begründung führte die Chefredaktion an: «Im gegenwärtigen Augenblick kann ein großes öffentliches Organ nicht in satirischer Form an deutschen Verhältnissen Kritik üben.»[48] Die Furcht vor der Zensur war berechtigt. Denn in der Hauptfigur des Romans, Diederich Heßling – Untertan und Despot zugleich –, hatte Heinrich Mann den Prototyp der wilhelminischen Gesellschaft gezeichnet, die dem Untergang geweiht war.

Daß nach dem Kriege nichts mehr sein würde wie zuvor, dies haben manche klugen Beobachter schon früh erkannt. So prophezeite Arthur Schnitzler, der Wiener Schriftsteller, am 5. August 1914: «Der Weltkrieg. Der Weltruin ... Wir erleben einen ungeheuern Moment der Weltgeschichte. In wenig Tagen hat sich das Bild der Welt völlig verändert. Man glaubt zu träumen!»[49]

«Dazu hält man für sein Land den Schädel hin!»

Die «Judenzählung» im deutschen Heer 1916

«Das nach zwei Jahren großer Zeit und völliger Hingabe an unsere Heimat! Mir ist, als hätte ich eben eine furchtbare Ohrfeige erhalten», notierte Georg Meyer, im Zivilberuf Prokurist bei den Siemens-Schuckert-Werken in Berlin, seit August 1914 Hauptmann in einem bayerischen Feldartillerie-Regiment, Ende Oktober 1916 in sein Tagebuch. «Im Frieden würde ich den Abschied nehmen, jetzt muß ich natürlich erst recht aushalten.»[1] Meyer fiel im Dezember 1916 bei Verdun – einer von über 12000 Juden, die im Ersten Weltkrieg ihr Leben für Deutschland hergaben.

Die «furchtbare Ohrfeige»: das war die vom preußischen Kriegsministerium am 11. Oktober 1916 angeordnete «Nachweisung der beim Heere befindlichen wehrpflichtigen Juden», kurz «Judenzählung» genannt – eine der folgenschwersten innenpolitischen Entscheidungen im Ersten Weltkrieg. Denn mit dieser kalten bürokratischen Maßnahme mußten die deutschen Juden alle Hoffnung aufgeben, im Kaiserreich jemals als gleichberechtigte Staatsbürger behandelt zu werden. «Kein anderer Akt des Regimes während des Krieges trug mehr dazu bei, die Juden zu entfremden und an ihren Status als Stiefkinder zu erinnern», hat der Historiker Peter Pulzer bemerkt.[2]

Zu Beginn des Krieges hatte sich die Hoffnung, daß die trennenden Barrieren endlich fallen würden, noch einmal mächtig geregt. «Wenn wir uns behaupten, so erwächst uns ein großes Glück aus diesem Krieg: größere Brüderlichkeit im Volk», schrieb der junge Münchner Romanist Victor Klemperer.[3] Gerade unter Deutschlands Juden fand der in bürgerlich-akademischen Schichten verbreitete patriotische Überschwang der ersten Augusttage 1914 einen starken Widerhall. «Es war wirklich ein ganz großer Rausch, der uns alle gepackt hatte», erinnerte sich der Breslauer Historiker und Pädagoge Willy Cohn noch über zwei Jahrzehnte später[4], und mit ganz ähnlichen Worten beschrieb der Göppinger Rabbiner Arnold Tänzer «jene einzigartige Empfindung hingebungsvoller Begeisterung», welche damals «jedes deutschfühlende Herz höher schlagen ließ»: «Noch heute zittert diese Empfindung in mir nach und haftet unverwischbar in meiner Erinnerung.»[5]

Auch für die meisten deutschen Juden bestand kein Zweifel an der von Reichskanzler Bethmann Hollweg geschickt lancierten Lüge, wonach das Deutsche Reich Opfer eines feindlichen Überfalls geworden sei, also einen gerechten Verteidigungskrieg führe. «Wir sind in äußerster Notwehr und in allerreinstem Recht», notierte Victor Klemperer am 3. August 1914. «Geht es wirklich um Deutschlands Existenz ..., dann muß eben der letzte Mann heraus.»[6] Ganz in diesem Sinne riefen die jüdischen Organisationen, voran der Centralverein deutscher Staatsbürger jüdischen Glaubens, ihre Mitglieder dazu auf, «über das Maß der Pflicht hinaus» ihre Kräfte dem Vaterland zur Verfügung zu stellen.[7]

Über zehntausend Juden folgten dem Appell und meldeten sich freiwillig zum Kriegsdienst, unter ihnen der sozialdemokratische Reichstagsabgeordnete Ludwig Frank. «Jetzt ist für mich der einzig mögliche Platz in der Linie, in Reih und Glied, und ich gehe wie alle anderen freudig und siegessicher», schrieb er am 23. August.[8] Anfang September fiel er an der Westfront.

Wie Frank glaubten auch viele andere jüdische Kriegsfreiwillige, durch besonderen Einsatz ihre nationale Zuverlässigkeit beweisen und damit endlich die vollkommene Gleichstellung der Juden durchsetzen zu können. Und tatsächlich schien es in den ersten Kriegswochen, als erfüllte sich diese Hoffnung. Bekannte jüdische Unternehmer und Wissenschaftler – darunter der Chef der AEG, Walther Rathenau, der Hamburger Reeder Albert Ballin, der Physiker Fritz Haber – wurden in wichtige Stellen der Kriegs- und Rüstungswirtschaft berufen. Ohne ihr Organisationstalent und ihren Erfindungsgeist hätte das Kaiserreich den Krieg gar nicht so lange durchhalten können.

Zum erstenmal seit Jahrzehnten wurden Juden auch bei Beförderungen in der Armee nicht mehr übergangen. Vor 1914 hatte es unter den preußischen Offizieren nicht einen einzigen Juden gegeben, und auch von dem begehrten Erwerb des Reserveoffizierspatents blieben Juden fast vollständig ausgeschlossen. «Angehörige der jüdischen ‹Rasse› sollten und könnten den deutschen Soldaten nicht kommandieren», so rechtfertigte Kuno Graf von Westarp, einer der führenden konservativen Politiker im Kaiserreich, die Benachteiligung.[9] Auf zahlreichen Postkarten wurden die angeblichen körperlichen Mängel jüdischer Wehrpflichtiger zum Gegenstand bösartiger antisemitischer Spottlust.[10] Gerade der Ausschluß vom Offizierskorps war im wilhelminischen Deutschland, in dem alles Militärische hoch im Kurs stand, als besonders schmerzliche Zurücksetzung empfunden worden.

Selbst in Kreisen der fanatischen Rassenantisemiten übte man in den ersten Kriegswochen Zurückhaltung. Houston Stewart Chamberlain, dem Wagner-Verehrer und Brieffreund des Kaisers, schien es im September 1914, als seien die deutschen Juden «wie weggeputzt von der gewaltigen Erhebung, als ‹Juden› nicht mehr auffindbar, denn sie tun ihre Pflicht als Deutsche vor dem Feinde und daheim».[11] Wenige Monate später allerdings bekannte er aufs neue: «Diesem Teufelsgezücht gegenüber steht Deutschland als Gottes Streiter: Siegfried wider den Wurm.»[12]

Tatsächlich hatte sich der Antisemitismus, der bereits vor 1914 in alle Poren der wilhelminischen Gesellschaft eingedrungen war, mit Beginn des Krieges keineswegs verflüchtigt. Vielmehr machte er sich, je länger der Krieg dauerte und die sozialen Spannungen im Innern wuchsen, wieder verstärkt bemerkbar. Besonders der Bund der Landwirte, die mitgliederstärkste und einflußreichste Interessenorganisation im Kaiserreich, intensivierte seit Frühjahr 1915 die Agitation gegen «jüdische Zersetzung» und «jüdische Flaumacherei».[13] Von «antisemitischen Schwierigkeiten» hörte Victor Klemperer damals auch seine Verwandten aus Berlin berichten: «Man spreche von jüdischen ‹Drückebergern›, obschon es doch unverhältnismäßig viel jüdische Freiwillige gebe und gerade die Juden auf korrekte Pflichterfüllung ängstlich bedacht seien, um nur nicht anzustoßen.»[14]

Auch an der Front war seit Herbst 1914 ein deutliches Anwachsen antisemitischer Ressentiments zu beobachten. In manchen Offizierskasinos gehörte es zum guten Ton, Witze über Juden zu erzählen. Es häuften sich die Fälle, in denen jüdische Soldaten beleidigt und bei Beförderungen wieder zurückgesetzt wurden. «Seit einiger Zeit kann ich es ja mit Händen greifen, daß man mich als Juden scheel ansieht», schrieb der Unteroffizier Julius Marx Anfang Oktober 1914. «Bei Kriegsbeginn schien jedes Vorurteil verschwunden, es gab nur noch Deutsche. Nun hört man wieder die alten verhaßten Redensarten.»[15] Und im September 1916 klagte er: «Der Durchschnittsdeutsche mag eben den Juden nicht. Ich möchte hier nichts sein als ein deutscher Soldat – aber man sorgt nachgerade dafür, daß ich's anders weiß!»[16]

Bereits Ende August 1914 hatte der Reichshammerbund, eine der radikalsten antisemitischen Organisationen, in einem internen Rundschreiben dazu aufgerufen, «Kriegsermittlungen» über die Juden anzustellen, und zwar sowohl was ihre aktive Teilnahme am Kriegsdienst als auch ihre Mitarbeit in Einrichtungen der «öffentlichen Mildtätigkeit» betraf.[17] Ziel der vom Alldeutschen Verband, der Speerspitze des Radikalnationalismus im Kaiserreich, unterstützten Kampagne war es, die patriotische Haltung der deutschen Juden in Zweifel zu ziehen und die durch vielerlei Nöte des Kriegsalltags entstandene Mißstimmung auf diese seit je verfemte Minderheit zu lenken.

Seit Ende 1915 wurde das preußische Kriegsministerium mit Beschwerden über «jüdische Drückebergerei» geradezu überschwemmt. Wehrpflichtige Angehörige jüdischen Glaubens, behaupteten die Denunzianten, würden in großer Zahl Geld und Beziehungen nutzen, um in Schreibstuben und in Etappenkommandos bequem durch den Krieg zu kommen. Angeblich übten sie durch die Besetzung wichtiger Posten in den Kriegsgesellschaften überdies einen beherrschenden Einfluß auf die Kriegswirtschaft aus und bereicherten sich schamlos an der Not der Bevölkerung. Alfred Roth, der Bundeswart des Reichshammerbundes, sprach in diesem Zusammenhang von der «jüdischen Verfilzung des deutschen Wirtschaftslebens durch das System Ballin-Rathenau».[18]

Der Vorwurf der «Drückebergerei» verband sich so mit einem weiteren antisemitischen Stereotyp, dem des «Schacherers» und «Wucherers». Unter dem Eindruck der wachsenden antisemitischen Welle schrieb Walther Rathenau im August 1916: «Je mehr Juden in diesem Krieg fallen, desto nachhaltiger werden ihre Gegner beweisen, daß sie alle hinter der Front gesessen haben, um Kriegswucher zu betreiben. Der Haß wird sich verdoppeln und verdreifachen.»[19] Zu diesem Zeitpunkt hatte Rathenau bereits die Leitung der Kriegsrohstoffabteilung im preußischen Kriegsministerium niedergelegt und jede Hoffnung aufgegeben, der Antisemitismus werde durch geduldige

Aufklärung und sachliche Information allmählich zum Verstummen gebracht werden können.

Rathenaus Resignation erhielt neue Nahrung, als der preußische Kriegsminister Wild von Hohenborn wenige Wochen später, am 11. Oktober 1916, jene eingangs erwähnte statistische Erhebung über die Dienstverhältnisse der deutschen Juden im Kriege anordnete. Offiziell begründet wurde die «Judenzählung» mit der Absicht, die fortgesetzt im Kriegsministerium einlaufenden Klagen über die bevorzugte Behandlung der jüdischen Wehrpflichtigen bei der Freistellung vom Heeresdienst «nachprüfen und ihnen gegebenenfalls entgegentreten zu können».[20]

Vorgeschichte und Durchführung des Erlasses weisen allerdings in eine andere Richtung: Es ging dem preußischen Kriegsministerium nicht um eine Widerlegung der antisemitischen Anwürfe, sondern im Gegenteil darum, Material für ihre Bestätigung in die Hand zu bekommen. Der traditionell starke Antisemitismus im Offizierskorps wirkte sich hier aus, aber auch das Interesse der neuen Obersten Heeresleitung unter Paul von Hindenburg und Erich Ludendorff, alle verfügbaren Kräfte für die Front und die Rüstungsindustrie zu mobilisieren.

Eine Woche später, am 19. Oktober 1916, stellte der Zentrumsabgeordnete Matthias Erzberger im Hauptausschuß des Reichstags den Antrag, «den Herrn Reichskanzler zu ersuchen, alsbald eine eingehende Übersicht über das gesamte Personal aller Kriegsgesellschaften zu unterbreiten, und zwar getrennt nach Geschlecht, militärpflichtigem Alter, Bezügen, Konfession». Die Tatsache, daß ein prominenter Vertreter des Zentrums einen wesentlichen Topos der antisemitischen Haßpropaganda aufgriff, zeigte, wie groß deren Resonanz inzwischen war. Und obwohl der Sozialdemokrat Friedrich Ebert und der Abgeordnete der Fortschrittspartei Georg Gothein sich gegen die Aufnahme des Kriteriums «Konfession» aussprachen, wurde der Antrag angenommen.[21]

Erst durch eine Reichstagsdebatte Anfang November 1916 erfuhr die Öffentlichkeit vom Oktober-Erlaß des Kriegsministeriums. Die Wirkung auf die deutschen Juden war ungeheuer. Am 7. November 1916 protestierte Justizrat Oscar Cassel, einer der Vorsitzenden des Verbandes deutscher Juden, «gegen Ausnahmebestimmungen für Juden», welche «die Aufopferungsfähigkeit unserer Glaubensgenossen im Felde und im Lande herabsetzen und herabwürdigen».[22] Der Oberrat der Israeliten im Großherzogtum Baden sprach von einer «durch nichts gerechtfertigten Ehrenbeleidigung», durch die «das Andenken der Tausende geschändet» werde, «die ihr Blut und Leben in begeisterungsvoller Opferfreudigkeit hingegeben haben».[23] Und Justizrat Senator Meyer in Hannover sandte dem Zentrumsführer Peter Spahn die Todesanzeige seines gefallenen Bruders mit der Frage: «Wird Ihnen und Ihren Freunden nicht bange vor den Anklagen, welche diese noch in ihrem Todeskampfe beschimpften Helden als stumme Blutzeugen vor dem Thron des Höchsten erheben?»[24]

Doch weder die Intervention des Hamburger Bankiers Max M. Warburg beim Reichskanzler noch die wiederholten Eingaben jüdischer Organisationen konnten das Kriegsministerium zu einer Rücknahme des Oktober-Erlasses oder wenigstens zu deutlichen Worten der Anerkennung für das von Juden im Kriege Geleistete bewegen. Das einzige, wozu sich Kriegsminister von Stein, der Nachfolger Wild von Hohenborns, im Januar 1917 bereit fand, war die Versicherung, «daß das Verhalten der jüdischen Soldaten und Mitbürger während des Krieges keine Veranlassung zu der Anordnung meiner Herrn Vorgänger gegeben hat und damit nicht in Beziehung gebracht werden kann».[25]

Noch mehr Erbitterung löste die «Judenzählung» unter den jüdischen Kriegsteilnehmern an der Front aus. «Was soll denn dieser Unsinn?! Will man uns zu Soldaten zweiten Ranges degradieren, uns vor der ganzen Armee lächerlich machen?» rief Vizefeldwebel Julius Marx aus, als sein Kompanieführer Anfang November seine Personalien für die «Judenstatistik» aufnehmen wollte. Und er schloß seine Tagebucheintragung: «Pfui Teufel! Dazu also hält man für sein Land den Schädel hin.»[26] In der Reichstagsdebatte vom November 1916 zitierte der Sprecher der Fortschrittlichen Volkspartei, Ludwig Haas, aus Briefen jüdischer Soldaten, in denen immer wieder die Wendung vorkam: «Nun sind wir gezeichnet.»[27]

Der Erlaß vom 11. Oktober 1916 markierte eine Zäsur in der Geschichte des Judentums in Deutschland. Viele gerade der national fühlenden Juden empfanden das Vorgehen des Kriegsministeriums als den «untilgbar schmählichsten Schimpf, der unsere Gemeinschaft seit ihrer Einbürgerung schändete».[28] Für sie hatte die staatlich angeordnete Sonderbehandlung endgültig erwiesen, daß die Hoffnung, «nun endlich hineinzuwachsen in das Leben dieses fremden geliebten Volkes», auf einer Selbsttäuschung beruhte, wie der Kriegsfreiwillige Ernst Simon im Rückblick schrieb.[29] Simon wurde aufgrund dieser Erfahrung Zionist, und wie für ihn war auch für den Schriftsteller Jacob Wassermann durch die «Judenzählung» der liberal-assimilatorische Traum von einer deutsch-jüdischen Symbiose endgültig zerstört: «Es ist vergeblich für sie zu leben und für sie zu sterben. Sie sagen: Er ist ein Jude.»[30]

Franz Oppenheimer, einer der führenden Repräsentanten des Zionismus im Kaiserreich, hat den Erlaß vom 11. Oktober 1916 als «die größte statistische Ungeheuerlichkeit» bezeichnet, «deren sich jemals eine Behörde schuldig gemacht hat».[31] Trotz des Drängens der jüdischen Organisationen weigerte sich das Kriegsministerium, die Ergebnisse der Erhebungen zu veröffentlichen; allerdings gestattete es nach 1918 einem der rabiatesten Antisemiten, Alfred Roth, Einblick in das gesamte statistische Material, das dieser anschließend zu zwei Hetzbroschüren verarbeitete.[32] Es erübrigt sich, auf diese Machwerke näher einzugehen. Denn ganz unstrittig ist, daß die deutschen Juden, wie Jacob Segall in einer Studie aus dem Jahre 1921 bilanzierte, «restlos den auf sie entfallenden Anteil an Kriegsteilnehmern gestellt» und an den Opfern wie auch an kriegerischen Leistungen «in einer dem Durchschnitt mindestens entsprechenden Weise teilgenommen» haben.[33]

Natürlich gab es auch Juden unter jenen Soldaten, die sich auf verschiedene Weise dem Einsatz an der Front zu entziehen suchten – zumal nach dem Scheitern der letzten deutschen Offensive im Frühjahr 1918, als Gehorsamsverweigerungen und Desertionen in starkem Maße zunahmen. Doch auch für diese Phase gilt, was Franz Oppenheimer für die gesamte Dauer des Krieges festgestellt hat: «daß es den deutschen Juden durchschnittlich viel schwerer gemacht worden sein dürfte, sich zu drücken, als den Nichtjuden. Denn der Verdacht der Feigheit hing unausgesprochen bis zum Beweise des Gegenteils und sogar darüber hinaus über jedem Gestellungspflichtigen jüdischer Konfession.»[34] Noch in seinen kurz vor seiner Deportation und Ermordung 1941 geschriebenen Erinnerungen bekräftigte der Breslauer Willy Cohn, der im Ersten Weltkrieg an der Front den gefährlichen Dienst eines Munitionsfahrers verrichtet hatte: «Wir hatten immer das Gefühl in verstärktestem Maße, doppelt unsere Pflicht tun zu müssen.»[35]

Dennoch blieb das Brandmal der «Drückebergerei» allein an den Juden haften. Auch nachdem die Erregung über die «Judenstatistik» sich ein wenig gelegt hatte, rissen die Klagen über Willkürmaßnahmen einzelner Militärbehörden nicht mehr ab. So wurde im August 1917 durch einen Korpsbefehl in Stettin angeordnet, daß alle jüdischen Heerespflichtigen, die vom Kriegsdienst freigestellt worden waren, noch einmal nachgemustert werden sollten. Auch diese erneute Sonderbehandlung löste unter den deutschen Juden große Entrüstung aus.

Ahnungsvoll schrieb im Oktober 1917 die Zeitung des Centralvereins deutscher Staatsbürger jüdischen Glaubens, «Im deutschen Reich»: «Uns [Juden] steht ein Krieg nach dem Kriege bevor.»[36] Im April 1918 konstatierte Heinrich Claß, der Vorsitzende des Alldeutschen Verbandes, ein «erfreuliches Anwachsen der antisemitischen Stimmung, die bereits einen riesigen Umfang angenommen» habe. Aufgabe des Verbandes müsse es sein, «diese Bewegung nationalpolitisch hochzuleiten»: «Für die Juden hat der Kampf ums Dasein begonnen.»[37] In der wenige Monate zuvor gegründeten Deutschen Vaterlandspartei, die innerhalb kurzer Zeit 800000 Mitglieder gewann (davon allerdings die Hälfte korporativ angeschlossene), besaßen die alldeutschen Radikalantisemiten einen breiten Resonanzboden für ihre Agitation gegen die Juden, die als Anstifter eines Verständigungsfriedens, eines «Judenfriedens», denunziert wurden.[38]

Im Herbst 1918, als sich die militärische Niederlage des Kaiserreichs abzeichnete, verschärfte sich die antisemitische Hetze. «Nur ein sehr scharfes Eingreifen aller Vaterlandsfreunde gegenüber Sozialdemokraten, Juden und Judengenossen» sei noch «in der Lage ..., uns zu retten», schrieb Conrad Freiherr von Wangenheim, der langjährige Vorsitzende des Bundes der Landwirte, am 20. September 1918 an den Vorsitzenden der Vaterlandspartei, den ostpreußischen Generallandschaftsdirektor Wolfgang Kapp.[39] «Die antisemitische Hetzmeute kläfft wieder ungehemmt durch alle Gassen», beobachtete Franz Oppenheimer[40], und selbst im gemäßigten Centralverein deutscher Staatsbürger jüdischen Glaubens empfand man «Zorn und Schamröte über ein solches Deutschland, in dem wir derart geschmäht, verleumdet, verunehrt und einem Pöbel als pogromreif hingestellt werden dürfen»: «Das Maß ist nahezu voll und will überlaufen.»[41]

Als sich die Oberste Heeresleitung Ende September 1918 gezwungen sah, mit ihrer Waffenstillstandsforderung die militärische Niederlage des Kaiserreichs einzugestehen, verband sich die Hetze gegen «jüdische Drückeberger» und «jüdische Kriegsgewinnler» mit dem nicht minder bösartigen Vorwurf, das deutsche Heer sei durch das von «den Linken» und «den Juden» ausgestreute «Gift der Zersetzung» entscheidend geschwächt und um die Früchte des Sieges betrogen worden. Mit dieser Dolchstoß-Legende suchten sich die gesellschaftlichen Führungsschichten, die das Kaiserreich ins Verderben gestürzt hatten, aus ihrer Verantwortung zu stehlen und sie anderen, eben vor allem den Juden, aufzubürden.

Ende Oktober 1918 forderte der stellvertretende Vorsitzende des Alldeutschen Verbandes, Konstantin Freiherr von Gebsattel, seine Gesinnungsgenossen dazu auf, «die Lage zu Fanfaren gegen das Judentum und die Juden als Blitzableiter für alles Unrecht zu benutzen». Und der Verbandsvorsitzende Claß sekundierte: «Ich werde vor keinem Mittel zurückschrecken und mich in dieser Hinsicht an den Ausspruch Heinrich von Kleists, der auf die Franzosen gemünzt war, halten: Schlagt sie tot, das Weltgericht fragt Euch nach den Gründen nicht!»[42]

Das waren keine leeren Drohungen. Unverkennbar hatte sich der Radikalantisemitismus der Vorkriegszeit im Gefolge von Krieg, Niederlage und Zusammenbruch des Kaiserreichs bereits mit Mordlust aufgeladen. Deutlich spiegelt sich diese Veränderung auch in den Tagebüchern eines Marineoffiziers, des Fregattenkapitäns Bogislav von Selchow, der die Novemberrevolution in Berlin erlebte. Am 15. November 1918 notierte er: «Wir kamen an allerhand Großstadtgesindel vorbei. Juden und Deserteure, das Pack, das nichts ist als die Gosse in gemeinstem Sinne des Worts, beherrscht jetzt Deutschland. Aber für die Juden wird auch noch die Stunde schlagen, und dann wehe ihnen!»[43]

Die Juden galten als die eigentlichen Drahtzieher der Revolution, und die Tatsache, daß einige von ihnen herausragende Positionen in den Revolutionsregierungen bekleideten, bestärkte ihre Gegner in ihrem Haß. Seit Ende 1918 wurden Stadt und Land von antisemitischen Flugblättern geradezu überschwemmt, die unverhüllt zum Mord aufriefen. «Es weht Pogromluft auch in Deutschland», hieß es in der Dezemberausgabe der Zeitschrift des Centralvereins.[44] Einer, der der

Pogromhetze zum Opfer fiel, war der bayerische Ministerpräsident Kurt Eisner. Am 21. Februar 1919 wurde er von einem Leutnant und Studenten der Rechte, Anton Graf Arco auf Valley, auf offener Straße erschossen.[45]

Im September 1919 klagte Victor Klemperer über «die gräßliche Judenhetze, die in ganz Deutschland schamlos u(nd) bedrohlichst betrieben wird». Auch bei gebildeten Menschen fielen diese «wahnsinnigen Hetzereien» auf fruchtbaren Boden. «Es ist furchtbar. Der Jude ist an allem schuld; am Krieg, an der Revolution, am Bolschewismus, am Kapitalismus, an allem. Klärt man auf, so sehen sie's ja ein; aber gewiß sind sie morgen schon wieder verhetzt.»[46] Und der Wiener Schriftsteller Stefan Zweig berichtete im Oktober 1919 über seine erste Deutschlandreise nach dem Kriege: «Ich habe keinen Menschen bisher gesprochen, der nicht offen eine Monarchie oder wenigstens eine Dictatur ersehnt – der Judenhaß zur Raserei gesteigert – (auf jedem Closet, auf jedem Tisch Pamphlete, in der Eisenbahn kein anderes Gespräch).»[47]

Im Jahre 1926, also während der Phase der relativen Stabilisierung der Weimarer Republik, schrieb der französische Journalist Henri Béraud, in einem Bericht aus Berlin: «Wir können uns in Frankreich gar nicht vorstellen, wie der Antisemitismus deutscher Reaktionäre aussehen kann. Er ist weder eine Meinung noch ein Gefühl, noch nicht einmal eine körperliche Reaktion. Er ist eine Leidenschaft, eine richtige Zwangsvorstellung von Süchtigen, die bis zum Verbrechen gehen kann.»[48]

Nach 1933 sollten, Zug um Zug, die Hindernisse fallen, die der Ausführung des Verbrechens bislang im Wege gestanden hatten. An seinem Ausgangspunkt aber stand die «Judenzählung» im deutschen Heer vom Oktober 1916.

Frieden und Brot

Das Schlüsseljahr 1917

«*Der erste Matrose:* Ein Zeichen! Ein Zeichen!
Der zweite Matrose: Was schreit einer da? Was für ein Unsinn schreit einer da!
Der erste Matrose: Ein Zeichen! Ein Zeichen, ob wir sie treffen und wie's ausgeht.
Der zweite Matrose: O alter Narr! Wo denn ein Zeichen?
Der erste Matrose: Ein Zeichen am blauen Himmel, ob wir sie treffen und wie's ausgeht.
Der zweite Matrose: O alter Narr! Sei froh, wenn du nichts siehst als Blau am blauen Himmel! War einer mal bei uns, der sah Zeichen am blauen Himmel. Sitzt heute hinterm Gitter! ...»[1]

Mit einem Schrei beginnt das Stück «Seeschlacht» des expressionistischen Dramatikers Reinhard Goering aus dem Jahr 1917: Sieben Matrosen fahren im Panzerturm eines Kriegsschiffes in die Schlacht. Am Ende sind sie alle tot, aber die Schlacht geht weiter.

Drei Jahre dauerte nun schon der Krieg. Millionen Opfer hatte er bereits verschlungen – und immer noch war kein Ende abzusehen. Immer furchtbarer war das Zerstörungswerk der Waffen. Alle menschliche Erfindungsgabe, aller industrieller Fortschritt schienen nur auf ein Ziel gerichtet: den Kriegsgegner in die Knie zu zwingen.

In den Unterseebooten glaubte die deutsche Oberste Heeresleitung unter Paul von Hindenburg und Erich Ludendorff, die im August 1916 den glücklosen Generalstabschef Erich von Falkenhayn abgelöst hatte, eine solche kriegsentscheidende Waffe zu besitzen. Anfang Januar 1917 beschloß sie – mit Zustimmung des Reichskanzlers Bethmann Hollweg, der sich lange gesträubt hatte – von dieser Waffe rücksichtslos Gebrauch zu machen: Seit dem 1. Februar 1917 sollten deutsche U-Boote alle Schiffe, auch die neutraler Staaten, die sich in einer Sperrzone um Großbritannien befanden, angreifen und versenken.

Doch mit der Proklamation des uneingeschränkten U-Bootkrieges riefen die deutschen Militärs die Vereinigten Staaten auf den Plan. Am 6. April 1917 verlas der amerikanische Präsident Woodrow Wilson in einer Rede vor dem US-Kongreß die Kriegserklärung gegen das Deutsche Reich. Der Konflikt, der als ein europäischer begonnen hatte, war damit endgültig zum Weltkrieg geworden.

Nicht Mut und Kampfgeschick gaben in diesem Krieg den Ausschlag, sondern Maschine und Technologie. Vom «Walzwerk des Krieges», von der «Schlacht als fabrikmäßigem Geschehen» schrieb Ernst Jünger, Leutnant und Stoßtruppführer im Ersten Weltkrieg. «Der Kampf äußerte sich als riesenhafter, toter Mechanismus und breitete eine eisige, unpersönliche Welle der Vernichtung über das Schlachtfeld.»[2]

1917 erzielten die Briten mit ihren Tanks erstmals spektakuläre Erfolge. An der Panzerhaut dieser stählernen Ungetüme glitten Maschinengewehrfeuer und Handgranaten wirkungslos ab. Deutsche Doppeldecker vom Typ «Gotha», ausgerüstet mit zwei starken Mercedes Motoren, warfen ihre Bombenlast auf die englische Hauptstadt ab. Beim größten Luftangriff auf London am 17. Juli 1917 kamen 47 Zivilisten ums Leben. Die britische Luftwaffe antwortete mit Angriffen auf das Ruhrgebiet. Der Luftkrieg, der im Zweiten Weltkrieg verheerende Wirkungen haben sollte – er feierte im Ersten Weltkrieg eine schauerliche Premiere. Dennoch: Die Piloten durften sich als letzte Ritter fühlen über dem Gemetzel, das die «Materialschlachten» im industrialisierten Krieg anrichteten. Manfred von Richthofens Erfahrungsbericht «Der rote Kampfflieger», 1917 in der Reihe «Ullstein Kriegsbücher» erschienen, wurde rasch zum Bestseller.[3]

Auch der Gaskrieg, den die Deutschen im April 1915 mit dem Angriff bei Ypern eröffnet hatten, erfuhr 1917 eine entscheidende Steigerung. Durch den massierten Einsatz von Gaswerfern gelang es den Briten, schlagartig große Geländeabschnitte zu verseuchen, so daß die überraschten Gegner gar nicht mehr dazu kamen, ihre Gasmasken aufzusetzen. Die Auswirkungen eines solchen Gasüberfalls schilderte der Arzt eines deutschen Pionierregiments im Juni 1917: «Die vergifteten Soldaten bieten einen Anblick größten Entsetzens. Atemnot und Hustenreiz steigern sich bis zum Erstickungsanfall. Der anfänglich zähe und spärliche Auswurf macht einem dünnflüssigen und schaumigen Auswurf Platz, der allmählich blutig gefärbt ist und schließlich aus der Nase herausquillt. Das Aussehen der Vergifteten wirkt verfallen, und es tritt infolge des Lungenödems der Tod bei fast vollem Bewußtsein ein.»[4]

Die deutsche Antwort war die Entwicklung neuer, noch schrecklicherer Kampfstoffe: das «Blaukreuz», ein Reizstoff, der die Gasmaskenfilter durchdrang und die Soldaten zwang, die Masken abzureißen. Oder – eine weitere teuflische Neuentwicklung – das «Gelbkreuz», auch Senfgas genannt, ein Kampfstoff, der im Gelände haften blieb, Uniformen und Stiefel durchdrang und großflächige Entzündungen der Haut verursachte. Vergeblich mahnte das Internationale Komitee des Roten Kreuzes – der Träger des Friedensnobelpreises 1917 –, von dieser barbarischen Art der Kriegführung abzulassen, die bereits durch die Haager Landkriegsordnung von 1907 verboten worden war. Keine der kriegführenden Parteien wollte auf den Einsatz der neuen chemischen Waffe verzichten.[5]

1917 – das war aber nicht nur das Jahr der Totalisierung der Kriegführung, sondern nach einem Wort des französischen Historikers Pierre Renouvin auch ein Jahr der allgemeinen «Erschöpfung der Völker».[6] Auch dort, wo zu Beginn des Krieges sich Begeisterung geregt hatte, war längst Ernüchterung eingekehrt. Kriegsmüdigkeit und Friedenssehnsucht machten sich breit. Schwer trug besonders die Arbeiterschaft an der Verschlechterung ihrer Lebensbedingungen. Die Preise liefen den Löhnen davon, Arbeitszeiten wurden verlängert, Arbeiterschutzbestimmungen außer Kraft gesetzt. Seit der Jahreswende 1916/17 häuften sich die Streiks in der Rüstungsindustrie. Sie verbanden sich mit Protesten der Frauen gegen die kritische Versorgungslage.

Am meisten litten die Menschen in Deutschland im Winter 1917 unter Hunger. Er ist als «Steckrübenwinter» in die Geschichtsbücher eingegangen – so benannt nach dem Nahrungsmittel, das damals die fehlenden Kartoffeln ersetzen mußte. Mehr noch als die Knappheit der Lebensmittel selbst erregten die vielen Ungerechtigkeiten der Verteilung die Gemüter. In Parodien auf das Glaubensbekenntnis, die als Flugblätter kursierten, machte sich der angestaute Zorn Luft: «Ich glaube an die Steckrübe, die alleinige Ernährerin des deutschen Volkes, und an die Marmelade, ihre stammverwandte Genossin, empfangen vom Kriegsernährungsamt, gelitten unter der Zentral-Einkaufs-Gesellschaft, gesammelt und gepreßt, niedergefallen zur Erde, am 3. Tage wieder auferstanden als Tafelobst, von dannen sie kommen werden als Aufstrichmittel für Deutschlands tapfere Söhne. Ich glaube an eine große allgemeine Wuchergesellschaft, Gemeinschaft der Hamsterer, Erhöhung der Steuern, Verteuerung des Fleisches und an einen ewigen Kriegszustand. Amen.»[7]

Der allgemeine Mangel reizte die Erfindungslust; Ersatzstoffe aller Art überschwemmten den Markt. In Köln ließ sich ein vierzigjähriger Zentrumspolitiker ein «Verfahren zur Herstellung eines dem rheinischen Roggenschwarzbrot ähnelnden Schrotbrotes» patentieren. Zum Dank für sein Engagement in der kommunalen Lebensmittelversorgung wählte ihn die Stadtverordnetenversammlung 1917 zum Oberbürgermeister. Sein Name: Konrad Adenauer.[8] Allerdings konnten Kölns Stadtväter nicht verhindern, daß im Sommer 1917 die Kaiserglocke des Kölner Doms als vaterländische Spende an die Metallsammlung ging. Aus dem eingeschmolzenen Metall der Kirchenglocken sollten Geschützrohre gegossen werden. Wenn es um den «Endsieg» ging, war der Heeresverwaltung nichts heilig.

Nicht nur für Lebensmittel und Rohstoffe mußte Ersatz beschafft werden, sondern auch für die amputierten Glieder der Kriegsversehrten. Auf der Tagung der Gesellschaft für Ärzte in Wien im Juni 1917 stellte der deutsche Chirurg Ferdinand Sauerbruch ein neues Operationsverfahren vor: Dadurch wurden die Prothesen beweglich gemacht, indem sie mit der noch funktionsfähigen Muskulatur verbunden wurden. In vielen Fällen waren die Verwundeten jedoch so gräßlich verstümmelt, daß keine ärztliche Kunst ihnen zu helfen vermochte.[9]

«Was ich schaudernd zu sehen bekam, waren gewöhnliche Transportwagen ohne richtige Fenster, nur mit einer schmalen Luftluke und innen von verrußten Öllampen erhellt», so hat Stefan Zweig den Anblick beschrieben, den die Lazarettzüge mit den frisch Amputierten boten. «Eine primitive Tragbahre stand neben der anderen, und alle waren sie belegt mit stöhnenden, schwitzenden, todfahlen Menschen, die nach Luft röchelten in dem dicken Geruch von Exkrementen und Jodoform ... In jedem dieser Wagen lagen schon zwei oder drei Tote inmitten der Sterbenden und Stöhnenden.» Und der Schriftsteller zitiert, was ihm ein alter Priester, der den Sterbenden die letzten Sakramente reicht, «mit harter, zorniger Stimme» anvertraut: «Ich bin siebenundsechzig Jahre alt und habe viel gesehen. Aber ich habe ein solches Verbrechen der Menschheit nicht für möglich gehalten.»[10]

Was lag angesichts dieses Grauens näher als der Wunsch, dem sinnlosen Morden Einhalt zu gebieten? Der revolutionäre Funke zündet in Petrograd, der Hauptstadt des Zarenreiches. Am 23. Februar (nach unserer Zeitrechnung am 8. März), dem internationalen Frauentag, gehen die Textilarbeiterinnen auf die Straße und rufen nach Frieden und Brot. Die Arbeiter solidarisieren sich. Seit dem 25. Februar herrscht Generalstreik. Die Kosaken, sonst ein zuverlässiges Unterdrückungsinstrument, verweigern den Gehorsam; selbst die Garderegimenter schlagen sich auf die Seite der Rebellion. Binnen weniger Tage bricht das autokratische zaristische System zusammen.[11] Am 2. März 1917 unterschreibt Zar Nikolaus II. seine Abdankungsurkunde. Eine Provisorische Regierung, gestützt auf die bürgerlich-liberale Mehrheit in der Duma, dem russischen Parlament, übernimmt die Macht. Im Petrograder Sowjet der Arbeiter- und Soldatendeputierten besitzt sie allerdings von Anfang an einen Gegenspieler. Dieser richtet am 14. März 1917 einen Aufruf an die Völker der ganzen Welt: «Wir wenden uns an alle Völker und sagen ihnen, daß die Zeit gekommen ist, mit den räuberischen Bestrebungen der Regierungen aller Länder aufzuräumen. Die Zeit ist gekommen, in der die Völker die Entscheidung über Krieg und Frieden in die eigenen Hände nehmen müssen.»[12]

In der Festung Wronke, wo sie seit Oktober 1916 einsaß, erfuhr Rosa Luxemburg vom Sturz des Zarenregimes. «Die herrlichen Dinge in Rußland wirken auf mich wie ein Lebenselexier», schrieb sie begeistert einer Freundin. «Das ist für uns alle eine Heilsbotschaft, was von dort kommt ... Das muß, das wird auf die ganze Welt erlösend wirken, das muß ausstrahlen nach ganz Europa. Ich bin felsenfest überzeugt, daß eine neue Epoche jetzt beginnt und daß der Krieg nicht mehr lange dauern kann.»[13] Wie die Nachricht unter den Soldaten an der Ostfront aufgenommen wurde, hat der elsässische Rekrut Dominik Richert in seinen nach Kriegsende 1918 geschriebenen Erinnerungen geschildert: «Das ganze Bataillon stellte sich im Kreis um den Kommandeur: ‹Soldaten›, fing er an, ‹der Krieg auf dieser Front ist soviel als beendet. In Rußland ist eine Revolution ausgebrochen. Der Zar ist abgesetzt ...› Wir alle horchten mit offenem Munde, dann konnten wir in unsere Quartiere gehen. Alle möglichen und unmöglichen Vermutungen wurden ausgetauscht ... Fast alle freuten sich, daß das Schützengrabenleben nun bald ein Ende haben sollte.»[14]

Auch unter den französischen Soldaten belebten die revolutionären Ereignisse in Rußland die Hoffnung auf ein rasches Kriegsende. Im Frühjahr 1917 war ein neuer Versuch des französischen Oberkommandierenden Nivelle, die deutsche Front zu durchbrechen, unter hohen Verlusten gescheitert. Ganze Divisionen verweigern daraufhin den Befehl. Die Poilus singen die «Internationale» und fordern die Wahl von Soldatenräten nach russischem Vorbild. Auch Frankreich – so scheint es – steht am Vorabend einer Revolution.[15]

Doch dann greift General Pétain, der neue Oberkommandierende, brutal durch. Die «Rädelsführer» der Meutereien werden vor Kriegsgerichte gestellt, über 600 zum Tode verurteilt. Vollstreckt werden schließlich nur 43 dieser Urteile, doch die Abschreckung wirkt: Einen Monat nach ihrem Ausbruch ist die Rebellion niedergeschlagen.

Um von der Unfähigkeit der militärischen Führung abzulenken, entfesselt die nationalistische Presse in Paris eine wilde Kampagne: Die Nivelle-Offensive sei gescheitert, weil Spione den Angriffsplan an die Deutschen verraten hätten. Prominentestes Opfer der Spionagehysterie wird Mata Hari, die berühmte Kurtisane der Belle Époque. Mit ihren indischen Tempeltänzen, bei denen sie sich fast nackt zeigte, hatte sie in der schwülen Atmosphäre der Pariser Salonwelt vor 1914 Furore gemacht. Die tanzende Hochstaplerin, die eigentlich Margaretha Zelle hieß und nicht in Java, sondern im holländischen Leeuwarden geboren war, wurde für kurze Zeit zum gefeierten Sexidol, dem die Männer zu Füßen lagen.[16] Im Kriege jedoch werden ihr die internationalen Kontakte zu höchsten Kreisen der Gesellschaft zum Verhängnis. Man verdächtigt sie, für Deutschland spioniert zu haben. Im Juli 1917 wird sie vor ein Kriegsgericht gestellt. Von vornherein ist klar, daß an dieser Frau ein Exempel statuiert werden soll. Vergeblich ruft sie ihren Richtern zu: «Bedenken Sie bitte, daß ich nicht Französin bin und mir das Recht vorbehalte, die Bekanntschaften zu pflegen, die mir passen. Der Krieg ist für mich kein hinreichender Grund, nicht länger kosmopolitisch zu denken. Ich bin die Bürgerin eines neutralen Staates, aber meine Sympathien sind bei Frankreich. Wenn Ihnen das nicht genügt, machen Sie, was Ihnen beliebt.»[17] Das Gericht verurteilte Mata Hari zum Tode. Am Morgen des 15. Oktober wurde sie im Walde von Vincennes erschossen.

Hätte der Erfinder der Psychoanalyse, Sigmund Freud, seinerzeit den Fall Mata Hari analysiert, er hätte dahinter vermutlich noch mehr entdeckt als einen unzweifelhaften Justizmord – nämlich die unbewußten Rachebedürfnisse einer Männergesellschaft, die der femme fatale aus Holland nicht verzeihen mochte, daß sie sich kraft ihrer Sexualität ganz frei gemacht hatte von allen gesellschaftlichen Konventionen und Rücksichten.

Sigmund Freud war damals 61 Jahre alt. Er fühlte sich müde und ausgelaugt. Das Leben in Wien war beschwerlich geworden, auch im Haushalt eines renommierten Professors. Außerdem quälte ihn die Sorge um das Schicksal seiner drei eingezogenen Söhne.[18] Dennoch war dies ein wissenschaftlich produktives Jahr für den Gelehrten. Es erschienen seine «Vorlesungen zur Einführung in die Psychoanalyse», die er an der Wiener Universität gehalten hatte. Das Buch wurde, gerade weil es auf unterhaltsame, allgemeinverständliche Weise in die psychoanalytischen Theorien einführte ein großer Erfolg. Nur an einer einzigen Stelle, im Abschnitt über die Traumzensur, ging Freud auf das Kriegsgeschehen ein: «Und nun blicken Sie vom Individuellen weg auf den großen Krieg, der noch immer Europa verheert, denken Sie an das Unmaß von Brutalität, Grausamkeit und Verlogenheit, das sich jetzt in der Kulturwelt breitmachen darf. Glauben Sie wirklich, daß es einer Handvoll gewissenloser Streber und Verführer geglückt wäre, all die bösen Geister zu entfesseln, wenn die Millionen von Geführten nicht mitschuldig wären? Getrauen Sie sich auch unter diesen Verhältnissen, für den Ausschluß des Bösen aus der seelischen Konstitution des Menschen eine Lanze zu brechen?»[19] Der Krieg war für Freud eine Bestätigung für die Richtigkeit der psychoanalytischen Theorie: In ihm kämen elementare, aggressive menschliche Triebregungen zum Vorschein, die durch die moderne Kultur nur scheinbar gezähmt worden seien.

Unter den aufmerksamen Zuhörern der Freudschen Vorlesungen befanden sich viele Frauen, darunter auch seine Tochter Anna. Das war im dritten Kriegsjahr nicht mehr ganz ungewöhnlich, denn seit Kriegsbeginn hatte die Zahl der Studentinnen stark zugenommen. Nicht nur in Hörsälen, sondern auch in Fabriken und Betrieben nahmen Frauen in wachsendem Maße die Plätze der eingezogenen

Männer ein. Sie arbeiteten an Drehbänken und auf dem Baugerüst, als Schaffnerinnen und Briefträgerinnen. Es gab schließlich kaum noch einen Männerberuf, in dem nicht auch weibliche Arbeitskräfte zu finden waren.[20]

Traditionelle geschlechtsspezifische Rollenmuster wurden im Kriege aufgebrochen, das große Thema der Emanzipation auf die Tagesordnung gesetzt. Damit verknüpft war der Ruf nach politischen Rechten für Frauen. Der Juni 1917 bedeutete hier eine wichtige Zäsur: Als erstes Land der Welt gewährte Großbritannien den Frauen ein allgemeines Wahlrecht, allerdings erst ab dem 30. Lebensjahr.

Der veränderten Frauenrolle entsprach ein Wandel der Mode im Kriege. Die Kleider wurden kürzer – eine Folge der Stoffknappheit, aber offenbar auch des Wunsches, die weiblichen Reize sichtbarer zur Schau zu stellen.[21] Die Tendenz zur Enthüllung ging andererseits auch einher mit einer Vermännlichung: Frauen in Arbeits- oder Latzhosen, die Zigaretten rauchten und Alkohol tranken – das war 1917 keine Seltenheit mehr. Als Ausdruck des neuen Selbstbewußtseins begannen Frauen, ihr Recht auch im erotischen Leben geltend zu machen. Nicht selten knüpften «Kriegerfrauen» ein Verhältnis mit anderen Männern an, vor allem auf dem Lande auch mit Kriegsgefangenen.[22]

All das rief die Sittenwächter auf den Plan. Das Stellvertretende Generalkommando in München erließ im Januar 1917 eine Verordnung, die Frauen in bayerischen Kurorten das Tragen von Hosen verbot: «Es ist vorgekommen, daß Damen in diesem Aufzug während des Gottesdienstes die Kirche besuchten. Dem schlichten, ernsten Sinn der Bergbevölkerung ist ein solches Benehmen ein Greuel.»[23]

Solche Verbote blieben wirkungslos, zumal die Behörden kaum etwas unternahmen gegen jene, die tatsächlich die Moral der Gesellschaft untergruben: die Kriegsschieber und Kriegsgewinnler, die sich schamlos an der Not der Bevölkerung bereicherten. Das Elend der Vielen kontrastierte mit dem Luxus der Wenigen. Dieser Kontrast wirkte aufreizend und verbitternd. In allen Kapitalen der kriegführenden Länder etablierte sich ein Amüsierbetrieb, in dem Schieber und Prasser sich mit den Damen der Halbwelt ausschweifenden Vergnügungen hingaben. Hier, an den heimlichen Stätten des Lasters, gab es in Hülle und Fülle, was der Normalbürger schon lange entbehren mußte: erlesene Weine und exquisite Delikatessen.[24]

Das Jahr 1917 bedeutete einen Einschnitt auch in der Geschichte der Jazzmusik. Storyville – das Vergnügungsviertel von New Orleans, in dem der Jazz entstanden war – wurde auf Anweisung der US-Militärbehörde geschlossen. Denn New Orleans war nach dem Kriegseintritt der Vereinigten Staaten Kriegshafen geworden. Die Marineführung sah in den zahllosen Tanzhallen, Kneipen und Bordellen eine Gefahr für die «Moral der Truppe». Nicht nur die Prostituierten von Storyville, sondern auch zahlreiche Musiker wurden brotlos. Viele gingen nach Chicago, das in den zwanziger Jahren zum neuen Zentrum des Jazz wurde.[25]

In Deutschland wurde der Jazz erst nach dem Zusammenbruch des Kaiserreichs populär. Hier berauschte man sich 1917 noch an ganz anderen Klängen, an den neuen Operetten von Walter Kollo («Drei alte Schachteln») und Leon Jessel («Schwarzwaldmädel»). Auch im Kino suchte das Publikum Ablenkung von der Tristesse des Kriegsalltags. Hier konnte es die Wirklichkeit für einige Stunden vergessen – den knurrenden Magen, die Sorge um die Angehörigen an der Front, den Kummer über den Tod geliebter Menschen. Und hier, in dem plüschbeladenen, goldleistenverzierten Innenraum, konnte es sich den «besseren Kreisen» zugehörig fühlen – und die neuen Stars der Leinwand anhimmeln.

Am 18. Dezember 1917 wurde in Berlin die «Universum-Film-AG» – kurz Ufa – gegründet mit einem Stammkapital von 25 Millionen Reichsmark. Sie sollte nach dem Willen der deutschen Obersten Heeresleitung als Waffe im Propagandakrieg dienen. Doch die Zivilisten bei der Ufa scherten sich wenig um diesen Auftrag. Sie boten dem Publikum das, was es suchte: Unterhaltung.[26]

Amüsement und Zerstreuung hier, die tägliche Erfahrung des Sterbens dort – zwischen Heimat und Front tat sich eine wachsende Kluft auf. «Der gewöhnliche Soldat hat ja nichts weiter zu tun, als zu hungern, hurra zu schreien, sich von Läusen quälen und sich fürs ‹heißgeliebte Vaterland› totschießen zu lassen», mit diesen Worten faßte Dominik Richert sein Kriegserlebnis zusammen.[27] Alltag im Schützengraben – das hieß, sich einzugraben wie ein Maulwurf, das hieß das nervenzehrende Warten auf den nächsten Angriff, die Angst vor einem feindlichen Artillerieüberfall, inmitten von Dreck, Gestank und Ungeziefer. Ganz unheroisch lautet die Strophe eines Gedichts von Carl Zuckmayer, das den Titel «1917» trägt: «Ich habe sieben

Tage nichts gegessen,/ und einem Mann in die Stirn geknallt./ Mein Schienbein ist von Läusebiß zerfressen./ Bald werd ich einundzwanzig Jahre alt.»[28]

Abstumpfung und Verrohung, Haß auf die Vorgesetzten und Verachtung für die «Etappe» – das war vom idealistischen Überschwang der Augusttage 1914 übriggeblieben. Von dieser Realität war allerdings in dem Erfolgsbuch «Der Wanderer zwischen beiden Welten» des Kriegsfreiwilligen Walter Flex nichts zu spüren.[29] Darin wurde der Krieg als eine Paukbodenveranstaltung verharmlost – und zugleich zu einem sittlichen Erweckungserlebnis überhöht, das alle guten Eigenschaften in einem deutschen Manne freizusetzen vermöchte. Walter Flex erlitt dasselbe Schicksal wie der Wandervogel-Held seiner Erzählung, Ernst Wurche: Im Oktober 1917 wurde er bei der Erstürmung der estnischen Insel Ösel von einer Kugel tödlich getroffen. Sein Werk wirkte weiter, vor allem nach 1933, als die Nationalsozialisten erneut daran gingen, die Opferbereitschaft der Jugend für ihre Zwecke auszunutzen.[30]

Von radikaler Kriegsgegnerschaft geprägt war dagegen die Bewegung des Dadaismus, die ihren Ausgang nahm von einer Gruppe von Künstlern und Schriftstellern im «Cabaret Voltaire» in Zürich im Februar 1916. «Absurdes, Unsinniges und Groteskes wurde, mit Schockelementen untermischt, dem Bürger genußreich ins Gesicht geschleudert.»[31] Ein Jahr später, im Januar 1917, brachte Richard Huelsenbeck das Dada-Programm nach Berlin. Im jungen Maler George Grosz fand er einen begeisterten Schüler. «1917 begann ich das, was mich bewegte, in kleinen satirischen Zeichnungen darzustellen», erinnerte Grosz sich 1930. «Kunst um der Kunst willen schien mir Unsinn. Ich wollte gegen diese Welt gegenseitiger Zerstörung protestieren. Alles in mir war dumpfer Protest.»[32]

Wie George Grosz waren auch die meisten anderen Künstler und Schriftsteller, die sich 1914 als Kriegsfreiwillige gemeldet hatten, unter dem Eindruck des grauenhaften Fronterlebnisses überzeugte Pazifisten geworden. Beispielhaft hat Ernst Toller den Läuterungsprozeß in einem Drama gestaltet, das den Titel «Die Wandlung» trägt und – wie es in einer Vorbemerkung heißt – «im dritten Jahr des Erdgemetzels» geschrieben wurde. In einer ekstatisch bewegten Schlußszene verkündet Friedrich, der Protagonist des Stückes, in einer Rede an das Volk:

»Nun, ihr Brüder, rufe ich euch zu: Marschiert! Marschiert am lichten Tag! Nun geht hin zu den Machthabern und kündet ihnen mit brausenden Orgelstimmen, daß ihre Macht ein Truggebilde sei. Geht hin zu den Soldaten, sie sollen ihre Schwerter zu Pflugscharen schmieden. Geht hin zu den Reichen und zeigt ihnen ihr Herz, das ein Schutthaufen ward. Doch seid gütig zu ihnen, denn auch sie sind Arme, Verirrte. Aber zertrümmert die Burgen, zertrümmert lachend die falschen Burgen, gebaut aus Schlacke, aus ausgedörrter Schlacke. Marschiert – marschiert am lichten Tag. Bruder, recket zermarterte Hand

Flammender freudiger Ton!
Schreite durch unser freies Land
Revolution! Revolution!»[33]

Am 9. April 1917, um halb drei Uhr, bewegt sich vom Restaurant «Zähringer Hof» ein kleiner Trupp russischer Emigranten zum Bahnhof von Zürich. Unter den zweiunddreißig Männern, Frauen und Kindern befindet sich ein kleiner, fast kahlköpfiger Mann: Wladimir Iljitsch Uljanow, genannt Lenin, der Führer der russischen Bolschewiki. Nur wenige Freunde sind am Bahnhof erschienen, um Abschied zu nehmen. Pünktlich um 3 Uhr und 10 Minuten rollt der Zug aus der Bahnhofshalle. «Millionen vernichtender Geschosse sind in dem Weltkrieg abgefeuert worden, die wuchtigsten, die gewaltigsten, die weithintragendsten Projektile von den Ingenieuren ersonnen worden. Aber kein Geschoß war weittragender und schicksalsentscheidender in der neueren Geschichte als dieser Zug, der geladen mit den gefährlichsten, entschlossensten Revolutionären des Jahrhunderts, in dieser Stunde von der Schweizer Grenze über ganz Deutschland saust, um in Petersburg zu landen und dort die Ordnung der Zeit zu zersprengen.» So hat Stefan Zweig die welthistorische Bedeutung der Lenin-Reise beschrieben.[34]

Zwei ungleiche Partner mit ganz unterschiedlichen Interessen hatten sie möglich gemacht: die deutsche Reichsleitung, die mit Hilfe der Rückkehrer das Chaos in Rußland verstärken und die östliche Macht aus dem Lager der Kriegsgegner herausbrechen wollte; und Lenin, der mit Hilfe der Deutschen möglichst schnell nach Rußland kommen wollte, um dort die revolutionäre Entwicklung voranzutreiben. Am 25. Oktober (7. November) war es soweit: Die Provisorische Regierung unter Ministerpräsident Kerenski wurde gestürzt; die Bolschewiki übernahmen die Macht in Petrograd. Es begannen die «zehn Tage, die die Welt erschütterten», über die der amerikanische Reporter John Reed in seinem berühmten Buch berichtet hat: «Das alte Rußland war nicht mehr. Die alte Gesellschaft schmolz in der Gluthitze der Revolution, und aus dem brodelnden Flammenmeer stiegen der Klassenkampf, gewaltig und mitleidlos, und die noch zerbrechliche, langsam erkaltende Kruste einer neuen Welt.»[35] Doch die großen Hoffnungen, die sich mit dem Projekt einer sozialistischen Umgestaltung der Gesellschaft verbunden hatten – sie wurden bald zuschanden.

Die ungeliebte Revolution

Das Ende des Kaiserreichs und der mißratene Neubeginn von 1918/19

In seinem 1936 im südfranzösischen Exil geschriebenen Erinnerungen bemerkte Theodor Wolff, der frühere Chefredakteur des «Berliner Tageblatts», im Rückblick auf die deutsche Revolution von 1918/19: «Bei der Berührung mit diesem Ereignis verflüchtigt sich aus der Sprache des Chronisten gewissermaßen jedes Atom einer pathetischen Substanz ... Ein Geschichtsschreiber, der bei der Darstellung dieser Revolution nicht vollkommen nüchtern bliebe, wäre wie ein Redner, der am Grabe seiner Kollegen aus dem Postbüro ausruft: ‹Denn er war unser!› oder eine andere ebenso passende Goethestelle zitiert.»[1]

Am 10. November 1918 hatte derselbe Theodor Wolff in einem Leitartikel für das, was sich gerade in der Hauptstadt Berlin vollzogen hatte, durchaus noch pathetische Worte gefunden: «Die größte aller Revolutionen hat wie ein plötzlich losbrechender Sturmwind das kaiserliche Regime mit allem, was oben und unten dazu gehörte, gestürzt. Man kann sie die größte aller Revolutionen nennen, weil niemals eine so fest gebaute, mit soliden Mauern umgebene Bastille so in einem Anlauf genommen wurde.»[2]

Mit dem Wandel seines Urteils stand der liberale Journalist keineswegs allein da. Vielmehr entsprach das einem allgemeinen Prozeß der Verdrängung und Umdeutung der Revolution, der schon bald nach 1919 eingesetzt hatte.[3] In rückschauender Betrachtung erschienen die Ereignisse vom November 1918 in immer negativerem Licht. Mit dieser Revolution mochte sich kaum jemand voll identifizieren, nicht einmal die Sozialdemokraten, die von der politischen Rechten, später auch von den Nationalsozialisten als «Novemberverbrecher» diffamiert wurden. So wurde der November 1918 nicht zum positiven Gründungsmythos der Weimarer Republik, und in ihrer Schlußphase, erst recht nach ihrem Scheitern verstärkten sich die Zweifel, ob das, was sich in ihrer Geburtsstunde zugetragen hatte, überhaupt den Namen einer Revolution verdiente. «Unter dem ermüdeten Novemberrock schlug auch nur selten ein leidenschaftlich revolutionäres Herz», erinnerte sich Theodor Wolff. «Keine Literatur hatte die Geister auf die Republik vorbereitet, kein Freiligrath, kein Herwegh hatte mit der Wucht des poetischen Wortes an den Fürstenthronen gerüttelt ... Es gab, nimmt man die eine Rosa Luxemburg aus, keine starke revolutionäre Figur.»[4] Handelte es sich hier also nicht eher um einen Zusammenbruch, geboren aus der Enttäuschung über die militärische Niederlage am Ende des Ersten Weltkrieges?

Die historische Forschung hat auf diese Frage mittlerweile eine ziemlich eindeutige Antwort gegeben: Die Umwälzung vom November 1918, so lautet der Befund, war nicht nur ein Produkt des verlorenen Krieges; sie war lange im Schoße der wilhelminischen Gesellschaft herangereift. Im Laufe der vier Kriegsjahre hatten sich die Klassenspannungen außerordentlich verschärft. Nicht nur Arbeiter, sondern auch Angestellte und Beamte mußten eine bedeutende Verschlechterung ihres Lebensstandards hinnehmen. Besonders die mangelnde Versorgung mit Lebensmitteln wirkte verbitternd. «Alles wird für die Reichen, für die Besitzenden reserviert ... Die schönen Reden vom Durchhalten gelten nur für die arbeitende Klasse, die herrschende Klasse hat sich mit ihrem Geldsack schon genügend versorgt», klagte eine Hamburger Arbeiterfrau im «Steckrübenwinter» 1916/17.[5] Durch ihre Unfähigkeit, den Mangel halbwegs gerecht zu verteilen, trugen die Behörden selbst zum Legitimationsverlust des herrschenden Systems bei. In Hungerrevolten und «wilden» Streiks machte sich die angestaute Unzufriedenheit seit 1916 Luft.

Und auch an der Front häufte sich, je länger der Krieg dauerte, desto mehr sozialer Zündstoff an, hervorgerufen vor allem durch die Erfahrung der Ungleichheit, Entrechtung und Entwürdigung. «Für die verdammten Preußen und Großkapitalisten halte ich meinen Schädel nicht länger hin», schrieb ein Soldat aus München in einem Feldpostbrief vom August 1917.[6] Das war keine Einzelstimme. Zahlreiche Fälle von Widersetzlichkeit und Verweigerung, bis hin zur Massendesertion nach der gescheiterten deutschen Märzoffensive 1918, zeugten von der nachlassenden Wirksamkeit militärischer Disziplin. Die innere Radikalisierung der wilhelminischen Gesellschaft und die Auflösungserscheinungen im Heer bedingten sich wechselseitig, und erst wenn man beide Vorgänge zusammen betrachtet, wird erklärlich, warum am Ende des Krieges eine Revolution stand.

Als die Oberste Heeresleitung unter Hindenburg und Ludendorff Ende September 1918 mit ihrer Forderung nach einem Waffenstillstandsangebot endlich die militärische Niederlage eingestand und überstürzt die «Parlamentarisierung» der Reichsverfassung anordnete, da war kein Halten mehr. Jetzt beschleunigte sich der Autoritätsverfall der alten Gewalten in geradezu dramatischem Tempo. «Zwei Stimmungen beherrschen die Massen», berichtete der sächsische Gesandte Mitte Oktober 1918 aus Berlin. «Die eine ist eine aufs äußerste gestiegene Friedenssehnsucht, die andere eine unverkennbare Erbitterung darüber, daß die früheren Regierungen sich über die Grenzen der deutschen Kraft nicht klargeworden seien und den Glauben an unsere Unbesiegbarkeit so stark genährt hätten, daß sich weite Kreise in falscher Sicherheit wiegten.»[7]

Der Wunsch, den sinnlos gewordenen Krieg unter allen Umständen so rasch wie möglich zu beenden, erfaßte über die Arbeiterschaft hinaus weite Bevölkerungskreise. Die Antworten des amerikanischen Präsidenten Wilson auf das Waffenstillstandsgesuch der neuen, parlamentarisch gestützten Regierung des Prinzen Max von Baden ließen allerdings erkennen, daß ohne eine Abdankung Wilhelms II. der Friede nicht zu haben war. Doch der Kaiser dachte gar nicht daran, freiwillig dem Thron zu entsagen. «Ein Nachfolger Friedrichs des Großen dankt nicht ab», verkündete er großspurig.[8] Und so richtete sich die Massenstimmung gegen den Krieg schließlich vor allem gegen den Träger der Krone selbst.

Daß der revolutionäre Funke auf den Großkampfschiffen der kaiserlichen Marine zündete, war kein Zufall. Denn hier, wo Mannschaften und Offiziere auf engstem Raum zusammenlebten und die Ungleichheit die empörendsten Auswüchse zeitigte, hatte sich schon lange ein Konfliktpotential angesammelt. Als die Marineleitung Ende Oktober 1918 den Befehl zu einem Flottenvorstoß in die Nordsee gab, um in einem letzten Gefecht einen «ehrenvollen Untergang» zu suchen, verweigerten die Matrosen den Gehorsam. In Kiel griff die Rebellion Anfang November aufs Land über, und von hier aus breitete sie sich in den folgenden Tagen auf ganz Deutschland aus. Überall wurden – nach Kieler Vorbild – Arbeiter- und Soldatenräte gebildet. Fast widerstandslos brach die alte Ordnung zusammen.

»Die Physiognomie der Revolution beginnt sich abzuzeichnen», notierte Harry Graf Kessler am 7. November. «Allmähliche Inbesitznahme, Ölfleck, durch die meuternden Matrosen von der Küste aus ... Umgekehrt wie in Frankreich (1789) revolutioniert die Provinz die Hauptstadt, die See das Land: Wikingerstrategie.»[9] Am 9. November erreichte die revolutionäre Bewegung auch Berlin. Am Morgen traten die Berliner Großbetriebe in einen Generalstreik; die Truppen der Garnisonen solidarisierten sich mit den Arbeitern. Wie sich das Straßenbild schlagartig veränderte, das hat Theodor Wolff in seinem Tagebuch festgehalten: «Auf dem Damm endlose Züge von Soldaten, die ihre Gewehre auf d(em) Rücken gehängt, die Mützen schief gesetzt haben, rote Bänder im Knopfloch tragen ..., u(nd) Arbeiter, zum Teil mit Gewehren, dazwischen große rote Fahnen, voran und zur Seite Ordner mit Gewehren und roten Armbinden. Mitten hindurch rollen ununterbrochen große, aus den Militärdepots genommene Lastautos, auf denen Soldaten u(nd) Zivilisten mit Gewehren hocken, sitzen u(nd) knien, gewöhnlich ein Gewehr im Anschlag – über allem die rote Fahne ... Der ganze Eindruck stark unheimlich und nervenerregend.»[10]

Vergeblich versuchte Prinz Max von Baden, den im Hauptquartier im belgischen Spa weilenden Kaiser in letzter Minute zur Abdankung zu bewegen. So entschloß er sich, auf eigene Verantwortung zu handeln. Gegen 12 Uhr mittags ließ er über das Wolffsche Telegraphenbüro die Nachricht verbreiten, daß Wilhelm II. seinem Thron entsagt habe. Kurze Zeit später übertrug er dem Vorsitzenden der Mehrheitssozialdemokratie, Friedrich Ebert, die Reichskanzlerschaft. Um 2 Uhr nachmittags rief Philipp Scheidemann von einem Balkon des Reichstags die deutsche Republik aus: «Das deutsche Volk hat auf der ganzen Linie gesiegt. Das Alte, Morsche ist zusammengebrochen; der Militarismus ist erledigt! Die Hohenzollern haben abgedankt!»[11]

Die Führer der Mehrheitssozialdemokratie waren in einer schwierigen Lage. Sie hatten die Revolution nicht gewollt, ja sich ihr bis zuletzt entgegengestemmt, und mußten sich ihrer nun doch annehmen, wenn sie sich nicht um allen Kredit unter den revolutionären Arbeitern und Soldaten bringen und den Einfluß auf den Gang der Ereignisse verlieren wollten. Deshalb schlug Ebert am Nachmittag des 9. November den Führern der Unabhängigen Sozialdemokratie vor, gemeinsam eine Regierung zu bilden. Nach schwierigen Verhandlungen konstituierte sich einen Tag später der «Rat der Volksbeauftragten», dem jeweils drei Vertreter der beiden sozialdemokratischen Parteien angehörten: Friedrich Ebert, Philipp Scheidemann und Otto Landsberg von den Mehrheitssozialdemokraten, Hugo Haase, Wilhelm Dittmann und Emil Barth von den Unabhängigen. Nominell teilten sich Ebert und Haase den Vorsitz des Kabinetts; faktisch aber lag die Führung von Anfang an bei Ebert.

Daß sich MSPD und USPD überhaupt auf eine Koalitionsregierung einigten, war alles andere als selbstverständlich. Denn seit der Spaltung der Sozialdemokratie im Frühjahr 1917 hatten nicht nur die politischen Differenzen, sondern auch die gegenseitigen Animositäten noch zugenommen. Wenn die zerstrittenen Brüder jetzt wieder zusammenfanden, war das vor allem auf den Druck der Basis zurückzuführen. Nach dem Sturz der Hohenzollernherrschaft verlangten Arbeiter und Soldaten stürmisch ein Ende des «Bruderkampfes». Deutlich wurde dies auch in einer Großversammlung der Berliner Arbeiter- und Soldatenräte im Zirkus Busch am Nachmittag des 10. November, in der ein «Vollzugsrat» als zentrales Räteorgan gewählt wurde. Als Karl Liebknecht, der Sprecher der Spartakusgruppe, auf die Mehrheitssozialdemokratie gemünzt, vor «jenen» warnte, «die heute mit der Revolution gehen und vorgestern noch Feinde der Revolution waren», wurde er durch stürmische Rufe unterbrochen: «Einigkeit! Einigkeit!»[12]

Richard Müller, der Sprecher der Berliner «Revolutionären Obleute», der den Vorsitz im Vollzugsrat übernahm, hat in seinen Erinnerungen die vorherrschende Stimmung beschrieben: «Die Arbeiter wollten ein Zusammengehen der beiden Parteien, und sie hielten es für richtig, daß der zu wählende Arbeiterrat paritätisch zusammengesetzt wurde. So kam es ..., daß Funktionäre der Sozialdemokratie, die am Tage zuvor aus dem Betrieb geprügelt worden waren, weil sie sich nicht dem Generalstreik anschließen wollten, nunmehr als Mitglieder des Arbeiterrats gewählt wurden.»[13]

Nach der Einigung zwischen MSPD und USPD und der Bildung des «Rates der Volksbeauftragten» trat eine gewisse Beruhigung ein. Der Umsturz war weitgehend friedlich verlaufen; der Waffenstillstand, der den ersehnten Frieden bringen sollte, wurde am 11. November im Wald von Compiègne unterzeichnet; die neue Regierung versprach in ihren ersten Proklamationen, für Ordnung zu sorgen und das Eigentum zu schützen. «Auf allen Gesichtern stand geschrieben: die Gehälter werden weiterbezahlt», beobachtete der liberale Theologe und Philosoph Ernst Troeltsch am 10. November bei einem Spaziergang durch den Berliner Grunewald.[14] Und am selben Tag notierte Thomas Mann in München: «Ich bin befriedigt von der relativen Ruhe u(nd) Ordnung, mit der vorderhand wenigstens alles sich abspielt. Die deutsche Revolution ist eben die deutsche, wenn auch Revolution. Keine französische Wildheit, keine russisch-französische Trunkenheit.»[15]

Überraschend schnell kehrte die Hauptstadt zur Normalität zurück, ja, der Alltag schien durch die revolutionäre Umwälzung kaum berührt worden zu sein. Die Straßenbahnen fuhren regelmäßig; das Telefon funktionierte, ebenso die Gas-, Wasser- und Stromversorgung. «Die Revolution hat nie mehr als kleine Strudel im gewöhnlichen Leben der Stadt gebildet, das ruhig in seinen gewohnten Bahnen drum herumfloß», bemerkte Harry Graf Kessler am 12. November. «Die ungeheure, welterschütternde Umwälzung ist durch das Alltagsleben Berlins kaum anders als im Detektivfilm hindurchgeflitzt.»[16] Eine ähnliche Beobachtung machte der Romanist Victor Klemperer in Leipzig: «Im Merkur klatschten gestern Philister ihre Skatkarten auf den Tisch, wie im schönsten Alltag. Das ist für mich die große Lehre: daß in den wüstesten weltgeschichtlichen Zeiten der Alltag doch fortläuft u(nd) sozusagen die Breite des Raumes einnimmt.»[17] Während der Unruhen Anfang Januar 1919 hielt Ernst Troeltsch fest: «Im übrigen ging während aller Greuel das Großstadtleben seinen Weg weiter. Musiker und Histrionen bieten sich an allen Plakatsäulen in Massen an. Die Theater spielen weiter und versammeln ihr an Gewehrschüssen vorbeieilendes Publikum in gewohnter Masse, vor allem wird, wo irgend möglich, getanzt – ohne Rücksicht auf die Kohlen- und Lichtnot.»[18] Die Historiker haben solchen zeitgenössischen Erfahrungen der Revolutionszeit bislang zu wenig Aufmerksamkeit geschenkt. Sie aufzugreifen hieße, wichtige Korrekturen am überlieferten Bild der Revolution vorzunehmen, das eben nicht nur vom Erlebnis einer tiefgreifenden politischen Zäsur, sondern auch und in vielleicht noch stärkerem Maße von der Erfahrung einer ungebrochenen Kontinuität in Mentalität und Alltagsverhalten bestimmt war.

Wie sollte es nun weitergehen mit der «phrasenlosesten Revolution, die je gewesen» – wie Victor Klemperer den Novemberumsturz charakterisierte?[19] Die Führer der Mehrheitssozialdemokratie besaßen ein relativ klares Konzept: Sie, die zu «Revolutionären wider Willen» geworden waren[20], wollten keine überstürzten Experimente; ihnen ging es zuallererst um die Bewältigung der drängenden Tagesprobleme: Sicherung der Lebensmittelversorgung; Umstellung der Kriegs- auf Friedenswirtschaft; Wiedereingliederung der rückkehrenden Soldaten in den Arbeitsprozeß; Durchführung des Waffenstillstands. Die Arbeiter- und Soldatenräte waren in ihren Augen eher Störfaktoren, bestenfalls Notbehelfe für eine Übergangszeit; sie sollten möglichst rasch einer demokratisch legitimierten Nationalversammlung Platz machen. Und diesem frei gewählten Parlament sollten dann auch alle Entscheidungen über die politische und gesellschaftliche Neuordnung vorbehalten bleiben.

Die Unabhängigen Sozialdemokraten waren in der Frage der künftigen Revolutionspolitik gespalten: Der rechte Parteiflügel war zwar für die Einberufung einer Nationalversammlung, wollte aber den Wahltermin möglichst weit hinausschieben, um in der Zwischenzeit durch gesellschaftspolitische Reformen die revolutionären Errungenschaften zu sichern. «Die Demokratie muß so verankert werden, daß eine Reaktion unmöglich wird», erklärte zum Beispiel Rudolf Hilferding, der führende Parteitheoretiker, Mitte November 1918. «Die Verwaltung darf nicht als Tummelplatz konterrevolutionärer Bestrebungen dienen. Vor allem müssen wir aber beweisen, daß wir nicht nur Demokraten, sondern auch Sozialisten sind. Die Durchführung einer Reihe wichtiger sozialistischer Übergangsmaßnahmen ist ohne weiteres möglich; sie müssen vollzogen werden, damit auch hier Stellungen geschaffen werden, die jedem kapitalistischen Gegenangriff uneinnehmbar sind.»[21]

Die Vertreter des linken USPD-Flügels lehnten dagegen die Nationalversammlung ab und sprachen sich für ein Rätesystem aus. Damit näherten sie sich programmatisch der Spartakusgruppe um Rosa Luxemburg und Karl Liebknecht, die formal noch der USPD angehörte und erst an der Jahreswende 1918/19 sich mit anderen radikalen Linken zur Kommunistischen Partei Deutschlands zusammenschloß. Unter der Parole «Alle Macht den Räten!» entfaltete die Spartakusgruppe eine rege Agitation für das Weitertreiben der Revolution.

Doch war ihr Aktionsradius sehr begrenzt, nicht zuletzt aufgrund der geringen Zahl ihrer Anhänger und der schwachen Organisation. Auf die Arbeiter- und Soldatenräte übte die Spartakusgruppe keinen nennenswerten Einfluß aus; hier besaßen vielmehr – diese Entdeckung verdanken wir den Forschungen zur Rätebewegung aus den sechziger und siebziger Jahren – die MSPD und die gemäßigten Vertreter der USPD ein erdrückendes Übergewicht.[22]

Die Frage: «Rätesystem oder Nationalversammlung?» bezeichnete im Grunde also eine Scheinalternative. Denn die Gefahr einer Rätediktatur war im November und Dezember 1918 nicht gegeben. Dennoch wurde diese Gefahr bewußt dramatisiert, indem der Spartakusgruppe eine weit über ihren tatsächlichen Einfluß hinausgehende Bedeutung zugeschrieben wurde. «Spartakus» wurde zum Schreckwort; es wurde mit Bolschewismus gleichgesetzt, das heißt, mit Chaos, Terror und Bürgerkrieg identifiziert. Auf diese Weise ließen sich vortrefflich Ängste schüren, vor allem bei jenen, die von grundlegenden Reformen einen Verlust ihrer privilegierten Stellung befürchten mußten. Wie wirksam dieses Feindbild war, läßt sich zum Beispiel der folgenden Definition im Tagebuch eines Offiziers aus dem preußischen Kriegsministerium, Ernst van den Bergh, entnehmen: «Spartakusleute: Raub- und plünderungslustiges Gesindel, das wild bewaffnet ist, teils erst bei Putschen bewaffnet werden soll, Liebknecht-Parteigänger und vielleicht 10000 Deserteure und Drükkeberger –, alles Leute, die nicht viel zu verlieren haben, die gefährliche Hyänen werden, wenn sie die Macht haben, aber ein feiges Gesindel, wenn ihnen die Zähne gezeigt werden.»[23]

Aller Haß konzentrierte sich auf Karl Liebknecht und Rosa Luxemburg. Bereits Anfang Dezember 1918 wurden an Berliner Litfaßsäulen Plakate geklebt mit der Aufforderung, die beiden Wortführer der Spartakusgruppe umzubringen: «Schlagt ihre Führer tot! Tötet Liebknecht! Dann werdet ihr Frieden, Freiheit und Brot haben.»[24]

Die Führer der Mehrheitssozialdemokratie taten wenig, um der systematisch betriebenen Hetze entgegenzutreten. Im Gegenteil: Sie hatten das antibolschewistische Feindbild selbst in starkem Maße verinnerlicht und schreckten auch nicht davor zurück, die damit verbundenen Bedrohungsängste in der innenpolitischen Auseinandersetzung zu instrumentalisieren.[25] Dabei zeigte der Verlauf des Ersten

Allgemeinen Kongresses der Arbeiter- und Soldatenräte in Berlin vom 16. bis 21. Dezember 1918, wie wenig Rückhalt die radikale Linke tatsächlich besaß. Karl Liebknecht und Rosa Luxemburg hatten kein Mandat erhalten. Der Vorschlag, sie als Gäste mit beratender Stimme zuzulassen, wurde gleich zu Beginn der Tagung zurückgewiesen.

Mit überwältigender Mehrheit lehnten die Teilnehmer des Kongresses auch den Antrag ab, das Rätesystem zur Grundlage der Verfassung einer sozialistischen Republik zu machen und den Arbeiter- und Soldatenräten die höchste gesetzgebende und vollziehende Gewalt zu übertragen. Statt dessen wurde der Gegenantrag der Mehrheitssozialdemokraten angenommen, die Wahlen zur Nationalversammlung bereits auf den 19. Januar 1919 festzulegen. Das war ein früherer Termin als jener 16. Februar, auf den sich der «Rat der Volksbeauftragten» schließlich geeinigt hatte. Für den Sprecher des linken USPD-Flügels, Ernst Däumig, bedeutete die «jubelnde Zustimmung zur Nationalversammlung» das «Todesurteil» für das Rätesystem, und er warf den Delegierten vor, sich in einen «politischen Selbstmörderklub» verwandelt zu haben.[26] Tatsächlich war jedoch die Einführung des «reinen» Rätesystems, wie es den USPD-Linken vorschwebte, von Anfang an keine realistische Option. Die meisten lokalen Arbeiter- und Soldatenräte verstanden sich nicht als Alternative zu einem freigewählten Parlament, sondern waren durchaus willens, sich mit der Rolle zufriedenzugeben, die ihnen die mehrheitssozialdemokratische Führung zugedacht hatte: nämlich als zeitlich befristete Provisorien mitzuhelfen bei der Stabilisierung der innenpolitischen Lage. Und noch mehr galt dies für die «Bürgerräte», die in den Novembertagen besonders in der Provinz wie Pilze aus dem Boden schossen und sich erklärtermaßen gegen ein Weitertreiben der Revolution richteten.[27]

Freilich faßte der erste Rätekongreß zwei Beschlüsse, die nicht ins Konzept der MSPD-Führer paßten. Zum einen forderte er die Regierung auf, «mit der Sozialisierung aller hierzu reifen Industrien, insbesondere des Bergbaus, unverzüglich zu beginnen».[28] Zum anderen verlangte er eine durchgreifende Militärreform. Die militärische Kommandogewalt sollte von den Volksbeauftragten unter Kontrolle des Vollzugsrats ausgeübt werden; weitere Forderungen betrafen die Abschaffung aller Rangabzeichen und die Wahl der Offiziere durch die Soldaten.

Beide Beschlüsse zeigten, daß der Wunsch nach gesellschaftlichen Strukturreformen auch unter den mehrheitlich sozialdemokratisch orientierten Delegierten des Rätekongresses lebendig war. Und sie beinhalteten zugleich eine deutliche Kritik am Rat der Volksbeauftragten, der bislang entschiedene Reformanstrengungen hatte vermissen lassen. Die Frage der Sozialisierung war Anfang Dezember einer Kommission übertragen und damit zunächst einmal auf eine fernere Zukunft vertagt worden. In der Militärpolitik hatte Ebert von Anfang an auf eine enge Zusammenarbeit mit der Obersten Heeresleitung unter Wilhelm Groener gesetzt und dadurch die Chance verpaßt, rechtzeitig eine zuverlässige republikanische Schutztruppe zu schaffen.

Die Folge war, daß das alte Offizierskorps rasch den Schock von Anfang November überwand und schon bald wieder ein auftrumpfendes Selbstbewußtsein an den Tag legte. «Auf der Straße am Potsdamer Platz sah ich zum ersten Male seit der Revolution wieder einen Offizier mit Achselstücken», notierte Harry Graf Kessler am 15. November[29], und einen Monat später, als die zurückkehrenden Gardetruppen in Berlin festlich empfangen wurden, bemerkte er: «Auffallend, daß keine rote Fahne mehr zu sehen ist; alles nur Schwarz-Weiß-Rot, Schwarz-Weiß und vereinzelt Schwarz-Rot-Gold. Mannschaften und Offiziere gehen meistens wieder mit Kokarden und Achselstücken. Der Unterschied gegen Mitte November ist groß.»[30] Das Militär war, daran konnte es Mitte Dezember 1918 keinen Zweifel mehr geben, wieder zur wichtigsten innenpolitischen Ordnungsmacht geworden. Und so verwundert es auch nicht, daß Ebert sofort von den militärpolitischen Beschlüssen des Rätekongresses abrückte, nachdem die Oberste Heeresleitung ihren Protest angemeldet hatte.

Wie abhängig die MSPD-Volksbeauftragten inzwischen von der alten Militärkaste waren, zeigte sich während der sogenannten «Berliner Weihnachtskämpfe». Der Hintergrund war ein seit langem schwelender Konflikt zwischen der nach links tendierenden «Volksmarine-Division» und dem Berliner Stadtkommandanten, dem Mehrheitssozialdemokraten Otto Wels. Es ging dabei vor allem um ausstehende Soldzahlungen und die Räumung des Stadtschlosses, des Quartiers der «Volksmarine-Division». Die rebellierenden Matrosen besetzten am 23. Dezember vorübergehend die Reichskanzlei, danach stürmten sie die Stadtkommandantur und setzten Wels und zwei seiner Mitarbeiter im Marstall fest. Daraufhin ersuchte Ebert, ohne seine Koalitionspartner von der USPD zu informieren, das preußische Kriegsministerium um militärische Hilfe. Bei den Kämpfen, die am Heiligabend um Schloß und Marstall entbrannten, kamen 11 Matrosen und 56 Garde-Soldaten ums Leben. In den Augen der radikalen Teile der Berliner Arbeiterschaft trugen die MSPD-Volksbeauftragten für das Blutbad die Verantwortung. Bei der Beerdigung der gefallenen Matrosen konnte man auf Schildern der Demonstranten lesen: «Des Matrosenmordes klagen wir an Ebert, Landsberg und Scheidemann!»[31]

Die unmittelbare Folge der «Berliner Weihnachtskämpfe» war der Bruch des Regierungsbündnisses von MSPD und USPD. Am 29. Dezember erklärten die drei USPD-Vertreter ihren Austritt aus dem «Rat der Volksbeauftragten», weil sie die Militärpolitik ihrer MSPD-Kollegen nicht mehr länger mitzutragen bereit waren. An ihre Stelle rückten der Gewerkschaftssekretär Rudolf Wissell, zuständig für den Bereich Wirtschaft und Soziales, und der Militärexperte der MSPD, Gustav Noske, der den Bereich «Heer und Marine» übernahm. Damit gelangte ein Mann in eine Spitzenposition, der in den folgenden Wochen eine verhängnisvolle Rolle spielen sollte. Mit seinem Namen verbindet sich die blutige Niederschlagung der Januarunruhen 1919 in Berlin, die fälschlicherweise als «Spartakusaufstand» in die Geschichtsbücher eingegangen sind.

Auslöser war die Absetzung des Berliner Polizeipräsidenten Emil Eichhorn, der zum linken Flügel der USPD gehörte. Die radikalen Arbeiter sahen darin eine gezielte Provokation. Gemeinsam riefen die USPD, die mit ihr verbündeten «Revolutionären Obleute» der Berliner Metallbetriebe und die gerade gegründete KPD zu einer Protestkundgebung am 5. Januar auf. Keine der beteiligten Gruppen dachte an einen Aufstand. Doch schon während der Massendemonstration gerieten die Ereignisse außer Kontrolle. Eine Gruppe bewaffneter Demonstranten besetzte die Druckerei des sozialdemokratischen «Vorwärts» und andere Verlagshäuser im Berliner Zeitungsviertel. Dieser spontanen Aktion folgte am Abend des 5. Januar die improvisierte Bildung eines «Revolutionsausschusses», der zum Sturz der Regierung Ebert-Scheidemann aufrief, ohne allerdings eine konkrete Vorstellung darüber zu besitzen, wie dieser Beschluß in die Tat umzusetzen sei. Keiner der Beteiligten, unter ihnen Karl Liebknecht, wollte sich von den anderen an Radikalität übertreffen lassen, und so ließ man sich auf ein gefährliches Abenteuer ein, dessen Ausgang kaum zweifelhaft sein konnte.

Die MSPD-Volksbeauftragten nahmen die Drohung ernst und waren entschlossen, ihr mit allen verfügbaren Machtmitteln zu begegnen. «Einer muß der Bluthund werden, ich scheue die Verantwortung nicht!» – mit diesen Worten übernahm Noske den Oberbefehl über die Regierungstruppen in und um Berlin.[32] Für ihn stand fest: Diesmal sollte ein Exempel statuiert, das heißt, mit Waffengewalt «Ruhe und Ordnung» in Berlin wiederhergestellt werden. Deshalb wurden auch alle Versuche, noch in letzter Minute zwischen den verfeindeten Lagern zu vermitteln, von der Regierung abgewiesen. Das Ergebnis ist bekannt: Am 11. Januar stürmte das «Regiment Potsdam» das Zeitungsviertel. Sieben Besatzer des «Vorwärts»-Gebäudes wurden nach Beendigung der Kampfhandlungen erschossen. Am selben Tage ließ Noske die neuformierten Freikorps in Berlin einmarschieren – Freiwilligenverbände, die darauf brannten, endlich mit «Spartakus» abzurechnen. Ihrer Mordlust fielen am 15. Januar Rosa Luxemburg und Karl Liebknecht zum Opfer. Daß Noske selbst den Mordbefehl gegeben hat, ist zwar immer wieder vermutet, bis heute aber nicht bewiesen worden. Aber natürlich trug er die politische Verantwortung für die entsetzliche Bluttat.[33]

Rudolf Hilferding hat die Berliner Ereignisse vom Januar 1919 die «Marneschlacht der deutschen Revolution» genannt.[34] In der Tat bedeuteten sie eine historische Wende von großer Tragweite. Denn sie machten die Kluft innerhalb der sozialistischen Arbeiterbewegung unüberbrückbar. Zwischen den Mehrheitssozialdemokraten und den zum linken USPD-Flügel und zur KPD neigenden Teilen der Arbeiterschaft gab es seitdem keine Verständigungsmöglichkeit mehr. Zugleich wuchs die Abhängigkeit der Regierung von den alten Militärs. Die Geister, die Ebert und Noske gerufen hatten – sie wurden sie nun nicht mehr los. «Die Nutznießer des Sieges waren nur scheinbar die Mehrheitssozialisten, in Wirklichkeit die Offiziere und durch sie das Bürgertum» – so hat der linkssozialistische Historiker Arthur Rosenberg in seiner 1935 veröffentlichten, noch immer lesenswerten «Geschichte der Weimarer Republik» das Ergebnis der Januarkämpfe kommentiert.[35]

Damit begann eine zweite, radikalere Phase der Revolution. Sie war – im Unterschied zur ersten – gekennzeichnet durch eine Fülle von Unruhen, großen Streiks, vor allem in den Industrierevieren an Rhein und Ruhr und in Mitteldeutschland, durch räterepublikanische Experimente – bis hin zu bürgerkriegsähnlichen Kämpfen. Diese neue revolutionäre Welle richtete sich nicht mehr, wie im November 1918, gegen den monarchischen Obrigkeitsstaat, sondern gegen die von den Militärs gestützte mehrheitssozialdemokratisch-bürgerliche Ordnungskoalition. Bei den Wahlen zur Nationalversammlung am 19. Januar 1919 konnte die MSPD mit 37,9 Prozent der Stimmen die USPD noch klar aus dem Feld schlagen. Auf diese entfielen nur 7,6 Prozent, während sich die KPD gar nicht erst an der Wahl beteiligte. Doch im Frühjahr 1919 setzte eine förmliche Massenflucht von der MSPD zur USPD ein – eine Reaktion vor allem auf die Politik Noskes, der sich nun anschickte, mit «eiserner Faust» überall in Deutschland Ordnung zu schaffen.[36]

Das zweite Exempel wurde in Bremen statuiert: Die Räterepublik, die es hier seit dem 10. Januar gab, wurde Anfang Februar durch Freikorps blutig niedergeworfen. Anfang März 1919 kam es wiederum in Berlin im Anschluß an einen Generalstreik zu heftigen bewaffneten Auseinandersetzungen, bei denen mindestens 1200 Menschen ums Leben kamen. Im Verlauf dieser Kämpfe gab Noske am 9. März seinen berüchtigten Schießbefehl, der es den Regierungstruppen erlaubte, jede Person, die mit einer Waffe in der Hand angetroffen wurde, sofort zu erschießen – was den Freikorps eine willkommene Handhabe zu zahlreichen ungeahndeten Morden gab.[37]

Schließlich wurde, wiederum unter dem Oberbefehl Noskes, Anfang Mai 1919 die Reichsexekution gegen die Münchner Räterepublik durchgeführt, bei der erneut hunderte von Menschen ihr Leben verloren, unter ihnen der Sozialist und Schriftsteller Gustav Landauer, der von der entfesselten Soldateska totgeprügelt wurde. Erich Mühsam, der zu fünfzehn Jahren Festungshaft verurteilte Münchner Anarchist, schrieb am 7. Mai in einer Zelle des Zuchthauses Ebrach in sein Tagebuch: «Man blickt im Geiste um sich: lauter Tote, lauter Ermordete ... Nie ist in Rußland derartig gewütet worden. Mit den Münchner Schandtaten hat Noske sogar seine Berliner Blutorgien übertroffen. Das ist die Revolution, der ich entgegengejauchzt habe. Nach einem halben Jahr ein Bluttümpel: mir graut.»[38] München wurde in den folgenden Jahren zum Tummelplatz der antirepublikanischen Rechten und zur Keimzelle der extrem antisemitischen Hitler-Bewegung. Von einem «sehr wüsten Antisemitismus» unter seinen Kommilitonen berichtete der Student Gerhard Scholem im Dezember 1919 in einem Brief an seine Mutter Betty.[39]

Mit der Niederwerfung der Münchner Räterepublik endete die zweite Phase der Revolution. Das Ergebnis war niederschmetternd. «Schon um die Mitte des Jahres (1919) lag die reale Macht in Deutschland bei den Freikorps, nicht bei der Nationalversammlung» – so der Befund Arthur Rosenbergs.[40] Während die MSPD in der zweiten Jahreshälfte 1919 große Teile ihrer Anhänger an die USPD verlor, gingen das Offizierskorps und mit ihm große Teile des konservativen Bürgertums auf Distanz zur Republik. Der Kapp-Putsch vom März 1920 war der konsequente Endpunkt einer Entwicklung, die sich lange angebahnt und der die Führer der Mehrheitssozialdemokratie im blinden Vertrauen auf die Loyalität der Militärs nichts entgegengesetzt hatten.

Wilhelm Dittmann, einer der drei USPD-Volksbeauftragten, hat in seinen nach 1933 im Exil geschriebenen Erinnerungen den November 1918 als einen «unerhört günstigen geschichtlichen Augenblick» bezeichnet, «mit einem gewaltigen Ruck die politische, wirtschaftliche und soziale Entwicklung vorwärtszustoßen».[41] Die Sozialisierung des Steinkohlebergbaus, eine durchgreifende Agrarreform in Ostelbien, die Entlassung von kaiserlichen Spitzenbeamten und eine Demokratisierung der Verwaltung, der Aufbau einer republiktreuen Truppe – all das war im Winter 1918/19 nicht nur möglich, sondern auch notwendig, um den alten Eliten aus Großindustrie, Großlandwirtschaft, Bürokratie und Militär wenigstens einen Teil ihrer angestammten Machtbasis zu nehmen. Doch die Führer der Mehrheitssozialdemokratie verstanden sich als Konkursverwalter des Kaiserreichs, nicht aber als entschlossene Neuerer. Sie scheuten vor strukturellen Reformen zurück. Ihre erste Sorge galt der demokratischen Legitimierung der neuen Verhältnisse, das heißt, der Einberufung einer Nationalversammlung und der Verabschiedung einer Verfassung. Dabei verkannten sie, daß die erstrebte parlamentarische Demokratie auch gesellschaftlicher Veränderungen bedurfte, um lebensfähig zu sein.

Die Folgen des Versäumnisses zeigten sich in der Dauerschwäche der demokratischen Institutionen von Weimar. Gewiß – die harten Bedingungen des Friedensvertrages von Versailles bedeuteten eine schwere Hypothek für die junge Republik. Aber noch schwerer wog, daß die überkommenen gesellschaftlichen Machtstrukturen im wesentlichen unangetastet blieben. Die konservativen Führungsschichten des Kaiserreichs erfreuten sich weiterhin privilegierter Positionen. Dennoch verharrten sie in Fundamentalopposition gegen das verhaßte «System von Weimar». Im Prozeß der Auflösung der Republik 1930 bis 1933 sollten sie eine verhängnisvolle Rolle spielen. Insofern scheint der Schluß berechtigt, daß der nur halbherzige Neubeginn von 1918/19 das Scheitern der Weimarer Demokratie bereits in sich barg.

«Steckt die Villen in Brand!»

Leben und Taten des revolutionären Bandenführers Karl Plättner

«Hände hoch! Leisten Sie keinen Widerstand!» Verwundert reibt sich der Kassierer der Depositenkasse der Deutschen Bank in Deuben bei Dresden die Augen, als am Morgen des 3. Juni 1921 sieben Männer mit gezogenen Revolvern in den Schalterraum eindringen. Der Anführer, ein kleiner Mann mit wiegendem Gang und stechendem Blick, fordert den Filialleiter auf, das Geld «gutwillig herauszugeben, da er es für revolutionäre Zwecke gebrauchen wolle». Während einer der Räuber vor der Tür Wache hält, ein zweiter die Telefonkabel mit geübtem Griff abreißt, fesseln die anderen die Bankbeamten an Händen und Füßen. Dem Kassierer bleibt nichts anderes übrig, als zu gehorchen. In Windeseile entnehmen die Einbrecher 250000 Mark, verstauen die Beute in drei Säcken und machen sich aus dem Staube.[1]

Die Berliner Kriminalpolizei spricht von einem «äußerst frechen Raub» und setzt 10000 Mark Belohnung auf die Ergreifung der Täter aus. Schon bald verdichten sich die Hinweise, daß der «Kommunist und Wanderredner» Karl Plättner seine Hand im Spiel gehabt haben muß. Die Leipziger Wohnung seiner Geliebten wird Tag und Nacht überwacht, doch der Gesuchte bleibt unsichtbar. Mit einer Schar gleichgesinnter Draufgänger verübt er in den folgenden Monaten Raubtat auf Raubtat – nicht um sich zu bereichern, sondern, wie er verkündet, um die soziale Revolution in Deutschland voranzubringen. «Expropriation der Expropriateure» lautet sein Programm, und er geht dabei mit einer Energie zu Werke, die in der deutschen Gesellschaftsgeschichte des 20. Jahrhunderts ohne Beispiel ist.

In den frühen zwanziger Jahren, jener revolutionär aufgewühlten Nachkriegszeit, war der mitteldeutsche Bandenführer ebenso berühmt wie berüchtigt. Heute ist er so gut wie vergessen. Von der

DDR-Geschichtsschreibung wurde der Mitbegründer der KPD, der scheinbar so weit von der politisch korrekten Linie abgewichen war, totgeschwiegen; und auch die Historiker in der Bundesrepublik mochten sich mit diesem proletarischen Sozialrebellen nicht näher befassen – schon gar nicht, seit seine illegitimen Erben aus dem akademischen Milieu, die Mitglieder der Rote-Armee-Fraktion, in den siebziger Jahren begannen, das Land mit terroristischen Anschlägen zu überziehen.

Wer also war dieser Mann, dessen Name einst unter Bürgern Furcht und Schrecken verbreitete? Geboren wurde Karl Plättner am 3. Januar 1893 im Dorf Opperode bei Ballenstedt im Herzogtum Anhalt – am Rande des Mansfelder Landes, das seit den Tagen des Bauernkrieges von 1525 zu den unruhigsten Regionen Mitteldeutschlands zählte. Sein Vater war Arbeiter, und bis zu seinem 20. Lebensjahr deutete nichts auf die spätere Karriere als Bandenführer, wohl aber alles auf eine mustergültige sozialdemokratische Biografie. Nach Abschluß der Volksschule absolvierte er eine Lehre als Former im Eisenhüttenwerk in Thale am Harz, wohin die Familie 1905 gezogen war. Mit 18 Jahren trat er der Gewerkschaft, dem Metallarbeiter-Verband und der SPD bei. 1912, nach einer ausgedehnten Wanderschaft, ließ er sich in Hamburg nieder, einer Hochburg der deutschen Sozialdemokratie vor 1914. Hier öffnete sich dem intelligenten jungen Mann ein weites Feld für sein politisches Engagement.

Doch als die SPD-Reichstagsfraktion am 4. August 1914 den Kriegskrediten zustimmte, begann Plättner sich, wie viele andere Gesinnungsgenossen, von der Partei abzuwenden. Später hat er das Datum den «schmachvollsten Tag» in der Geschichte der Sozialdemokratie genannt und den «ungeheuren Verrat an der Idee des Sozialismus» beklagt.[2]

Bald nach Kriegsbeginn schließt er sich der Opposition gegen Krieg und «Burgfrieden» an, die gerade in der Hamburger Arbeiterjugend einen starken Rückhalt besitzt. Im Herbst 1914 wird er an die Westfront kommandiert, ein Jahr später als Kriegsinvalide entlassen. Drei Finger der rechten Hand bleiben steif. Er kann seinen Beruf als Former nicht mehr ausüben. Zweifellos hat ihn dieser Schlag stark geprägt. Er ist nun viel unbedingter geworden in seiner Gegnerschaft gegen den Krieg und in dem Wunsch, ihm ein Ende zu setzen. Die bewußtesten und mutigsten jungen Proletarier sollen vorangehen und Massenstreiks initiieren – das wird zum Fixpunkt seines Handelns.

Zu Recht nennt ihn der Hamburger Polizeipräsident «die Seele der radikalen Jugendbewegung» im Ersten Weltkrieg.[3] Unermüdlich reist Plättner von Ort zu Ort, um die oppositionellen Jugendlichen im ganzen Reich zu mobilisieren. Im September 1917 wird er während einer geheimen Zusammenkunft in Hamburg verhaftet und nach Dresden gebracht. Obwohl die Beweislast erdrückend ist, verweigert er in den Verhören standhaft jede Aussage. Noch bevor sein Prozeß vor dem Leipziger Reichsgericht beginnen kann, befreit die Revolution von Anfang November 1918 den Gefangenen.

Kaum entlassen, stürzt sich Plättner in fieberhafte Aktivitäten. In Dresden schließt er sich einer Gruppe entschiedener Revolutionäre an, den Internationalen Kommunisten. Als deren Delegierter nimmt er zur Jahreswende 1918/19 am Gründungsparteitag der KPD in Berlin teil. Von hier aus eilt er nach Bremen, wo er an der Räterepublik mitwirkt, der ersten in Deutschland. Nach deren blutiger Niederschlagung durch die Freikorpstruppen des SPD-Volksbeauftragten Gustav Noske Anfang Februar 1919 taucht er unter. In den folgenden Monaten führt er das unstete Leben eines kommunistischen Wanderredners. Wo immer er auftritt, sucht er kleine Revolten anzuzetteln. Im September 1919 wird er in Halle festgenommen.

Schon im Dezember gelingt ihm die Flucht. Nach Ausschluß der Linksopposition aus der KPD Ende 1919 verschreibt sich Plättner ganz dem Aufbau einer neuen linksradikalen Organisation, der Kommunistischen Arbeiter-Partei Deutschlands (KAPD). Vom Widerstand gegen die SPD-Kriegspolitik hatte ihn sein Weg bis an den äußersten linken Rand des politischen Spektrums geführt.

Damit auch der letzte Schritt hin zum Terrorismus vollzogen werden konnte, bedurfte es allerdings noch einer weiteren Erfahrung: des mitteldeutschen Aufstands und seines Scheiterns im Jahre 1921. Ausgelöst wurde er durch den Einmarsch schwer bewaffneter Schutzpolizisten in den Bezirk Halle-Merseburg am 16. März. Sie sollten die unruhige Industrieregion, in der die Kommunisten so stark waren wie sonst nirgendwo in Deutschland, «befrieden». Für Plättner und seine Gesinnungsfreunde war dies das Signal zum Losschlagen. Freilich nicht er, sondern Max Hoelz, der Räuberhauptmann aus dem Vogtland, leitete die roten Kampftruppen, die sich gegenüber den an

Zahl und Bewaffnung deutlich überlegenen Polizeiverbänden nur wenige Tage behaupten konnten.[4]

Erst nach der Niederlage der Aufständischen und der Verhaftung von Hoelz Mitte April 1921 tritt Plättner aus dem Schatten des populäreren Mitstreiters heraus. In seinen Augen haben die beiden proletarischen Parteien, KPD und KAPD, komplett versagt. Deshalb – so seine Schlußfolgerung – müssen die zu allem entschlossenen Revolutionäre nun ihre Sache selbst in die Hand nehmen und zum Bandenkampf übergehen. Sein Konzept legt Plättner in einer Broschüre nieder, die den Titel «Der organisierte rote Schrecken!» trägt – eines der leidenschaftlichsten, rasendsten Revolutionsmanifeste des 20. Jahrhunderts. In einer wuchtigen, in apokalyptischen Bildern schwelgenden Sprache fordert er die Arbeiter auf, die herrschenden Gewalten durch ungesetzliche Aktionen in einen permanenten Kleinkrieg zu verwickeln: «Habt ihr keine Waffen, so habt ihr doch Streichhölzer – jagt die Zwingburgen der Kapitalisten in die Luft, kauft euch Streichhölzer und steckt die Villen der Besitzenden in Brand, holt auch Dynamit und laßt keinen Stein auf dem andern, denn diese Welt ist nicht mehr zu retten.»[5]

Will Karl Plättner sein Programm in die Tat umsetzen, braucht er zuverlässige, unerschrockene Gefährten. Er muß nicht lange suchen. Berlin ist nach der «Märzaktion» ein Tummelplatz für politische Flüchtlinge, die sich dem Zugriff der Polizei entzogen haben. Aus ihnen rekrutiert er den Kern seiner Gruppe – 13 Männer und 2 Frauen –, die in den Polizeiberichten bald als «Plättner-Bande» geführt wird. Keineswegs handelt es sich um «lichtscheues Gesindel», wie die SPD-Zeitung «Vorwärts» meint. Vielmehr haben die meisten einen ordentlichen Beruf erlernt und sich in der sozialdemokratischen Organisationswelt vor 1914 betätigt. Erst die Enttäuschung über die mageren Ergebnisse der Novemberrevolution und die Erbitterung über die Repressionen im Anschluss an die Märzkämpfe haben sie aufnahmebereit gemacht für die «Propaganda der Tat».[6]

Als Objekte ihrer Raubzüge bevorzugt die Plättner-Gruppe neben Bankfilialen vor allem Werkskassen. So überfällt sie Mitte Oktober 1921 das Verwaltungsgebäude der Grube Alwine bei Bruckdorf unweit von Halle und erbeutet hier über 100000 Mark. In einem Flugblatt, überschrieben «Kriegsbericht von Halle-Bruckdorf», feiert sie den gelungenen Coup im Stile einer militärischen Erfolgsmeldung und kündigt weitere Enteignungen an, da das Geld «bei weitem» nicht ausreiche, um «die Heere der politischen Flüchtlinge der proletarischen Revolution» zu ernähren. Die Unterschrift lautet: «Proletarisches Hauptquartier im Oktober 1921. Der Oberste Aktions-Rat der Roten Armee».[7]

Trotz der martialischen Pose ist die Gruppe bei ihren Raubtaten darauf bedacht, die Anwendung von Gewalt in Grenzen zu halten. Die mitgeführten Waffen – Revolver und Handgranaten – dienen der Einschüchterung; davon soll kein Gebrauch gemacht werden. So sind denn auch bei den «Expropriationen» keine Menschen ernsthaft zu Schaden gekommen, sieht man einmal von den möglichen psychischen Folgen ab, die das schockartige Erlebnis des Überfalls und der Wehrlosigkeit für die Betroffenen mit sich bringen konnte.

So intensiv die Polizei nach der Plättner-Gruppe fahndet – deren Schlupfwinkel bleiben ihr lange verborgen. Doch Anfang Dezember 1921 gelingt ihr ein erster Erfolg: Sie kann ein Mitglied des engeren Kreises verhaften. Durch ihn erfährt sie nicht nur alle Namen der an den Raubzügen Beteiligten, sondern auch die Berliner Lokale, die ihnen als Treffpunkte dienen. So werden nach und nach die meisten «Expropriateure» hinter Schloß und Riegel gebracht. Plättner selber versteht es immer wieder, sich seinen Verfolgern zu entziehen, doch Anfang Februar 1922 spürt man ihn in Halle auf. Bei seiner Festnahme wird er schwer mißhandelt – kein Wunder, denn die Plättner-Gruppe war in den Monaten zuvor zu einer Bande von Schwerverbrechern gestempelt worden, und besonders über ihren Anführer kursieren wilde Gerüchte. Sein «jüdisches Aussehen», von dem in Steckbriefen die Rede ist[8], dürfte die Aggressionen gegen ihn noch erhöht haben. In den ersten Tagen im Polizeigewahrsam fürchtet Plättner um sein Leben, und erst, als er ins hallesche Gerichtsgefängnis transportiert worden ist, fühlt er sich etwas sicherer.

Zu seinem Verteidiger wählt Plättner Rechtsanwalt Ernst Hegewisch, der sich bereits in zahlreichen Prozessen gegen Kommunisten in der Nachkriegszeit einen Namen gemacht hatte. Hegewisch fühlt sich von der Persönlichkeit seines Mandanten stark angezogen; für ihn verkörpert er jene revolutionäre Tatkraft, die er bei manchem führenden Genossen der KPD vermißt. Diese machen umgekehrt keinen Hehl daraus, daß sie in Programm und Praxis der Plättner-Gruppe eine gefährliche Verirrung sehen: «Auf diesem Boden wachsen keine Revolutionäre, sondern Abenteurer.»[9]

Nach einem langen Streit um die Zuständigkeit wird am 15. November 1923 der Prozess «gegen Plättner und Genossen» vor dem Staatsgerichtshof zum Schutze der Republik in Leipzig eröffnet. Das Interesse der Medien ist groß. «Romantik der Schillerschen Räuber weht von der Anklagebank», bemerkt der Reporter der «Vossischen Zeitung». Besonders angetan zeigt er sich von der markanten Erscheinung des Bandenführers: «Das ist eigentlich nicht das Gesicht eines Propagandisten der Tat, sondern vielmehr das eines feingebildeten Mannes mit künstlerischen Neigungen.»[10]

Am 30. November 1923 wird das Urteil gesprochen: Plättner erhält zehn Jahre Zuchthaus, die übrigen Angeklagten werden zu Freiheitsstrafen zwischen neun und drei Jahren verurteilt. Zweifellos ist das Urteil hart, zumal wenn man es mit der milden Behandlung vergleicht, die damals rechtsradikalen Putschisten wie Adolf Hitler zuteil wird. Plättner verabschiedet sich mit dem Ruf: «Lebt wohl Genossen! Die Internationale wird die Menschheit sein!» – «Aus dem Zuschauerraum wurden darauf Hochrufe laut», berichtet die «Vossische Zeitung».[11]

Die Mitglieder der Plättner-Gruppe wurden auf verschiedene Haftanstalten verteilt. Der Bandenführer kam ins Zuchthaus Brandenburg an der Havel. Bald war er der Schrecken aller Gefängnisbeamten, weil er keinerlei Bereitschaft zeigte, sich den Bestimmungen des Strafvollzugs zu beugen. Er bombardierte die Anstaltsleitung mit Beschwerden. Ende September 1925 war die Geduld des Direktors erschöpft: Unter dem Verdacht, er leide an «Querulantenwahn», wurde Plättner in die Irrenabteilung des Gefängnisses Berlin-Moabit eingeliefert.

Hier, unter der Obhut verständnisvoller Beamter, kommt der reizbare Rebell endlich zur Ruhe und Selbstbesinnung. Das Ergebnis ist seine Erklärung vom März 1926, in der er sich vom Konzept des «organisierten Bandenkampfes» als einem untauglichen Mittel zum Zweck distanziert. Alle Versuche, diesen Kampf unter Berufung auf sein Vorbild weiterzuführen, seien nichts weiter als «romantisch verkleidete Kriminalität»: «Mein Gewissen und mein Verantwortungsgefühl gegenüber der Ideenreinheit des Kommunismus gebieten mir, diesem Teufelsspuk ein Ende zu bereiten.»[12]

Plättner mußte noch zwei Jahre in der Strafanstalt Luckau zubringen, ehe er im Juli 1928 im Zuge einer allgemeinen Amnestie freikam.

Auf dem Leipziger Hauptbahnhof bereiteten ihm kommunistische Arbeiter einen begeisterten Empfang. Nach seiner Entlassung näherte sich der Abtrünnige der KPD an, ohne allerdings wieder Mitglied zu werden. Im Frühjahr 1929 veröffentlichte er ein Buch, das für Aufsehen sorgte: «Eros im Zuchthaus». Darin behandelte er mit ungewöhnlicher Offenheit ein Tabuthema, die sexuellen Nöte von Strafgefangenen, wobei er seine eigenen Erfahrungen nicht aussparte. «Hier liegt ein Dokument des Lebens von größter Zuverlässigkeit vor», lobte Magnus Hirschfeld, der Leiter des Berliner Instituts für Sexualwissenschaft.[13]

Bald nach Erscheinen des Buches bricht Plättner zu einer Vortragstournee auf. Gleichzeitig schreibt er an einem neuen Werk, seinen Erinnerungen. Sie kommen Ende 1930 unter dem Titel «Der mitteldeutsche Bandenführer» heraus.[14] Der Verlag verspricht eine Sensation, doch das Ergebnis ist enttäuschend. Denn von den Taten der Gruppe Plättners ist kaum die Rede, dafür umso mehr von dem erbitterten Kleinkrieg, den er hinter Kerkermauern geführt hat.

Nach 1933 begann für Plättner, wie für viele andere deutsche Kommunisten, eine neue Periode der Verfolgung. Obwohl er sich als Brennholzhändler selbständig machte und von Aktivitäten der illegalen KPD fern hielt, blieb er in den Augen der Nationalsozialisten gefährlich. Ständig wurde er von der Gestapo beobachtet und im Juni 1933 zum erstenmal in «Verwahrungshaft» genommen. 1937 mußte er mehrere Monate im Schutzhaftlager Sachsenburg bei Chemnitz und im Konzentrationslager Buchenwald bei Weimar zubringen.

Am 1. September 1939, mit Beginn des Zweiten Weltkriegs, wird er ein weiteres Mal nach Buchenwald verschleppt. Es ist die erste Station seiner letzten, schrecklichen Odyssee. Plättner hat sich niemals in Machthierarchien einordnen können, und er ist auch niemals ein bedingungsloser Gefolgsmann einer Parteilinie gewesen. So gerät er nicht nur mit dem SS-Wachpersonal, sondern auch mit den KPD-Funktionären in der Lagerselbstverwaltung, den «roten Kapos», aneinander.[15] Ende Januar 1944 setzen sie ihn auf die Transportliste nach Lublin/Majdanek. Von dort kommt er im Juli 1944 ins Stammlager Auschwitz und, als dieses im Januar 1945 geräumt wird, mit einem der letzten Transporte nach Mauthausen. Die Befreiung erlebt er im KZ Ebensee, einem Nebenlager von Mauthausen im Salzkammergut.

Sofort macht er sich auf den Heimweg nach Leipzig. Doch kurz hinter Freising verlassen ihn die Kräfte. Er stirbt am 4. Juni 1945 und wird in Freising begraben. Im Jahre 1959 werden die sterblichen Überreste auf den Treuchtlinger Ehrenfriedhof umgebettet. Unter der Inschrift «Schwört ab der Gewalt und rettet den Menschen im Menschen» fand Karl Plättner dort seine letzte Ruhestätte.[16]

«Der Feind steht rechts»

Der Mord an Außenminister Walther Rathenau

Am 24. Juni 1922, kurz vor elf Uhr vormittags, verläßt Reichsaußenminister Walther Rathenau seine Villa im Berliner Stadtteil Grunewald, um sich zum Auswärtigen Amt in der Wilhelmstraße fahren zu lassen. Obwohl regnerisches und kühles Wetter herrscht, bleibt das Verdeck seines Wagens zurückgeschlagen. In der Königsallee, vor einer langgezogenen S-Kurve, muß Rathenaus Chauffeur das Tempo verlangsamen. In diesem Augenblick wird das Auto von einem großen, starkmotorigen Mercedes überholt, in dessen offenem Wagenfonds zwei Männer in Ledermänteln sitzen. Was dann geschieht, schildert ein Augenzeuge, der Bauarbeiter Kirschbin, der «Vossischen Zeitung»: «Als der große Wagen etwa um eine halbe Wagenlänge vorüber war …, bückte sich der eine Herr in dem feinen Ledermantel nach vorn, ergriff eine lange Pistole … und legte auf den Herrn im anderen Wagen an. Er brauchte gar nicht zu zielen, so nah war es … Da krachten auch schon die Schüsse ganz schnell, so schnell wie bei einem Maschinengewehr.»[1]

Von fünf Schüssen getroffen, sinkt Rathenau zusammen. In diesem Moment springt der zweite Mann im Ledermantel auf und wirft eine Eierhandgranate in den anderen Wagen. Durch die Wucht der Explosion wird der Körper des Außenministers hochgeschleudert. Während das Auto der Attentäter davonrast, eilen Passanten an den Ort des Anschlags. Eine Krankenschwester, Helene Kaiser, steigt zu dem tödlich Verletzten. In der späteren Gerichtsverhandlung sagt sie aus: «Ich eilte herüber, um ihm als Schwester Hilfe zu leisten. Als ich näher kam, sah ich, daß der Herr stark blutete am Gesicht und auch an den unteren Gliedmaßen und in dem Auto eine große Blutlache stand. Außerdem brannte der Mattenbelag des Autos. Ich trat das Feuer aus und stieg hinein, stellte mich dem fahrenden Chauffeur als Schwester vor und sagte ihm, daß ich ihm behilflich sein wollte.»[2]

Der Chauffeur wendet den Wagen und fährt mit dem Sterbenden zurück zum Hause Rathenaus. Dort kann der sofort herbeigerufene Arzt nur noch den Tod feststellen.

Daß gerade Rathenau zur Zielscheibe eines politischen Anschlags wurde, war kein Zufall. Seit er 1921, zuerst als Wiederaufbauminister, dann als Außenminister in das Kabinett des Reichskanzlers Joseph Wirth eingetreten war, sah er sich einer Hetzkampagne völkisch-deutschnationaler Kreise ausgesetzt. Sein Versuch, mit den Siegermächten zu einer Verständigung auch über die Reparationsfrage zu gelangen, wurde als «Erfüllungspolitik» diffamiert und sein Bemühen um einen Ausgleich mit der Sowjetunion im Rapallo-Vertrag als Beginn einer schleichenden Sowjetisierung Deutschlands gebrandmarkt. In Rathenau sah die nationalistische Rechte einen Repräsentanten all dessen, was sie haßte: Er war Jude, dazu noch ein überzeugter Anhänger der Republik von Weimar; er war als Erbe der AEG, des großen Elektrokonzerns, nicht nur Unternehmer, sondern auch ein begabter Schriftsteller – ein Intellektueller also, der die meisten seiner mittelmäßigen Kabinettskollegen geistig weit überragte.

Im Frühsommer 1922, nach der Reparationskonferenz von Genua und dem Abschluß des Rapallo-Vertrages, steigerte sich die Hetze gegen Rathenau zur offenen Morddrohung. In der Juniausgabe der «Konservativen Monatsschrift» schrieb der deutschnationale Reichstagsabgeordnete Wilhelm Henning: «Kaum hat der internationale Jude Rathenau die deutsche Ehre in seinen Fingern, so ist davon nicht mehr die Rede ... Die deutsche Ehre ist keine Schacherware für internationale Judenhändel! ... Die deutsche Ehre wird gesühnt werden. Sie aber, Herr Rathenau, und Ihre Hinterleute werden vom deutschen Volke zur Rechenschaft gezogen werden.»[3]

Noch unverblümter dröhnte es aus einem Hetzlied, das damals am völkisch-antisemitischen Stammtisch gern angestimmt wurde: «Wenn einst der Kaiser kommen wird,/ schlagen wir zum Krüppel den Wirth,/ knallen die Gewehre, tack, tack, tack,/ aufs schwarze und das rote Pack:/ Haut immer feste auf den Wirth!/ Haut seinen Schädel, daß es klirrt!/ Knallt ab den Walther Rathenau,/ die gottverfluchte Judensau.»[4]

«Das schwarze und das rote Pack» – gemeint waren damit nicht nur die Politiker der linken Parteien – SPD, USPD, KPD –, sondern auch der bürgerlichen Liberalen und des Zentrums. Seit 1919 waren dem rechten Terrorismus zum Opfer gefallen: die Spartakusführer Rosa Luxemburg, Karl Liebknecht und Leo Jogiches, der USPD-Politiker und bayerische Ministerpräsident Kurt Eisner, der Sozialist Gustav Landauer, der Pazifist Hans Paasche, der bayerische Landtagsabgeordnete Hans Gareis, der Zentrumspolitiker und Finanzminister a.D. Matthias Erzberger. Auf den SPD-Politiker und früheren Ministerpräsidenten Philipp Scheidemann wurde am 4. Juni 1922, nur wenige Tage vor dem Attentat auf Rathenau, ein Blausäureanschlag verübt, den er nur durch einen Zufall überlebte.

Der politische Mord war in den Anfangsjahren der Weimarer Republik an der Tagesordnung. Und immer wieder führte die Spur der Täter zu denselben Kreisen: den völkisch-rechtsradikalen Gruppen und Freikorpsverbänden, deren Mitglieder nach dem Krieg nicht ins normale bürgerliche Leben hatten zurückfinden können. Besonders ein Geheimbund machte im Jahre 1922 von sich reden: die «Organisation Consul» – kurz O.C. genannt. Sie war eine direkte Nachfolgerin der Marinebrigade Ehrhardt, die wegen ihrer Beteiligung am Kapp-Putsch 1920 aufgelöst worden war. Aus dem Umfeld dieser Verschwörergruppe kamen auch die Initiatoren des Attentats auf Rathenau.[5]

Rathenau wußte, daß sein Leben gefährdet war. Täglich gingen bei ihm anonyme Droh- und Schmähbriefe ein. Die Polizei riet ihm zur Vorsicht, doch er lehnte besondere Schutzmaßnahmen ab: «Aber was wollen Sie, dagegen kann man sich nicht schützen, wenn man nicht selbst ein Gefangener werden, sich einschließen oder sich ständig von Polizei bewachen lassen will. Als ich mein Amt übernahm, wußte ich, was ich riskiere. Jetzt heißt es abwarten, wie lange die Sache läuft.»[6]

Die Nachricht von der Ermordung des Reichsaußenministers verbreitet sich in Windeseile. Im Reichstag, der am Nachmittag zu einer Sondersitzung zusammentritt, kommt es zu Tumulten. Der deutschnationale Abgeordnete Karl Helfferich, der noch am Tage zuvor eine Brandrede gegen Rathenaus Außenpolitik gehalten hat, wird als «Mörder» tituliert und aus dem Plenarsaal gedrängt. Tags darauf hält Reichskanzler Wirth eine große Rede im Reichstag, die in den Sätzen gipfelt: «Da steht der Feind, der sein Gift in die Wunden eines Volkes träufelt. Da steht der Feind – und darüber ist kein Zweifel: Dieser Feind steht rechts.» Das Parlamentsprotokoll verzeichnet an dieser Stelle: «Stürmischer, langanhaltender Beifall und Händeklatschen in der Mitte und links und auf sämtlichen Tribünen. – Große, langandauernde Bewegung.»[7]

Für Sonntag, den 25. Juni, rufen die Gewerkschaften zu einer Trauerkundgebung im Berliner Lustgarten auf. Hunderttausende ziehen vom frühen Morgen bis zum späten Abend unter der schwarz-rot-goldenen Fahne schweigend durch die Straßen Berlins. Die gespaltene Linke rückt, so scheint es, wieder zusammen. Eine Sympathiewelle für die Republik geht durchs Land.

Die offizielle Feier zur Beisetzung Rathenaus findet am 27. Juni statt. Der Sarg wird im Sitzungssaal des Reichstags aufgebahrt. Attachés des Auswärtigen Amts halten die Totenwache. Reichskanzler Wirth geleitet die Mutter Rathenaus in die Kaiserloge. Harry Graf Kessler, ein Freund des Ermordeten, notiert in sein Tagebuch: «Die alte Frau war wachsbleich und steinern, wie gemeißelt unter ihren Schleiern, offenbar ganz Selbstbeherrschung. Ihr weißes, verschleiertes, schmerzgebleichtes Gesicht war das, was mich am meisten ergriff ...»[8]

Ab 12 Uhr mittags ruht überall die Arbeit. Demonstrationszüge, wie sie Deutschland noch nicht gesehen hat, durchziehen die Städte – liberale Bürger einträchtig neben Sozialdemokraten und Kommunisten. «Der Leiter eines der größten kapitalistischen Unternehmen der Welt war getötet worden – kommunistische Arbeiter weinten an seinem Grabe und fluchten seiner Mörder.» So erinnerte sich der sozialdemokratische Journalist Friedrich Stampfer.[9]

Doch die Trauer war keineswegs so allgemein, wie es aufgrund der Massendemonstrationen scheinen mochte. In deutschnationalen Kreisen gab es viel klammheimliche Freude über den Tod Rathenaus. Zwar verwahrte sich der Chef der Heeresleitung, General von Seeckt, in einem Erlaß an die Truppe gegen den Vorwurf des Sympathisantentums mit den Rathenau-Mördern, doch in nicht wenigen Kasernen wurden nach Bekanntwerden der Mordtat Freudenfeiern und Zechgelage veranstaltet. Manche Reichswehroffiziere weigerten sich, an Trauerfeierlichkeiten teilzunehmen oder die Dienstgebäude mit der schwarz-rot-goldenen Fahne der Republik zu beflaggen.[10] Ähnliches wiederholte sich an Universitäten, wo antisemitische Professoren und Studenten den Ton angaben. In Heidelberg zum Beispiel weigerte sich der Nobelpreisträger für Physik, Philipp Lenard, anläßlich der Beerdigung Rathenaus das von ihm geleitete Physikalische Institut nachmittags zu schließen und halbmast zu flaggen. Republikanische Studenten, die gegen diese Provokation protestierten, unter ihnen Karl Mierendorff, der spätere prominente SPD-Politiker und Widerstandskämpfer, wurden gemaßregelt; ein Disziplinarverfahren gegen Lenard aber wurde niedergeschlagen.[11]

Die Verfolgung der Mörder Rathenaus lag in den Händen der Abteilung Ia des Berliner Polizeipräsidiums. Geleitet wurde sie von Bernhard Weiß, der als Jude ebenfalls massiven antisemitischen Angriffen ausgesetzt war.[12] Gerade deshalb betrieb Weiß die Aufklärung des Verbrechens mit großer Energie. Aufgrund eines Hinweises aus dem rechtsradikalen Umfeld konnte die Polizei schon nach wenigen Tagen den Wagen des Attentäters sicherstellen und den Fahrer, den 21jährigen Studenten Ernst Werner Techow, verhaften. Die beiden Haupttäter, der 23jährige Kieler Jurastudent Erwin Kern, und der 26jährige Maschinenbauingenieur Hermann Fischer aus Chemnitz, wurden nach wochenlanger Jagd auf Burg Saaleck bei Kösen im Thüringischen gestellt. Kern fand bei der Schießerei mit Polizeibeamten den Tod; sein Komplize erschoß sich daraufhin selbst. Das Ende der beiden Mörder wurde von den Nationalsozialisten nach 1933 zum Heldenepos umgedeutet; sie setzten den beiden «Märtyrern der Bewegung», wie sie jetzt hießen, einen Gedenkstein. Burg Saaleck wurde zum Wallfahrtsort für die Rechten.[13]

Im Oktober 1922 wurde vor dem neugebildeten Staatsgerichtshof zum Schutz der Republik der Prozeß gegen die Gehilfen und Mitwisser des Attentats eröffnet. Da war der Bankbeamte – und spätere Schriftsteller – Ernst von Salomon, der den Auftrag gegeben hatte, einen Chauffeur für das Mordauto zu beschaffen. Da war der Detektiv Niedrig, den Salomon angeworben hatte, dessen Dienste aber nicht mehr benötigt wurden, weil Kern und Fischer selbst inzwischen in Ernst Werner Techow einen zuverlässigen Fahrer gefunden hatten. Da waren schließlich all jene, die in den Mordplan eingeweiht waren, unter anderem Karl Tillessen, ein Bruder des Erzberger-Mörders, und der erst 16jährige jüngere Bruder Techows.

Die meisten der siebzehn Angeklagten waren noch sehr jung; das Hauptkontingent stellten Studenten und Gymnasiasten. Allesamt stammten sie aus sogenanntem «gutem Hause». Die Wirren von Krieg und Nachkriegszeit hatten sie aus der gewohnten Bahn geworfen. Desorientiert und verunsichert, hatten die meisten von ihnen bei nationalistischen und rechtsextremen Organisationen Zuflucht gesucht. Einige waren Mitglieder der Brigade Ehrhardt gewesen, hatten sich aktiv am Kapp-Putsch beteiligt und waren danach der «Organisation Consul» beigetreten.

Das Gericht verhängte harte Strafen: Ernst Werner Techow wurde wegen Beihilfe zum Mord zu 15 Jahren Zuchthaus verurteilt; Ernst von Salomon und Waldemar Niedrig erhielten 5 Jahre Zuchthaus. Nachgewiesene Nichtanzeige des geplanten Verbrechens wurde mit Freiheitsstrafen bis zu drei Jahren geahndet. Der Vorwurf, der ansonsten zu Recht gegen die Weimarer Justiz erhoben wird – daß sie nämlich gegenüber rechten Gewalttätern allzu große Milde habe walten lassen –: er ist in diesem Falle nicht berechtigt.

Dennoch war der Ausgang des Prozesses unbefriedigend. Denn der Staatsgerichtshof versäumte es, der Frage nach den Hintermännern der Tat entschieden nachzugehen. In seinem Plädoyer führte Oberreichsanwalt Ebermayer aus: «Die Fäden, die von dem Rathenau-Mord und von den Tätern nach den verschiedensten Seiten zurückführen, sind zu verworren, als daß sie heute schon entwirrt sein könnten. Man ist mit allen Mitteln bemüht, sie zu entwirren, und es wird vielleicht gelingen, aber es ist... nicht die Aufgabe der Anklagebehörden, ... schon heute zu behaupten, daß ein voller Beweis erbracht wäre für die damals aufgestellte Behauptung. Es kann sein, daß sie ja noch erwiesen wird, bis heute ist sie jedoch nicht erwiesen, und ich habe auch noch nicht einmal die subjektive Überzeugung, daß es so ist, wie die Gerüchte wissen wollen, und deshalb bin ich nicht in der Lage, die Richtigkeit dieser Behauptung heute festzustellen.»[14]

Dabei gab es schon 1922 genügend Indizien, die auf die «Organisation Consul» als Drahtzieherin der Mordanschläge verwiesen, und zwar nicht nur im Falle Rathenaus, sondern auch Erzbergers und Scheidemanns. Die Absicht war, die Linke zu Gegenaktionen zu provozieren, um das Land ins Chaos zu stürzen und die Republik zu Fall zu bringen.[15] Erst 1924, zwei Jahre nach dem Rathenau-Mord, wurde vor dem Staatsgerichtshof ein Verfahren gegen diese Organisation eröffnet. Der Prozeß geriet zur Farce; er machte deutlich, wie heftig führende Weimarer Justizvertreter mit den rechten Gewalttätern sympathisierten. Sie hatten daher auch gar kein Interesse daran, die Hintergründe der Anschläge rückhaltlos aufzuklären.

So wurde die Chance vertan, die öffentliche Erregung über die Mordtat für eine Stabilisierung der Weimarer Demokratie zu nutzen. Zwar konnte sich die Mehrheit der Parteien im Juli 1922 noch auf ein Gesetz zum Schutz der Republik verständigen, doch weigerte sich die bayerische Regierung, dieses Gesetz zu übernehmen. Während in Preußen rechtsradikale Organisationen verboten wurden, durften sie sich in Bayern weiterhin ungehindert betätigen. Preußische Kriminalbeamte, die nach München fuhren, um nach den Hintermännern des Rathenau-Mordes zu fahnden, wurden von der bayerischen Polizei festgenommen und über die Grenze abgeschoben. Ein Jahr später putschte Hitler in Bayerns Hauptstadt.

Das Schlußwort in der Tragödie sprach Rathenaus Mutter. Während der Verhandlungen vor dem Staatsgerichtshof im Herbst 1922 richtete sie einen Brief an die Mutter Ernst Werner Techows: «In namenlosem Schmerz reiche ich Ihnen, Sie ärmste aller Frauen, die Hand. Sagen Sie Ihrem Sohn, daß ich im Namen und Geist des Ermordeten ihm verzeihe, wie Gott ihm verzeihen möge, wenn er vor der irdischen Gerechtigkeit ein volles offenes Bekenntnis ablegt und vor der göttlichen bereut. Hätte er meinen Sohn gekannt, den edelsten Menschen, den die Erde trug, so hätte er eher die Mordwaffe auf sich gerichtet, als auf ihn. Mögen diese Worte Ihrer Seele Frieden geben.»[16]

Dieses Zeugnis menschlicher Großherzigkeit stieß bei der Adressatin auf wenig Gegenliebe. Frau Techow ließ Mathilde Rathenau über ihren Anwalt nur eine kühle Empfangsbestätigung zukommen.

Das Weimar-Syndrom

Parteienverdrossenheit in der ersten deutschen Demokratie

Politische Parteien waren in Deutschland nie sonderlich populär. Zu keiner Zeit aber waren sie so verhaßt wie in der Weimarer Republik. «Aus der Angst um den Beuteanteil entstand auf den großherzoglichen Samtsesseln und in den Kneipen von Weimar die deutsche Republik, keine Staatsform, sondern eine Firma. In ihren Satzungen ist nicht vom Volk die Rede, sondern von Parteien. Wir haben kein Vaterland mehr, sondern Parteien: keine Rechte, sondern Parteien: kein Ziel, keine Zukunft mehr, sondern Interessen von Parteien.»[1]

Dies schrieb Oswald Spengler 1924, als die Republik sich gerade von den schweren Krisen des vorangegangenen Jahres zu erholen begann. Damals befand sich der in München lebende Philosoph auf dem Höhepunkt seines Ruhms. Mit seinem zweibändigen Werk über den «Untergang des Abendlandes» hatte er den Nerv einer durch Krieg und Revolution verunsicherten bürgerlichen Welt getroffen. Auch mit seiner pauschalen Verdammung der Parteien sprach Spengler den meisten seiner Zeitgenossen aus dem Herzen. Darin artikulierte sich nicht nur ein Unbehagen an der Weimarer Demokratie, sondern ein verbreitetes Ressentiment, dessen Wurzeln bis weit in die Kaiserzeit zurückreichten.

Vor 1918 waren die Parteien von einer verantwortlichen Mitgestaltung der Politik weitgehend ausgeschlossen. Die Verfassung des Kaiserreichs sicherte der Exekutive ein hohes Maß an Unabhängigkeit von der gewählten parlamentarischen Vertretung, dem Reichstag. Dieser wirkte zwar an der Gesetzgebung mit, doch besaß er weder die Möglichkeit, die Regierung zu kontrollieren, noch gar Einfluß auf die Regierungsbildung zu nehmen.

»Alles ist auf die selbstverständliche Voraussetzung abgestellt: daß dies Parlament und seine Parteiführer niemals in die Lage kommen werden, eine Mitverantwortung für das Schicksal des Staates zu übernehmen». So klagte der Soziologe Max Weber noch 1917, im dritten Jahr des Weltkriegs, als das Ende des Kaiserreichs sich bereits anzukündigen begann.[2] Doch die Parteien wurden bis zuletzt im Vorhof der Macht festgehalten. So fehlte ihnen der Anreiz, sich auf gemeinsame Ziele zu verständigen, Interessengegensätze zu überbrücken und Kompromisse zu schließen. Dies hat den deutschen Parteien schon früh Züge einer ideologischen Fixierung und doktrinären Verhärtung eingeprägt – einer Lagermentalität, die sich als schwere Vorbelastung für die Einführung des parlamentarischen Systems erweisen sollte.[3]

Der von Bismarck und seinen Erben betriebenen Abwertung von Parlament und Parteien entsprach deren geringes öffentliches Ansehen. Der Reichstag wurde gern als «Schwatzbude» tituliert: der Streit der Parteien erschien vielen als überflüssiger «Hader», als schädlich für die Einheit der Nation. Dem entgegengestellt wurde die Parole von der «Regierung über den Parteien», die angeblich nur dem Wohle des Ganzen verpflichtet sei. In diesem Sinne verstand sich vor allem die mit mancherlei Privilegien ausgestattete Bürokratie als Gegenspieler zum Parlament. Daß Parteipolitiker allein ihre egoistischen Interessen bedienten, daß Parteienherrschaft nur zu Korruption und Chaos führen könne – diese Vorstellung hielt sich weit über das Ende des wilhelminischen Obrigkeitsstaates hinaus.

Mit dem Übergang zur parlamentarischen Demokratie im Herbst 1918 wandelte sich die Funktion der Parteien grundlegend. Von ihrer Randstellung rückten sie ins Zentrum des politischen Prozesses. Sie wurden zu legitimen Trägern der politischen Willensbildung. Doch in der Weimarer Verfassung von 1919 wurde diese neue Rolle nicht festgeschrieben. Den Grund für dieses Versäumnis sah Gustav Radbruch, einer der wenigen überzeugten Demokraten unter den führenden Weimarer Juristen, in dem überkommenen «ideologischen Glauben an die Möglichkeit eines Standpunktes über den Parteien»: «Die Überparteilichkeit der Regierung war geradezu die Legende, die Lebenslüge des Obrigkeitsstaates.»[4]

Obrigkeitsstaatliche Relikte waren auch in der starken Stellung zu erkennen, welche die Weimarer Verfassung dem Reichspräsidenten zuwies. Er wurde direkt vom Volke gewählt, und zwar auf die Dauer von sieben Jahren. Als «Ersatzkaiser» erfüllte er das Bedürfnis nach Versöhnung von monarchistischer und republikanischer Tradition. Mit den Ausnahmebefugnissen des Artikels 48 besaß er zudem ein Instrument, das notfalls auch gegen die Parteien eingesetzt werden konnte, wenn diese ihre Aufgaben nicht erfüllten. Und das hieß zuallererst: wenn es ihnen nicht gelang, für eine handlungsfähige Regierung auf der Basis klarer parlamentarischer Mehrheitsverhältnisse zu sorgen.

Gerade auf diese Aufgabe waren die Parteien jedoch denkbar schlecht vorbereitet. Denn in der konstitutionellen Monarchie waren sie nicht gezwungen gewesen, durch Kompromisse regierungsfähige Mehrheiten zu bilden. Das Erbe des Kaiserreichs prägte Selbstverständnis und Verhaltensmuster der Parteien auch noch nach 1918. Nur zögernd mochten sie sich mit der neuen Rollenverteilung anfreunden, die ihnen weniger Grundsatztreue, dafür aber um so mehr Koalitionsfähigkeit abverlangte.

Besonders schwer taten sich die Sozialdemokraten. Im Kaiserreich als «Reichsfeinde» und «vaterlandslose Gesellen» verteufelt, sprangen sie im November 1918 in die Bresche, um den Übergang zur parlamentarischen Republik möglichst reibungslos zu vollziehen. Doch die ihnen zugefallene Regierungsverantwortung empfanden nicht wenige führende Sozialdemokraten eher als Last denn als Chance zu durchgreifender Neugestaltung. Schon bald begannen sie sich nach der gewohnten Oppositionsrolle der Vorkriegszeit zurückzusehnen – nicht zuletzt aus Furcht davor, sich durch eine Koalition mit bürgerlichen Parteien zu kompromittieren und Anhänger an die linke Konkurrenz, die USPD, später die KPD, zu verlieren.

Die in der Kaiserzeit ausgebildete sozialdemokratische Gegenkultur mit ihrem weitgespannten Vereinsnetz behielt auch in der Weimarer Republik ihre Bindekraft. Ebenso wirkte der Schwebezustand fort zwischen praktischer Reformpolitik und der Vision einer künftigen sozialistischen Gesellschaft. Das Heidelberger Parteiprogramm von 1925 mit seinen marxistischen Elementen entsprach eher dem Selbstverständnis einer oppositionellen Klassenpartei im kaiserlichen Deutschland als dem einer Staatspartei der Weimarer Republik.[5]

Vor einem anderen Dilemma sah sich die rechte Flügelpartei, die Deutschnationale Volkspartei (DNVP), in der sich nach 1918 nicht nur die verschiedenen konservativen Gruppierungen des Kaiserreichs, sondern auch Teile des nationalliberalen Lagers zusammengeschlossen hatten. Sie verstand sich einerseits als große antiparlamentarische Sammlungsbewegung; andererseits mußte sie sich an die Spielregeln des parlamentarischen Systems halten, wenn sie politisch Einfluß nehmen und die ökonomischen Interessen ihrer Klientel, vor allem der Großagrarier, ins Spiel bringen wollte. Aus diesem Zwiespalt ergab sich ein ständiges Schwanken zwischen prinzipieller Opposition gegen das verhaßte «System» von Weimar und der Bereitschaft zu begrenzter Mitarbeit. Ein Vertreter des rechten Parteiflügels faßte diesen Zwiespalt 1924 in die Worte: «Ich bin mir bewußt, daß weite Kreise namentlich der Wirtschaft von uns verlangen, daß wir in das Geschäft hineingehen: nun gut, dann gehen wir doch hinein, aber dann auch mit dem festen Willen, uns parlamentarisch nicht wieder hinausdrängen zu lassen, d.h. mit anderen Worten: Wir müssen den parlamentarischen Weg mißbrauchen, um in die Machtstellungen des Staates zu kommen mit der festen Absicht, eines Tages von diesen Machtstellungen das Parlament zu vernichten.»[6]

Demgegenüber sah sich das Zentrum als klassische Partei der Mitte. In diesem schon vor 1918 kultivierten Selbstverständnis spiegelte sich das heterogene Sozialprofil seiner Anhänger: Als politische Vertretung vor allem der katholischen Bevölkerungsteile erfaßte das Zentrum Angehörige verschiedener Schichten und Klassen. Grundsätzlich zeigte es sich bündnisfähig nach rechts wie nach links – unter der Voraussetzung, daß die Partner die Geschäftsgrundlagen der parlamentarischen Demokratie akzeptierten. Daraus resultierte ein hohes Maß an Flexibilität; bei fast allen Regierungsbildungen in der Weimarer Republik fiel dem Zentrum eine Schlüsselrolle zu.

Allerdings wurden die koalitionspolitischen Möglichkeiten beeinträchtigt durch die Schwäche des politischen Liberalismus, der wie im Kaiserreich in eine linksliberale und eine rechtsliberale Gruppierung gespalten blieb: in die Deutsche Demokratische Partei (DDP) und die Deutsche Volkspartei (DVP). Beide Parteien vermochten nicht dauerhaft viele Wähler an sich zu binden. Die Politik der DVP war überdies stark beeinflußt durch großindustrielle Interessenverbände, die der Republik von Weimar distanziert bis ablehnend gegenüberstanden. Dementsprechend gab es in dieser Partei auch starke Vorbehalte gegen eine Koalition mit der SPD.

Bereits die Wahlen zum ersten Reichstag im Juni 1920 signalisierten den Verlust der republikanischen Mitte. Die Koalition aus SPD, Zentrum und DDP, die das Weimarer Verfassungswerk aus der Taufe gehoben hatte, erlitt eine schwere Niederlage. Hatte sie bei den Wahlen zur Nationalversammlung im Januar 1919 noch fast achtzig Prozent der Mandate auf sich vereinigen können, blieb sie jetzt deutlich unter der absoluten Mehrheit.[7]

Damit begann eine Periode chronisch instabiler parlamentarischer Verhältnisse. Das Fehlen einer Parteienkoalition, die zu langfristiger Zusammenarbeit und gemeinsamer politischer Willensbildung bereit war, stellte die Weimarer Politik vor ein Dauerdilemma. An die Stelle handlungsfähiger Bündnisse trat ein System wechselnder Mehrheiten und taktischer Aushilfen. Regierungskrisen und Kabinettsumbildungen waren an der Tagesordnung, auch in der sogenannten Phase der «relativen Stabilisierung» zwischen 1924 und 1929.[8] In den vierzehn Jahren der Weimarer Republik wechselten die Regierungen sechzehnmal, in manchen Jahren gleich zweimal hintereinander. Eine kontinuierliche Außen- und Innenpolitik war unter diesen Bedingungen illusorisch.

Erschwert wurde die Koalitionspolitik noch dadurch, daß die Regierungsfraktionen häufig nicht loyal hinter ihren Ministern standen, sondern sich eher als deren Gegenpol begriffen. Ging ihnen ein Kompromiß zu weit, dann ließen sie die von ihnen getragene Koalition platzen. Diskontinuität der Regierungspolitik und Verantwortungsscheu der Parteien bedingten sich wechselseitig. «Sobald die Regierung auf dem Gebiete der Gesetzgebung oder Verwaltung etwas tut, was gegen unsere Grundsätze verstößt, dann scheiden wir aus», kritisierte der SPD-Abgeordnete Hermann Molkenbuhr seine eigene Fraktion im November 1923. «Also kann sich eine Regierung nur immer halten, wenn sie nichts tut. Mit dieser Taktik ist das parlamentarische System Unsinn.»[9]

Die Labilität des parlamentarischen Systems war kaum dazu angetan, das Vertrauen in die Funktionsfähigkeit der demokratischen Ordnung zu stärken. Daran gemessen erschien die Monarchie in verklärender Rückschau geradezu als ein Hort der Stabilität. Es wuchs der Verdruß am «Parteienstaat», wie die Weimarer Republik abwertend genannt wurde. Die Wahlbeteiligung sank zwischen 1919 und 1928 von 83 Prozent auf 75,6 Prozent, um nach 1930, im Zuge der allgemeinen Radikalisierung, wieder anzusteigen.

Ein Symptom war auch die fortschreitende Zersplitterung des Parteiensystems. Begünstigt wurde sie durch das Weimarer Wahlgesetz. Die Einführung des Verhältniswahlrechts anstelle des im Kaiserreich herrschenden Mehrheitswahlsystems bot auch kleinen Parteien eine Chance, in den Reichstag zu gelangen. Waren 1919 nur neun Parteien in der Nationalversammlung vertreten, waren es im 5. Reichstag 1930 fünfzehn. Hätte es damals eine Fünfprozentsperrklausel gegeben, wie sie die Bundesrepublik seit 1953 besitzt, hätten von diesen fünfzehn Parteien nur fünf den Sprung ins Parlament geschafft.

Auffallend war besonders ein Trend zur reinen Interessenpartei. Die Wirtschaftspartei etwa, die als Reichspartei des deutschen Mittelstands firmierte, kam bei den Reichstagswahlen 1928 immerhin auf 4,7 Prozent der Stimmen und schickte 23 Abgeordnete in den Reichstag. Die Flucht in Klein- und Kleinstparteien mit einseitiger Interessenbindung war – ebenso wie die Wahlenthaltung – ein Ausdruck des Unbehagens an der Weimarer Parteiendemokratie.

Mit ihr einher ging der Niedergang der beiden liberalen Parteien, vor allem der DDP. Sie war 1919 mit über achtzehn Prozent der Stimmen drittstärkste Kraft (nach SPD und Zentrum) geworden, fiel aber 1928 bereits unter die Fünfprozentmarke, um nach 1930 bedeutungslos zu werden. Der dramatische Wählerschwund der bürgerlichen Mitte gerade in den Jahren der «relativen Stabilisierung» zeigt, wie sehr antidemokratische, parteienfeindliche Ressentiments inzwischen an Boden gewonnen hatten. Sie bedrohten den Kernbestand des Weimarer Parlamentarismus, längst bevor die Wirtschaftskrise über Deutschland hereinbrach.

Die schärfste Kritik an Parlament und Parteien übte eine Gruppe rechter Intellektueller und Publizisten, für die schon Ende der zwanziger Jahre die Sammelbezeichnung «Konservative Revolution» geprägt wurde.[10] Was sie bei allen Unterschieden einte, war der Haß auf den Liberalismus. «Am Liberalismus gehen die Völker zugrunde» – so lautet die Kernthese von Arthur Moeller van den Brucks Buch «Das dritte Reich», das im Jahr 1923 erschien und sofort ein großes Echo fand.[11] In der liberalen parlamentarischen Demokratie sahen die rechten Intellektuellen den Inbegriff allen Übels. Sie galt ihnen als ein vom Westen aufgepfropftes, der deutschen politischen Tradition wesensfremdes System, ein Ausfluß der Ideen von 1789, gegen die man 1914 angetreten war. Liberalismus und «Weimarer System» – das waren austauschbare Negativbegriffe. Sie standen für Schwäche, Niedergang, Verfall.

Für Oswald Spengler zum Beispiel war die Republik von Weimar –

wie seine eingangs zitierte Bemerkung zeigt – gar keine Staatsform, sondern eine «Firma», in der ein Klüngel von Geschäftemachern zum Zwecke des eigenen Vorteils um Posten und Einfluß rangelte: «Ministerpensionen blühten zu Hunderten in der Maiensonne des republikanischen Deutschland auf, und hinter dem Ministertanz erblickte man die offenen Mäuler und gierigen Augen von tausend Partei- und Gewerkschaftssekretären, Parteijournalisten, Vettern, Geschäftsfreunden, die noch nicht daran gekommen waren und für die immer neue Ausschüsse gebildet und neue Verordnungen durchgeführt werden mußten.»[12]

Der Staat war – nach dieser polemischen Beschreibung – zum Selbstbedienungsladen der Parteien verkommen. Im Parlament saß nicht etwa die Elite der Nation, sondern eine Negativauslese korrupter Parteipolitiker, die nur auf persönliche Bereicherung aus waren. «Die Herrschaft der Minderwertigen» – so lautete denn auch der Titel eines Buches von Edgar Jung aus dem Jahre 1927. Darin hieß es unter anderem: «Die Beherrscher der Parteien sind meist mittelmäßige, keineswegs kluge, aber kleinbürgerliche, ganz selten staatsmännisch eingestellte Köpfe. Es sind betriebsame ‹Macher› ... In den großen Parteien siegt der Demagoge, in den kleinen der Intrigant ... Wer die Beziehungen zu den Geldgebern, die Fäden zu bestimmten Machtgruppen, den Apparat der Parteibeamten in Händen hat, beherrscht die Partei ... Für eine Partei arbeiten, heißt ihm, andere Parteien zu schädigen. Keine Lüge ist zu niedrig, keine Verleumdung zu gemein, keine Behauptung zu dumm, um diesem erhabenen Ziele zu dienen. Je gewissenloser er agitiert, umso mehr belobt ihn die Partei für seine ‹Treue›.»[13]

Charakteristisch für derlei Betrachtungen war, daß sie sich auf reale Mißstände des parlamentarischen Betriebs von Weimar bezogen, diese aber maßlos überzeichneten. Das galt zum Beispiel für den Vorwurf der Korruption. In der Weimarer Republik gab es – wie in jedem politischen System – etliche Korruptionsfälle. Daß sie aufgedeckt werden konnten, war gerade der Wachsamkeit der liberalen Öffentlichkeit und der gegenseitigen Kontrolle konkurrierender Parteien zu danken. In der antidemokratischen Agitation indes erschien es so, als sei Korruption in Weimar nicht die Ausnahme, sondern die Regel – ein Wesensmerkmal des verachteten «Parteienstaates».

Für die Unentbehrlichkeit von Parteien im Rahmen demokratischer Willensbildungs- und Entscheidungsprozesse fehlte in diesem von Ressentiments beherrschten Denken jedes Verständnis. Ein Standpunkt, wie ihn der liberale Religionsphilosoph und Kirchenhistoriker Ernst Troeltsch, einer der wenigen Anhänger der Weimarer Republik unter den Gelehrten, vertrat, war schon 1920 die Stimme eines Außenseiters: «Parteien müssen sein. Sie sind das einzige Mittel der Regierungsbildung, ob sie einem gefallen oder nicht. Wer früher über Militär- oder Beamtenhochmut sich ärgerte, kann sich heute über die Parteizwistigkeit und Parteiselbstsucht ärgern. Ohne Dinge, über die man sich ärgert oder an denen man leidet, gibt es überhaupt keine Regierung. Regierung-schaffen und Regierung-ertragen ist leider immerdar ein schwieriges und unangenehmes Geschäft gewesen und wird es in jeder Form bleiben.»[14]

Obwohl selbst Nutznießer der liberalen Öffentlichkeit und des Parteienpluralismus, glaubten die Ideologen der «Konservativen Revolution» jedoch, die Weimarer Demokratie unablässig publizistisch diskreditieren zu dürfen. Sie schürten den Antiparteienaffekt in der Absicht, das gesamte parlamentarische System auszuhebeln und an dessen Stelle ein autoritäres Regime zu setzen. «Nichts verdient so sehr den Untergang als die Partei. Wer sie mit Feuer und Schwert austilgt, vollbringt ein frommes Werk» – so Edgar Jung.[15] «Wir setzen an die Stelle der Parteibevormundung den Gedanken des dritten Reiches» – so Moeller van den Bruck.[16] «Der Tag, an dem der parlamentarische Staat unter unserem Zugriff zusammenstürzt, und an dem wir die nationale Diktatur ausrufen, wird unser höchster Festtag sein» – so Ernst Jünger.[17] Im Verlangen nach einem «Dritten Reich», einer «nationalen Diktatur» verdichteten sich die autoritären Sehnsüchte der Zeit. Ruf nach dem «starken Staat» – das hieß immer auch: Ruf nach dem «starken Mann», einem «wahren Führer», der sich über Parteiengezänk und Interessenpluralismus erheben und die «Volksgemeinschaft» wiederherstellen sollte.

Nicht zufällig richteten sich dabei manche Blicke auf den Reichspräsidenten. Denn je mehr die Integrationsfähigkeit der Weimarer Parteien nachließ, das Parlament sich selbst blockierte, desto deutlicher mußten sich die Gewichte zugunsten der präsidialen Elemente der Verfassung verschieben.

Im April 1925 wurde – als Nachfolger des Sozialdemokraten Friedrich Ebert – Paul von Hindenburg im zweiten Wahlgang zum Reichspräsidenten gewählt. Diese Wahl war zweifellos «nichts Geringeres als ein stiller Verfassungswandel, eine konservative Umgründung der Republik».[18] Denn der schon 78jährige ehemalige kaiserliche Generalfeldmarschall verkörperte als Repräsentant des untergegangenen wilhelminischen Reiches gerade jene Kräfte, die sich mit der demokratischen Ordnung von Weimar nicht hatten aussöhnen können. Daß künftig «mehr nach rechts» regiert werden müsse, war Hindenburgs Überzeugung seit seiner Amtsübernahme.

Schon früh dachten die Berater Hindenburgs an die Etablierung eines autoritären Präsidialregimes, gestützt auf das Ausnahmerecht des Artikels 48 der Reichsverfassung. Öffentliche Unterstützung erhielten sie durch namhafte Weimarer Staatsrechtslehrer. In seiner vielbeachteten Berliner Rektoratsrede von 1927 forderte zum Beispiel Heinrich Triepel «eine Veredelung der ‹egalitären Demokratie› durch ihre Umwandlung in eine Führeroligarchie». An die Stelle der «unverantwortlichen Parteiorganisationen und der noch unverantwortlicheren, vielfach anonymen Mächte, die sich hinter ihnen verbergen», müßten «selbständige und daher verantwortliche Staatslenker» treten.[19]

Noch deutlicher wurde Carl Schmitt, der schärfste Kritiker des Weimarer Parlamentarismus, in einem 1929 veröffentlichten Aufsatz, der den Titel trug: «Der Hüter der Verfassung». Darin erklärte er den Reichspräsidenten zur einzigen Kraft, die dem selbstzerstörerischen Treiben der Parteien Einhalt gebieten könne. Auf ihn sei «die Staatsordnung des heutigen Deutschen Reiches in demselben Maße angewiesen, in welchem die Tendenzen des pluralistischen Systems ein normales Funktionieren des Gesetzgebungsstaates erschweren oder sogar unmöglich machen».[20]

Was Schmitt vorschwebte, hatte weniger mit der Rettung der Verfassung zu tun als damit, den Reichspräsidenten in die Lage zu versetzen, die Weimarer Demokratie mit Hilfe des Artikels 48 aus den Angeln zu heben. Seine Vorschläge erregten große Aufmerksamkeit, nicht nur bei den Beratern Hindenburgs, der Reichswehrführung oder den Publizisten der «Konservativen Revolution» und des «Tat»-Kreises[21], sondern auch in den bürgerlichen Parteien.

Im Oktober 1928 wurde der Pressezar Alfred Hugenberg, Exponent eines extremen Nationalismus, zum Vorsitzenden der Deutschnationalen Volkspartei gewählt. Er legte die DNVP, die in den Jahren zuvor zweimal der Regierung angehört hatte, wieder auf einen Kurs strikter Opposition fest. Auch im Zentrum kam es zu einer Schwenkung nach rechts, symbolisiert durch die Wahl des Prälaten Ludwig Kaas zum Parteivorsitzenden im Dezember 1928. Sein Staatsideal war nicht die Weimarer Parteiendemokratie, sondern ein «Führertum großen Stils», das sich unabhängig machte von den Wechselfällen des parlamentarischen Betriebs.[22] Neigungen zu autoritären Lösungen gab es auch in der DVP, und sie verstärkten sich nach dem Tode des Parteivorsitzenden, des Reichsaußenministers Gustav Stresemann, Anfang Oktober 1929.[23]

Zu diesem Zeitpunkt regierte noch eine mehrheitsfähige parlamentarische Kombination: die seit 1928 amtierende Große Koalition von SPD bis DVP unter dem sozialdemokratischen Reichskanzler Hermann Müller. Als diese Regierung ein Jahr später, im März 1930, an ihren inneren Widersprüchen zerbrach, schlug den Befürwortern des Präsidialregimes die Stunde. Der neue Kanzler, der Zentrumspolitiker Heinrich Brüning, erhielt den Auftrag, unabhängig von den Mehrheitsverhältnissen im Reichstag, gestützt allein auf das Notverordnungsrecht des Reichspräsidenten, zu regieren.

Was folgte, war eine dreijährige Agonie des parlamentarischen Systems, war der Durchbruch der NSDAP zur Massenbewegung und schließlich – nach den autoritären Zwischenstufen der Papen- und Schleicher-Kabinette – die Ernennung Hitlers zum Reichskanzler am 30. Januar 1933. Daß in der nationalsozialistischen «Volksgemeinschaft» für die Parteien außer der NSDAP kein Platz sein würde, dies hatte Hitler immer verkündet. Und dieses Versprechen machte er bald nach seiner «Machtergreifung» wahr.

Am Untergang der Weimarer Republik hatten die Parteien einen wesentlichen Anteil. Denn sie waren der Verpflichtung zum konstruktiven Kompromiß und zur Bildung einer arbeitsfähigen Mehrheit nur in unzureichendem Maße nachgekommen. Schwerer noch als die mangelnde Funktions- und Integrationsfähigkeit der Parteien aber wog die Tatsache, daß die parlamentarische Demokratie nur von einer Minderheit der Bevölkerung wirklich angenommen wurde. Und daß maßgebliche Teile der konservativen Eliten und der rechten Publizistik sie von Anfang an vehement bekämpft hatten. Die von ihnen mobilisierten Ressentiments gegen die Parteien erwiesen sich als wirkungsvollste Waffe, um die Republik in Mißkredit und schließlich zu Fall zu bringen.

Kampflose Kapitulation

Die Selbstgleichschaltung der deutschen Gewerkschaften 1933

Hätte die Weimarer Republik gerettet, die Machtergreifung und Machtkonsolidierung des Nationalsozialismus verhindert werden können? Diese Frage richtet sich nicht nur an die konservativen Eliten, welche die rechte Massenbewegung mit ihrem «Trommler» Hitler für ihre Zwecke hatten einspannen wollen, sondern auch an die Parteien und Gruppierungen, die zur Verteidigung der Republik bereitstanden: vor allem an die sozialdemokratische Arbeiterbewegung mit ihrem Kern, den im Allgemeinen Deutschen Gewerkschaftsbund (ADGB) zusammengeschlossenen Freien Gewerkschaften.

Wenn es überhaupt eine gesellschaftliche Gegenkraft gab, die den Siegeslauf der Nationalsozialisten hätte stoppen können, dann waren das – sollte man meinen – die machtvollen, kampferprobten Gewerkschaftsorganisationen. Tatsächlich aber wurden diese im Frühjahr 1933 zerschlagen, ohne daß sich irgendwo nennenswerter Widerstand regte. Mehr noch: Diese kampflose Kapitulation war gekoppelt mit einem schrittweisen Übergang ins Lager des Gegners – ein beispielloser Vorgang, der einen politisch-moralischen Tiefpunkt in der Geschichte der deutschen Gewerkschaftsbewegung markiert.

«Hitler ist soeben zum Reichskanzler ernannt worden» – mit dieser Nachricht platzte Friedrich Stampfer, Chefredakteur des «Vorwärts», am Mittag des 30. Januar 1933 in eine Sitzung der Vorstände von SPD und ADGB. Die gewerkschaftlichen Spitzenverbände reagierten prompt mit einer Mahnung an ihre Mitglieder, «kühles Blut und Besonnenheit» zu bewahren: «Laßt Euch nicht zu voreiligen und darum schädlichen Einzelaktionen verleiten.»[1] Tags darauf bekräftigte der ADGB-Vorsitzende Theodor Leipart: «Organisation – nicht Demonstration: Das ist die Parole der Stunde.»[2]

Damit war die Linie der Gewerkschaften für die nächsten Wochen festgelegt: Man wartete zunächst einmal ab. Dem stereotypen Stillhalte-Appell schloß sich die beruhigende Versicherung an, daß man für den «Ernstfall» schon gerüstet sei. Doch hinter der kämpferischen Pose verbargen sich Angst und Unsicherheit. Ein Generalstreik, wie ihn die Kommunisten propagierten, kam für die Spitzen der Gewerkschaften jetzt ebensowenig in Betracht wie im Juli 1932, als Reichskanzler Franz von Papen die preußische Regierung unter dem SPD-Ministerpräsidenten Otto Braun aus dem Amt gejagt hatte. Wie damals gab es auch Ende Januar 1933 gute Gründe für diesen Verzicht: Jedes zweite Gewerkschaftsmitglied war arbeitslos, nur noch jedes dritte vollzeitbeschäftigt. Angst vor einem Verlust des Arbeitsplatzes dämpfte die Streikbereitschaft. Zu befürchten war, daß ein Aufruf zum Generalstreik in den Betrieben auf wenig Resonanz stoßen, dafür aber der Gegenseite den Vorwand liefern würde, zum Schlag gegen die Arbeiterorganisation auszuholen.

So sind die Gewerkschaften kaum dafür zu tadeln, daß sie das Risiko eines Generalstreiks scheuten; wohl aber kann man ihnen vorwerfen, daß sie gar nichts taten und den Dingen ihren Lauf ließen. Nicht einmal für eine auf wenige Stunden beschränkte Demonstration mochten sie sich erwärmen. Begründet wurde dies damit, daß Hitler legal an die Macht gekommen sei, man also gar keine Handhabe für eine Kampfansage an die neue Regierung besäße. Man müsse «doch noch zuwarten, bis ein offener Verfassungsbruch vorliegt», erklärte Leipart in einer Sitzung mit Vertretern des SPD-Vorstands am 5. Februar.[3]

Nach Ansicht der meisten Gewerkschaftsführer hatte sich die Situation mit dem 30. Januar 1933 nicht grundlegend geändert. Für sie war Hitler ein Gefangener der alten sozialreaktionären Machteliten aus ostelbischem Großgrundbesitz und rheinisch-westfälischer Schwerindustrie. Richtung und Inhalt der Politik bestimmten in ihren Augen nicht der neue Reichskanzler, sondern Vizekanzler Franz von Papen und Wirtschaftsminister Alfred Hugenberg. Sie würden – so die Erwartung – den Messias aus Braunau schon bald entzaubern.

Verkannt wurde nicht nur der totale Machtanspruch des Nationalsozialismus, sondern auch die Dimension der davon ausgehenden Gefahr. Die meisten führenden Gewerkschafter waren im Kaiserreich groß geworden; viele hatten noch die Verfolgung der Sozialdemokratie unter Bismarck erlebt. Sie rechneten allenfalls mit einer Neuauflage der Repression in der Art des Sozialistengesetzes. Daß die Nationalsozialisten mit der völligen Zerstörung der organisierten Arbeiterbewegung ernst machen könnten – das lag außerhalb ihres Vorstellungsvermögens. Vielmehr wiegten sie sich in der Illusion, daß auch die neuen Machthaber an der Existenz stabiler, handlungsfähiger Gewerkschaften ein Interesse haben müßten. So bemühten sie sich in ihren Presseorganen unablässig darum, die «Leistungen der Gewerkschaften für Volk und Staat» herauszustreichen.[4]

Befangen in Wunschdenken, verschanzten sich die Funktionäre des ADGB hinter einer Fassade von Legalität und Rechtsstaatlichkeit. Als am 28. Februar 1933 der Reichstag brannte, verwahrten sie sich gegen den Verdacht, einer aus ihren Reihen könne zu den Anstiftern zählen. Die deutschen Gewerkschaften, seit jeher die «treuesten Hüter der Demokratie und der parlamentarischen Ordnung», würden sich «nicht von ihrem rechtmäßigen Kampf gegen alle Gefahren für die verfassungsmäßigen Freiheiten abdrängen lassen».[5] Daß Kommunisten in großer Zahl nach dem Reichstagsbrand verhaftet wurden, störte die Gewerkschaftsführer wenig: im Gegenteil, manche meinten, daß es der verhaßten Konkurrenz von links ganz recht geschähe.

Aber auch zur Sozialdemokratie gingen die Freien Gewerkschaften auf Distanz. So verzichteten sie in ihrem Aufruf zur Reichstagswahl am 5. März 1933 auf die – sonst übliche – Wahlempfehlung zugunsten der SPD. Damit wurde fortgesetzt, was Leipart in einer aufsehenerregenden Rede in der ADGB-Bundesschule in Bernau im Oktober 1932 eingeleitet hatte. Demonstrativ hatte der Vorsitzende seinerzeit bekundet, daß die Bestrebungen der Gewerkschaften «über jede enge Parteigebundenheit» hinausgingen: «Unsere Arbeit ist Dienst am Volke. Sie kennt den soldatischen Geist der Einordnung und der Hingabe für das Ganze.»[6]

An diese Rede hatte sich ein politischer Flirt mit General Kurt von Schleicher, dem starken Mann im Kabinett Papen und letzten Reichskanzler der Republik, angeschlossen. Für dessen Pläne, eine «Querfront» von den Gewerkschaften bis zum Strasser-Flügel der NSDAP zu ziehen, um sein autoritäres Regime abzustützen, zeigte man sich in Gewerkschaftskreisen durchaus empfänglich.[7]

Was 1932 noch ein Versuchsballon gewesen war – im Rahmen einer Öffnung gewerkschaftlicher Politik nach rechts –, das wurde seit Anfang März 1933 zur strategischen Leitmaxime. Um des eigenen

Überlebens willen trennten die Freien Gewerkschaften ihr organisatorisches Schicksal von dem der Partei, mit der sie über Jahrzehnte eng verbunden gewesen waren. Seine Sorge müsse jetzt «in erster Linie den Gewerkschaften gewidmet sein, denen es jetzt vielleicht zugute kommt, daß ich mich parteipolitisch stets etwas zurückgehalten habe», äußerte Leipart in einem Brief an den württembergischen SPD-Politiker Wilhelm Keil vom 3. März[8], und ähnlich kommentierte die «Gewerkschafts-Zeitung», das Organ des ADGB, den Ausgang der Reichstagswahl vom 5. März: Die Gewerkschaften seien jetzt noch mehr als bisher «auf ihre eigene Kraft allein angewiesen».[9]

Dem Abrücken von der SPD entsprach eine schrittweise Annäherung an die NSDAP. Seit Ende Februar 1933 wurden in der Gewerkschaftspresse Töne angeschlagen, die sich von den Verlautbarungen der völkischen Rechten kaum noch unterschieden. Forciert wurde die Wende von einer Gruppe zumeist jüngerer Gewerkschaftssekretäre in der ADGB-Zentrale. Ihr intellektueller Kopf, Lothar Erdmann, Redakteur der theoretischen Gewerkschaftszeitung «Die Arbeit» formulierte im März 1933 das neue, national-sozialistische Gewerkschaftsprogramm: «Wir sind Sozialisten, weil wir Deutsche sind. Und eben deshalb ist für uns nicht das Ziel ‹der› Sozialismus, sondern das sozialistische Deutschland ... Der deutsche Sozialismus wächst aus der deutschen Geschichte hinein in den künftigen Lebensraum des deutschen Volkes. Das sozialistische Deutschland wird niemals Wirklichkeit werden ohne die Nationalisierung der sozialistischen Bewegung.»[10]

Es blieb nicht bei ideologischer Anbiederung. Am 21. März wandte sich Leipart direkt an Hitler und bat um eine Unterredung. Dem im devoten Ton («mit ausgezeichneter Hochachtung und Ergebenheit») abgefaßten Schreiben war eine Grundsatzerklärung des ADGB-Bundesvorstands zur künftigen Rolle der Gewerkschaften im NS-Staat beigefügt. Darin stand der bemerkenswerte Satz: «Die sozialen Aufgaben der Gewerkschaften müssen erfüllt werden, gleichviel welcher Art das Staatsregime ist.»[11]

Mit dieser Erklärung signalisierte die Gewerkschaftsführung ihre Bereitschaft, den seit dem 30. Januar vollzogenen Systemwechsel zu akzeptieren und loyal im Rahmen der neuen Ordnung mitzuarbeiten. Um dies glaubhaft zu demonstrieren, wurde ein erstes personelles Opfer gebracht: Am 28. März trat Siegfried Aufhäuser, der als linker

Sozialdemokrat und Jude besonderen Angriffen ausgesetzt war, von seinem Amt als Vorsitzender der freigewerkschaftlichen Angestellten-Organisation, des Afa-Bundes, zurück.

Auf einer Vorstandssitzung des Internationalen Gewerkschaftsbundes (IGB) am 8. April 1933 faßte Walter Schevenels, Generalsekretär der Organisation, seinen Eindruck aus Gesprächen mit Leipart und anderen deutschen Gewerkschaftsführern zusammen: Deren Taktik ziele darauf ab, «durch passives Verhalten und möglichst weitgehendes Entgegenkommen die Bewegung über Wasser zu halten». Der Vorstand des IGB beschloß, seinen Sitz von Berlin nach Brüssel zu verlegen, weil – wie es im Protokoll heißt – «die deutschen Gewerkschaften bereits das Spiel gegen Hitler aufgegeben haben».[12]

Wie zutreffend diese Einschätzung war, zeigte sich einen Tag später: Am 9. April bot der Bundesausschuß des ADGB der Reichsregierung förmlich an, die Gewerkschaftsorganisationen «in den Dienst des neuen Staates zu stellen», und schlug «die Einsetzung eines Reichskommissars für die Gewerkschaften» vor: «Die Gewerkschaften erkennen nach wie vor an, daß ihre eigene Bewegungsfreiheit ihre Grenze finden muß an dem höheren Recht des Staates als Repräsentanten der gesamten Volksgemeinschaft.»[13] Auch dieses Angebot würdigte Hitler – ebenso wie Leiparts Unterwerfungsadresse vom 21. März – keiner Antwort.

Von seinem Anpassungskurs ließ sich der ADGB auch nicht abbringen durch die Terrorwelle, von der die Gewerkschaften – wie KPD und SPD – in zunehmendem Maße betroffen waren. Seit März 1933 häuften sich Überfälle auf Gewerkschaftshäuser. Vielerorts wurden Funktionäre verhaftet und mißhandelt. Diese Gewaltorgien waren nicht zentral gesteuert, sondern entsprangen der Eigeninitiative marodierender SA-Männer, welche die Gelegenheit nutzten, um mit den politischen Gegnern von einst abzurechnen. Die Polizei weigerte sich in den meisten Fällen, dem Treiben Einhalt zu gebieten. In immer neuen Eingaben an Reichspräsident Hindenburg beklagte der ADGB-Vorstand die «anarchistischen» Zustände» und verlangte, «Recht und Gerechtigkeit in Deutschland wieder zur Geltung zu bringen»[14] – ein hilfloser Protest, der zeigt, wie sehr die Gewerkschaftsführer zu Gefangenen des eigenen Legalitätsdenkens geworden waren.

Die Erfahrung, schutzlos den Übergriffen der SA-Trupps ausgeliefert zu sein, übte auf die Gewerkschaftsbasis eine ebenso abschreckende wie lähmende Wirkung aus. Mutlosigkeit und Resignation machten sich breit. Der Terror der SA verstärkte die entsolidarisierenden Wirkungen der Wirtschaftskrise. Hinzu kam die Enttäuschung über die Untätigkeit der Gewerkschaftsspitze. Teile der Arbeiterschaft begannen, sich von ihren Organisationen abzuwenden und zu den politischen Siegern überzulaufen. Dieser Stimmungsumschwung fiel dem SPD-Reichstagsabgeordneten Wilhelm Hoegner auf, als er am 21. März 1933, dem «Tag von Potsdam», mit Parteifreunden durch Berliner Arbeiterviertel ging: «Jetzt sahen wir alle Häuser mit Hakenkreuzfahnen beflaggt. Wir hörten auf der Straße Arbeiterfrauen, die sich laut und anerkennend über den ‹Führer› unterhielten. Da sahen wir uns verwundert an. So unaufhaltsam hatten wir uns den Abmarsch der Masse zu Hitler doch nicht vorgestellt.»[15]

Ein Stimmungsbarometer waren auch die Betriebsratswahlen im Frühjahr 1933. Zwar konnten die Kandidaten der Freien Gewerkschaften die Vertreter der Nationalsozialistischen Betriebszellen-Organisation (NSBO) fast überall klar aus dem Felde schlagen, so daß sich die Regierung veranlaßt sah, durch ein Gesetz vom 4. April die Wahlen abzubrechen. Doch es gab auch Anzeichen dafür, daß die Stabilität der freigewerkschaftlichen Position in den Betrieben brüchig geworden war. In der Kruppschen Gußstahlfabrik in Essen zum Beispiel kamen die Nationalsozialisten in einigen Abteilungen auf über fünfzig Prozent der Stimmen.[16]

Auf viele Arbeiter, auch gewerkschaftlich organisierte, übte der Nationalsozialismus eine große Anziehungskraft aus. An die braune Regierung knüpften sie nicht nur Hoffnungen auf eine rasche Beseitigung der Arbeitslosigkeit; vielmehr fühlten sie sich durch die Parole vom «deutschen Sozialismus» angesprochen, die sich ja inzwischen auch mancher Gewerkschaftsfunktionär zu eigen gemacht hatte. In der Verbindung von antikapitalistischer Rhetorik, nationalistischer Phraseologie und Ressentiments gegen die Gewerkschafts-«Bonzen» trafen die Nationalsozialisten einen Punkt, der den Erwartungen eines Teils der durch die Krise radikalisierten, von den Kommunisten aber enttäuschten Arbeiterschaft entsprach. Nicht zuletzt aber erfreute sich Hitler schon früh beachtlicher Popularität auch in Arbeiterkreisen, weil er, der «Mann aus dem Volke», mit seinem Versprechen größerer sozialer Chancengleichheit glaubhaft zu sein schien.

Allerdings war sich der Diktator in den ersten Monaten nach der «Machtergreifung» noch unschlüssig, was mit den Gewerkschaften geschehen sollte. Ein Beschwerdeschreiben Leiparts über Behinderungen bei Betriebsratswahlen Ende März 1933 versah er mit der handschriftlichen Bemerkung: «Herr Leipart soll dem Schicksal danken, daß so zart mit den Herrschaften verfahren wurde.»[17] Die anfängliche Zurückhaltung war begründet in dem Respekt vor einer Organisation, die mit fast vier Millionen Mitgliedern immer noch ein beachtliches Widerstandspotential darzustellen schien. Doch die überraschende, an Unterwürfigkeit grenzende Passivität der Gewerkschaftsführung bestärkte die Regierung Hitler schon bald in der Überzeugung, daß von dieser Seite keine Gegenwehr zu erwarten war. Mit einer Doppelstrategie von Verführung und Gewalt suchte sie nun, die Arbeiter für das neue Regime zu gewinnen und sich zugleich der Gewerkschaften in ihrer bisherigen Form zu entledigen.

Am 24. März 1933 schlug Propagandaminister Joseph Goebbels im Kabinett vor, den 1. Mai zum «Feiertag der nationalen Arbeit» zu erklären, wobei er ausdrücklich auf den kurz zuvor veranstalteten «Tag von Potsdam» verwies.[18] Hatte dieser dazu gedient, die symbolische Verbindung von Nationalsozialismus und Preußentum zu zelebrieren, so sollte das bevorstehende Fest des 1. Mai den Brückenschlag zur Arbeiterschaft beglaubigen. Ideologische Vereinnahmung und terroristische Gleichschaltung waren Bestandteile ein und desselben Konzepts. Anfang April 1933 wurde ein «Aktionskomitee zum Schutz der deutschen Arbeit» unter dem Vorsitz von Robert Ley, dem Reichsorganisationsleiter der NSDAP, mit der Aufgabe betraut, einen detaillierten Plan zur Ausschaltung der Gewerkschaften auszuarbeiten.[19] Am 16. April gab Hitler grünes Licht für den geplanten Coup. «Wir tun dem Arbeiter nur einen Dienst, wenn wir ihn von der parasitären Führung befreien, die ihm bisher nur das Leben sauer gemacht hat. Sind die Gewerkschaften in unserer Hand, dann werden sich auch die anderen Parteien und Organisationen nicht mehr lange halten können. Ein Zurück gibt es dann nicht mehr», frohlockte Joseph Goebbels.[20] Am 21. April weihte Robert Ley die Gauleiter in das geplante Unternehmen ein: «Dienstag, den 2. Mai 1933, vormittags 10.00 Uhr, beginnt die Gleichschaltungsaktion gegen die Freien Gewerkschaften.» Dabei wolle man so vorgehen, «daß dem Arbeiter und Angestellten das Gefühl gegeben wird, daß diese Aktion sich nicht gegen ihn, sondern gegen ein überaltertes und mit den Interessen der deutschen Nation nicht übereinstimmendes System richtet».[21]

Die NS-Führung ließ die Gewerkschaften freilich lange in dem Glauben, sie werde sich am Ende doch mit ihnen arrangieren. Noch am 13. April verhandelten NSBO und ADGB über eine künftige gemeinsame Organisationsform. Die Gespräche endeten zwar ergebnislos, aber die ADGB-Vertreter glaubten aus der Gesprächsbereitschaft der anderen Seite schließen zu können, daß die Regierung nicht daran dachte, die Gewerkschaften zu zerschlagen.[22]

Zwei Tage später, am 15. April, wandte sich der Vorstand des ADGB mit einem Aufruf an die Mitglieder. In hymnischen Worten begrüßte er den Beschluß, den 1. Mai zum «gesetzlichen Feiertag der nationalen Arbeit» zu erklären, und er schloß sich auch vorbehaltlos der neuen Sinngebung dieses Tages an: «Der deutsche Arbeiter soll am 1. Mai standesbewußt demonstrieren, soll ein vollberechtigtes Mitglied der deutschen Volksgemeinschaft werden.»[23] Der Bundesausschuß des ADGB ging am 19. April noch einen Schritt weiter, indem er seine Mitglieder aufforderte, «sich allerorts an der von der Regierung veranlaßten Feier festlich zu beteiligen».[24]

Jetzt, wo die Direktive von oben gekommen war, brachen auch auf der unteren Ebene alle Dämme der Zurückhaltung. «Maifeier, wir machen alle mit und flaggen schwarzweißrot», notierte ein Gewerkschaftsangestellter. «Es lebe Hitler-Göring-Goebbels-Frick – wir sind alle schon 55 % Nazi gleichgeschaltet.»[25] In der letzten Ausgabe der «Gewerkschafts-Zeitung» vom 29. April 1933 feierte Walter Pahl, ein junger promovierter Volkswirt, seit 1932 Leiter der Zentralstelle für den Freiwilligen Arbeitsdienst beim ADGB, die Symbiose von Sozialismus und Nationalsozialismus: «Wir brauchen wahrhaftig nicht umzufallen, um zu bekennen, daß der Sieg des Nationalsozialismus, obwohl er im Kampf gegen eine Partei errungen wurde, die uns als Träger der sozialistischen Idee galt, auch unser Sieg ist, insofern die sozialistische Aufgabe heute der ganzen Nation gestellt ist.»[26] Das war keine Stimme eines Einzelgängers, sondern entsprach, wie Pahl am 25. April den Chef der Geheimen Staatspolizei, Rudolf Diels, wissen ließ, der «Haltung eines großen Teils unserer jüngeren Generation».[27]

Am 1. Mai 1933 marschierten Gewerkschaftsmitglieder und Nationalsozialisten gemeinsam – keineswegs immer widerwillig oder gezwungen, wie sich Friedrich Stampfer mit großer Bitterkeit erinnerte:

«Seht das Proletariat von Berlin! Wie viele sind es? Mehr als nach Rathenaus Ermordung. Mehr als bei Eberts Begräbnis. Damals waren es endlose Ströme. Das ist ein brausendes Meer. Aber alles wogt in derselben Richtung, zum Tempelhofer Feld, wo der große Freund der Arbeiter die Maifestrede halten wird.»[28]

Die Hauptkundgebung auf dem Tempelhofer Feld, dem früheren kaiserlichen Paradeplatz, war von Goebbels selbst vorbereitet worden, denn sie sollte ein erstes Meisterstück seiner Propaganda werden. Über eine Million Menschen formierten sich, in zwölf Blocks, vor einer riesigen Tribüne, inmitten eines Meers von Fahnen und Standarten, die von Scheinwerfern in gleißendes Licht getaucht wurden. Hitlers Rede, die von allen deutschen Sendern übertragen wurde, enthielt beides zugleich: die Umdeutung der sozialistischen Maifeiertradition im Sinne der «Volksgemeinschafts»-Ideologie und ein Integrationsangebot an die «Arbeiter der Stirn und der Faust», deren Selbstwertgefühl der Diktator geschickt schmeichelte. Ganz überwältigt von der eigenen Inszenierung, schrieb Goebbels: «Ein toller Rausch der Begeisterung hat die Menschen erfaßt ... Hier kann keiner sich ausschließen, hier gehören wir alle zusammen, und es ist keine Phrase mehr: wir sind ein Volk von Brüdern geworden.»[29]

Einen Tag später holte die Wirklichkeit die Gewerkschaften ein. Am Vormittag des 2. Mai besetzten Rollkommandos der SA und SS die Gewerkschaftshäuser, verhafteten die Gewerkschaftsführer und beschlagnahmten die Gewerkschaftsvermögen. Kurze Zeit später wurde die Deutsche Arbeitsfront unter Robert Ley gegründet; eine unabhängige Vertretung der Arbeiter existierte nicht mehr. Der Versuch der Gewerkschaften, durch eine Politik der Selbstgleichschaltung die eigenen Organisationen zu retten, war gescheitert. Otto Wels, der SPD-Parteivorsitzende, hatte recht behalten mit seiner Prophezeiung: «Es wäre ein hoffnungsloses Unternehmen, wenn man das Leben der Organisation durch Preisgabe der Idee zu erkaufen versuchte. Ist die Idee preisgegeben, dann stirbt auch die Organisation.»[30]

Den Mut haben, davonzulaufen

Deutsche Deserteure im Zweiten Weltkrieg

Am 10. und 11. April 1945, jeweils um 7 Uhr morgens, wurden in einer Sandkuhle im Bruckwald am Rande des südbadischen Städtchens Waldkirch fünf junge Soldaten erschossen. Ihr «Verbrechen» bestand darin, daß sie im Glauben an das bevorstehende Ende des Krieges ihre Truppe verlassen hatten. Sie waren desertiert, hatten aber das lebensgefährliche Pech, von Feldgendarmen wieder aufgegriffen zu werden. Ein Standgericht des in Waldkirch stationierten Oberkommandos der 19. Armee verurteilte die Fahnenflüchtigen kurzerhand zum Tode. Als die Soldaten des Erschießungskommandos die Gewehre anlegten, rief einer der Deserteure: «Nieder mit Hitler! Es lebe Deutschland!» Nach der Exekution wurden die Leichen zum Waldkircher Friedhof geschleift und dort verscharrt.[1]

I. Was in Waldkirch geschah, wiederholte sich an vielen anderen Orten im untergehenden «Dritten Reich». Überall, auch in der Wehrmacht, mehrten sich die Anzeichen eines bevorstehenden Zusammenbruchs. Die Zahl der Desertionen nahm sprunghaft zu. Am 3. März 1945 klagte Propagandaminister Joseph Goebbels in seinem Tagebuch: «Auch das Deserteurunwesen ist bedenklich angestiegen. Man vermutet, daß sich in den Großstädten des Reiches Zehntausende von Soldaten befinden, die angeblich versprengt sind, in Wirklichkeit aber sich vor dem Frontdienst drücken wollen.»[2] Eine rücksichtslose Sofortjustiz sollte die Niederlage noch einmal hinauszögern. Fliegende Standgerichte der Wehrmacht und der SS verurteilten noch in den letzten Kriegstagen hunderte von Soldaten zum Tode. Sie wurden erschossen oder einfach am nächsten Baum aufgeknüpft. Die letzten Opfer des nationalsozialistischen Vernichtungswahns trugen Schilder um den Hals, auf denen zu lesen war: «Ich bin ein fahnenflüchtiger Feigling.»

Die genaue Zahl der getöteten Deserteure des Zweiten Weltkriegs ist nicht bekannt und läßt sich wohl auch nicht mehr feststellen, weil viele Unterlagen vernichtet worden sind. Nach Schätzungen von Manfred Messerschmidt und Fritz Wüllner, die 1987 die erste kritische Darstellung zur Wehrmachtjustiz im «Dritten Reich» vorlegten, wurden 35 000 Urteile wegen «Fahnenflucht» gesprochen, darunter 22750 Todesurteile. Von diesen wurden etwa 15 000, also 65 Prozent, vollstreckt.[3] Damit übertrafen die Kriegsgerichte die Schreckensbilanz der Sondergerichte und des Volksgerichtshofs bei weitem. «Es war der mörderische Exzeß einer Terrorjustiz gegen das eigene Volk, der in der Geschichte beispiellos dasteht», so urteilt der Freiburger Historiker Wolfram Wette.[4]

Was veranlaßte die Wehrmachtrichter im Zweiten Weltkrieg zu einer so unnachsichtigen Verfolgung der Deserteure? Wie es scheint, wurden sie hier zum Opfer einer Propagandalüge, der Dolchstoßlegende, die mit dem Trauma des verlorenen Krieges und dem Zusammenbruch des Kaiserreichs 1918 untrennbar verknüpft war. Jedenfalls taucht in zahllosen Urteilsbegründungen der Hinweis auf die Situation am Ende des Ersten Weltkrieges auf: «Der Erste Weltkrieg ist 1918 verloren worden, weil Tausende von Drückebergern sich hinten herumtrieben, statt sich zur kämpfenden Truppe zu begeben, wie ihre Pflicht es ihnen geboten hätte. Derartige Zustände dürfen in diesem Krieg nicht wiederkehren.»[5]

Die Erfahrung des November 1918 wirkte in der deutschen Militärjustiz nach. Nicht noch einmal wollte sie sich den – tatsächlich unbegründeten – Vorwurf machen lassen, den Auflösungserscheinungen in Heer und Marine nicht wirksam begegnet zu sein. Eine rigorose Abschreckungs- und Verfolgungspraxis sollte – das war die nach 1939 gezogene Lehre – jede Neigung zu militärischem Ungehorsam im Keim ersticken und den Krieg gewinnen helfen. Dabei konnten die Militärrichter der rückhaltlosen Unterstützung der politischen Führung, vor allem Hitlers selbst, sicher sein. Der einstige Weltkriegsgefreite und jetzige Oberbefehlshaber der Wehrmacht hatte bereits in «Mein Kampf» keinen Zweifel gelassen, welches Schicksal Deserteuren künftig zugedacht war: «Will man schwache, schwankende und feige Burschen ... zu ihrer Pflicht anhalten, dann gibt es von jeher nur eine Möglichkeit: Es muß der Deserteur wissen, daß seine Desertion gerade das mit sich bringt, was er fliehen will. An der Front kann man sterben, als Deserteur muß man sterben.»[6]

Die juristische Grundlage für diese Abschreckungsdoktrin war bereits wenige Monate nach der «Machtergreifung» mit dem Gesetz zur Wiedereinführung der Militärgerichtsbarkeit vom 12. Mai 1933 gelegt worden. Durch mehrere Novellierungen wurde in den folgenden Jahren das Militärstrafgesetzbuch von 1872 den «neuen Erfordernissen» – wie es hieß – angepaßt. Für die Militärjuristen eröffnete sich damit ein weites Aufgabenfeld. Besonders hervor tat sich dabei schon vor dem Kriege der in Marburg lehrende Militärstrafrechtler Professor Erich Schwinge. In einem vielbenutzten Kommentar zum Militärstrafgesetzbuch von 1936 schrieb er: «Beherrschende Stellung kommt im Wehrstrafrecht demjenigen allgemeinen Gesichtspunkt zu, ohne den der innere Zusammenhalt der Truppe und die Schlagkraft der Wehrmacht nicht gewährleistet werden kann: dem Gedanken der Mannszucht.»[7]

Aufrechterhaltung der «Mannszucht» – das war die Leitmaxime der Militärjustiz im «Dritten Reich», und das hieß: bedingungslose Anerkennung der auf Befehl und Gehorsam beruhenden militärischen Disziplin. Wer sich ihr nicht unterwarf, sollte unerbittlich bestraft werden. Das Instrumentarium dazu lieferte die «Kriegssonderstrafrechtsverordnung» – kurz KSSVO –, die Ende August 1939, also kurz vor Beginn des Zweiten Weltkriegs, in Kraft trat. Sie enthielt den berüchtigten Paragraphen 5 («Zersetzung der Wehrkraft»), der grundsätzlich die Todesstrafe forderte und nur in minderschweren Fällen Zuchthaus- oder Gefängnisstrafen vorsah.[8] Wenige Monate später, Anfang November 1939, wurde noch ein Paragraph 5a nachgeschoben, der ein reiner Strafschärfungsparagraph war: «Personen, die dem Kriegsverfahren unterliegen, sind wegen strafbarer Handlungen gegen die Manneszucht oder das Gebot soldatischen Mutes unter Überschreitung des regelmäßigen Strafrahmens mit Zuchthaus bis zu fünfzehn Jahren, mit lebenslangem Zuchthaus oder mit dem Tode zu bestrafen, wenn es die Aufrechterhaltung der Manneszucht oder die Sicherheit der Truppe erfordert.»[9]

Damit erhielten die Wehrmachtrichter gewissermaßen eine Generalvollmacht, um das Strafmaß nach Belieben auszuweiten. Professor Schwinge lobte denn auch die neuen Bestimmungen, weil es dadurch möglich geworden sei, «in jedem Einzelfall ... bis zur Todesstrafe zu gehen».[10] Und nach diesem Grundsatz verfuhren die Juristen in Uniform, unter anderem Schwinge selber, der seit Anfang 1941 als

Kriegsgerichtsrat der Reserve beim Gericht der Division Nr. 177 in Wien tätig war. Bis kurz vor Kriegsende befleißigte er sich einer gnadenlosen Abschreckungsjustiz. So verurteilte er noch im Februar 1945, nunmehr im Rang eines Oberstabsrichters, einen Obergefreiten, der sich durch Selbstverstümmelung einem neuerlichen Fronteinsatz hatte entziehen wollen, zum Tode. Das Urteil sei hier exemplarisch für viele andere ähnliche Fälle zitiert:

«Bei der Strafzumessung hatte sich das Kriegsgericht die Frage vorzulegen, ob noch ein minder schwerer Fall im Sinne des 2. Absatzes des § 5 der KSSVO angenommen werden könne. Obwohl vieles dafür sprach, nämlich die Unbescholtenheit des Angeklagten, seine gute Führung in der Truppe, die Reue, die er über sein Vergehen zeigte, das Geständnis, das er schon im Ermittlungsverfahren abgelegt hat, der sehr gute Eindruck, den er bei Gericht hervorgerufen hat, schließlich auch der Umstand, daß er von drei Söhnen der einzige Überlebende ist –, war das Gericht der Meinung, daß die außerordentlich heikle Ersatzlage es in Fällen der vorliegenden Art generell verbietet, Milde walten zu lassen ... Einer solchen Pflichtwidrigkeit kann im Interesse der Mannszucht nur mit dem schärfsten Strafmittel – der Todesstrafe – begegnet werden.»[11]

Wie Schwinge verstanden auch die meisten anderen Kriegsrichter ihr tödliches Handwerk als notwendige «Reinigungsarbeit». Sie richtete sich gegen die «Wehrmachtschädlinge» (wie die in Anlehnung an den Begriff «Volksschädling» kreierte Bezeichnung lautete). Als solche galten alle Soldaten, die sich in irgendeiner Weise unbotmäßig zeigten, vor allem aber jene, die der Wehrmacht den Rücken kehrten, die Deserteure. Für die Richter war klar, daß es sich bei den meisten von ihnen nur um abnorm oder kriminell veranlagte, «minderwertige» Personen handeln könne. «Nicht die unüberlegte, aus einer plötzlichen Erregung heraus begangene eigenmächtige Entfernung, sondern der wohldurchdachte und auf lange Sicht vorbereitete Plan zur Fahnenflucht weist auf eine entartete, verräterische Gesinnung hin. Unter diesen Merkmalen wird der Deserteurtyp ... sich oft mit dem Volksverräter verbinden», hieß es in einer Schrift zur Fahnenflucht im Wehrstrafrecht aus dem Jahr 1940.[12]

Zweifellos war dieser «Deserteurtyp» eine Erfindung der Wehrmachtrichter. Sie bot die Rechtfertigung für eine Spruchpraxis, die nicht mehr nach den individuellen Beweggründen der «Täter» fragte, sondern nur noch auf Abschreckung setzte. Deshalb erfährt man aus den Akten der Kriegsgerichte zumeist nur wenig über die wahren Motive der Deserteure, zumal diese selber auch keinen Grund hatten, vor Gericht offen darüber Auskunft zu geben. Vielmehr mußten sie, um ihr Leben zu retten, alles verbergen, was womöglich auf oppositionelle Einstellungen hindeuten konnte. Für den Historiker heißt das, daß er die Akten der Militärjustiz nur mit großer Vorsicht, also gleichsam gegen den Strich, lesen darf, und daß er sie mit anderen Quellen, vor allem mit Berichten von Zeitzeugen, kombinieren muß, um ein einigermaßen zuverlässiges Bild zu erhalten.

II. Geht man den Schicksalen von Deserteuren im Zweiten Weltkrieg nach, so zeigt sich ein breites Spektrum sehr unterschiedlicher lebensgeschichtlicher Vorprägungen und individueller Motive.[13] Bei manchem Deserteur waren die politische Herkunft aus einem sozialdemokratischen oder kommunistischen Elternhaus und frühe Erfahrungen mit dem Nazi-Terror entscheidend für die Absage an Hitlers Krieg. Nicht wenige Deserteure hatten bereits eine unbotmäßige Vergangenheit hinter sich, bevor sie mit der Wehrmachtjustiz in Konflikt gerieten. Häufig waren sie in Waisenhäusern und Fürsorgeanstalten aufgewachsen. Sie galten als gesellschaftliche Außenseiter, unbequeme Störenfriede, die sich trotz wiederholter Strafen nicht in die «Volksgemeinschaft» einfügen wollten. Wer auf diese Weise bereits vor 1939 als «asozial» abgestempelt war, dem mußte es im Krieg doppelt schwer fallen, sich dem militärischen Zwang von Befehl und Gehorsam zu unterwerfen.

Eine oppositionelle politische Gesinnung oder eine gesellschaftliche Außenseiterrolle allein waren indes noch nicht ausschlaggebend für den Entschluß, der Wehrmacht den Rücken zu kehren. Dazu bedurfte es in der Regel bestimmter Schlüsselerlebnisse während des Krieges, etwa die Verhaftung und Verurteilung eines Kameraden durch die Militärjustiz, ungerechte oder schikanöse Behandlung durch Vorgesetzte, Furcht vor disziplinarischer Verfolgung oder Nachrichten über Bombenangriffe in der Heimat und den Tod von Familienangehörigen. Tausende deutscher Wehrmachtangehörige wurden im Kriege zu Zeugen der von Einsatzgruppen der Polizei und der SS in Polen und der Sowjetunion verübten Massaker an der jüdischen Bevölkerung. Für manchen Soldaten wurde dieses Erlebnis zum entscheidenden

Bruch mit Wehrmacht und Regime – so für den Deserteur Stefan Harder, dessen Mutter Polin war und der als 23jähriger Funker in Weißrußland eine Erschießung von 2000 Juden beobachtet hatte. In einem im Mai 1943 in der Untersuchungshaft verfaßten Lebenslauf berichtete er über seinen Entschluß zur Desertion: «Mich überfiel wieder mit aller Macht die Sorge und Angst um meine Mutter, die Erinnerung an das schreckliche Erlebnis in Weißrußland und die Scham, daß wir, das kulturellste Volk der Welt und eine so ehrenvolle Armee wie die deutsche es doch ist, so entsetzliche Mittel anwenden müssen, um ein politisches Problem zu lösen. Ganz verwirrt und innerlich gebrochen, entschloß ich mich, vorläufig nicht zur Truppe zurückzukehren.»[14]

Gewiß, für viele desertierende Soldaten,wahrscheinlich die meisten, spielte Angst eine große, wenn nicht gar bestimmende Rolle. Sie entsprang der entsetzlichen Wirklichkeit eines Krieges, in dem das tausendfache Sterben zur alltäglichen Erfahrung gehörte. Der Wunsch, das eigene Leben zu retten, darf jedoch nicht verwechselt werden mit Feigheit vor dem Feind oder moralischer Schwäche – wie die Vorwürfe der Kriegsrichter lauteten. Im Gegenteil: Sich dem militärischen Konformitätsdruck zu entziehen, gegen Fahneneid und Kameradschaft zu stellen – dazu gehörte viel Mut, persönliche Stärke, vor allem aber auch eine noch nicht zerstörte Wahrnehmungsfähigkeit für das Unrecht, das der von Hitler-Deutschland angezettelte Krieg darstellte.

Wer sich zur Fahnenflucht entschloß, dem war bewußt, mit diesem Schritt die Brücken hinter sich abgebrochen, ein lebensgefährliches Wagnis und eine befreiende Tat zugleich unternommen zu haben. Otl Aicher hat dieses ambivalente Lebensgefühl des Deserteurs in seinem Erinnerungsbuch «Innenseiten des Kriegs» so beschrieben: «Ich habe mich ausgestoßen. Ich habe mich von der Truppe abgesetzt und entziehe mich diesem Staat. Mit Bewußtsein, mit Absicht, mit nüchternem Kopf. In ihren Augen bin ich ein Verräter. Trotzdem bleibe ich selbstbewußt genug zu sagen, nicht ich bin ein Verräter, der Staat ist es.»[15]

Für den Deserteur gab es zwei Möglichkeiten: Er konnte versuchen, zum Kriegsgegner überzulaufen, was keineswegs ohne Risiken war. Denn die Gefahr, von der eigenen oder feindlichen Truppe unter Beschuß genommen zu werden, war groß. Der andere, häufiger gewählte Weg war der Versuch, sich rückwärts von der Front abzusetzen und in der Heimat unterzutauchen. Das bedeutete den Schritt in eine illegale Existenz. Diese aber zog zwangsläufig eine Reihe von Folgedelikten nach sich: Lebensmittelkarten und Freifahrtscheine mußten beschafft, Soldbücher und Ausweise gefälscht, militärische Rang- und Ehrenabzeichen manipuliert, Fahrräder gestohlen werden. Nicht selten fanden Deserteure Unterstützung bei Frauen, die sie während der Flucht kennengelernt hatten; manchmal gewährten auch Familienangehörige Unterschlupf, obwohl sie sich damit der «Beihilfe zur Fahnenflucht» strafbar machten.

Deserteure genossen die wiedergewonnene Freiheit und lebten doch zugleich in ständiger Angst, von der Feldgendarmerie gefaßt zu werden. «Man war immer ein gehetztes Wild. Mitunter hatte ich richtige Alpträume. Ich wurde nachts wach und dachte: Hast du nicht ein Klopfen an deiner Tür gehört?», berichtet der Deserteur Joachim Schuchardt, der ebenso wie Stefan Harder das Glück hatte, sein Todesurteil zu überleben.[16]

Tatsächlich gelang es nur wenigen Deserteuren, sich länger als einige Monate verborgen zu halten. Schon bei ihrer Verhaftung, noch mehr aber während der Kriegsgerichtsverhandlung wurden sie einer entwürdigenden Prozedur unterworfen. Sie sahen sich hier Richtern ausgeliefert, die ihnen gegenüber voreingenommen waren und sie oftmals mit Schmähungen und Beschimpfungen bedachten. Das Gefühl völliger Ohnmacht angesichts eines erdrückenden Gewaltapparats war eine Erfahrung, die fast alle Angeklagten vor den Tribunalen der Militärjustiz machen mußten. Aber selbst beim Vollzug der Strafe setzten sich die Demütigungen fort. Häufig wurden die Soldaten, die zum Tode verurteilt worden waren, im Angesicht der Truppe hingerichtet, um die Abschreckungswirkung zu erhöhen. Abgelegene Plätze, aber auch Kasernenhöfe und Schießstände mitten in bewohnten Gebieten dienten als Exekutionsstätten.

Wie eine solche Hinrichtung vor sich ging, schildert in dürren Worten das Protokoll über die Erschießung des Kanoniers Wilfried Habermehl am 8. Mai 1944 in Verona: «Der Verurteilte stand um 18.21 auf dem Richtplatz. Er wurde an den Richtpfahl gebunden. Die Augen wurden ihm verbunden. Die angetretene Einheit stand auf das Kommando ‹Gewehr über› still. Der richterliche Militärjustizbeamte las dem Verurteilten die Urteilsformel und die Bestätigungsverfügung vor. Er fragte, ob er noch etwas zu erklären habe. Der Verurteilte erklärte nichts. Der Geistliche erhielt letztmalig Gelegenheit zum Zuspruch. Das Vollzugskommando von 10 Mann war 5 Schritte vor dem Verurteilten aufgestellt. Das Kommando ‹Feuer› erfolgte um 18.25 Uhr. Der Verurteilte starb gefaßt. Der Sanitätsoffizier stellte den Tod um 18.27 Uhr fest. Die Leiche wurde auf Weisung des Leiters der Vollstreckung weggeschafft.»[17]

War, was seltener vorkam, die Vollstreckung des Todesurteils durch Enthaupten oder Erhängen angeordnet, fanden die Hinrichtungen in Zuchthäusern oder anderen Haftanstalten statt. An die Stelle des Exekutionskommandos trat dann der Henker. Öffentlichkeit war in diesem Fall ausgeschlossen. Über die mit der Präzision eines Uhrwerks vollzogene Enthauptung eines Deserteurs im Zuchthaus Brandenburg am 24. Juli 1944 lesen wir in einem Protokoll: «Die Vollstreckungshandlung dauerte: vom Zeitpunkt der Vorführung bis zur Übergabe an den Scharfrichter 1 Minute; von der Übergabe an den Scharfrichter bis zur vollendeten Vollstreckung 5 Sekunden. Um 13 Uhr 26 Minuten 5 Sekunden war die Vollstreckungshandlung beendet.»[18]

Selbst nach der Hinrichtung der Deserteure war der Rachedurst der Verfolgungsorgane noch nicht gestillt. Die Getöteten durften nur in größter Heimlichkeit, ohne Todesanzeige und öffentliche Trauerfeier, beigesetzt werden. Nicht selten weigerten sich die Behörden gar, die Leichen für eine Bestattung am Heimatort freizugeben. So wurde die entsprechende Bitte einer Mutter aus Erfurt, deren desertierter Sohn im August 1943 im Zuchthaus Brandenburg enthauptet worden war, mit der Begründung abgelehnt, «daß auch die Soldaten an der Front – jedenfalls solange der Krieg währt – von ihren Angehörigen nicht zurückgeholt und in der Heimat beigesetzt werden können».[19]

Die mit dem Leben davongekommenen Deserteure wurden in der Regel zu langjährigen Zuchthausstrafen verurteilt. Sie galten damit als «wehrunwürdig», das heißt, sie wurden aus der Wehrmacht ausgeschlossen und einem der berüchtigten Straflager der Reichsjustizverwaltung in den Mooren des Emslandes überstellt – nach Esterwegen oder Börgermoor zum Beispiel. Welchen Haftbedingungen sie hier ausgesetzt waren, hat der Deserteur Hans Frese in seinen 1989 erschienenen Erinnerungen geschildert: «Ich sehe Leute, die aus Verzweiflung in den mit tausend Volt geladenen, jedes Lager umzäunenden Drahtzaun laufen. Andere lassen sich von der Heidebahn die Finger abfahren, nur um ins Lazarett zu kommen. Schläge, Hunger, Verzweiflung, Arrest, daraus besteht unser Leben.»[20] Etwa 25 000 bis 30 000 Wehrmachtangehörige wurden im Laufe des Krieges in die Emslandlager geschickt; wie viele von ihnen dort zugrundegingen, ist bis heute unbekannt.

Als seit 1941 die Verluste an der Ostfront ein immer größeres Ausmaß annahmen, begannen die Militärbehörden, aus den Insassen der Straflager und Zuchthäuser Soldaten als «bedingt wehrwürdig» zu rekrutieren und in besonderen «Bewährungsbataillonen» zusammenzufassen. Diese wurden bevorzugt zu «Himmelfahrtkommandos» an der Front eingesetzt. Das Überlaufen zum Gegner war in diesen scharf bewachten Verbänden noch schwieriger als bei den regulären Fronttruppen. Einigen gelang es trotzdem – dem Sozialdemokraten Ludwig Gehm zum Beispiel, der Ende 1944 zu den griechischen Partisanen überlief, um mitzuhelfen bei der Beseitigung des Nationalsozialismus: «Wir konnten diese Sache unmöglich allein den Alliierten überlassen und von ihnen erwarten, daß sie uns befreiten, ohne daß wir selbst etwas dazu täten, womöglich nur dabeistanden und zusahen.»[21]

III. Auch nach der Befreiung vom Nationalsozialismus wirkte freilich das Stigma fort, das Militärjustiz und Propaganda des NS-Staates den Deserteuren angeheftet hatten. Nicht nur die Angehörigen der hingerichteten Deserteure, auch jene, die den Fängen der Wehrmachtjustiz entronnen waren, schwiegen sich über das im Kriege Erlebte aus. Einer der wenigen, die den Mut fanden, das Schweigen zu durchbrechen, war der Schriftsteller Alfred Andersch, der im Sommer 1944 an der italienischen Front desertiert war. In seinem autobiographischen Bericht «Kirschen der Freiheit» aus dem Jahre 1952 bekannte er sich uneingeschränkt zu seiner Fahnenflucht und zog damit heftige Kritik auf sich.[22]

Als «Trompetenstoß in schwüler Stille» und eine «Wohltat für jeden, der nach 1933 das Denken nicht vergaß», pries hingegen Heinrich Böll das Werk seines Schriftstellerkollegen, und er stellte die Frage: «Wo sind die Eltern, sind die Freunde, die Brüder und Schwestern dieser erschossenen Deserteure, deren Leichen man auf die Schwelle des Friedens häufte? ... Haben sie Angst vor den gründlich ihnen eingeimpften Phrasen, die Fahneneid, Vaterland und Kameradschaft heißen?»[23]

Tatsächlich war im öffentlichen Gedächtnis der Republik, die sich bereits zehn Jahre nach dem verlorenen Krieg anschickte, eine neue Streitmacht aufzubauen, für die Opfer der Militärjustiz kein Platz. Ihnen blieb nicht nur die politisch-moralische Anerkennung versagt, sie wurden auch – soweit sie überlebt hatten – von Entschädigungsansprüchen weitgehend ausgeschlossen. Die Wiedergutmachungsämter gingen – unterstützt durch höchstrichterliche Entscheidungen – davon aus, daß die kriegsgerichtlichen Urteile rechtlich unanfechtbar seien, und nicht selten wurden auch noch nachträglich die bestraften Handlungen moralisch mißbilligt. So verwundert es nicht, daß viele Betroffene gar nicht erst versuchten, einen Antrag auf Entschädigung zu stellen, zumal dieser nur dann Aussicht auf Erfolg versprach, wenn der zweifelsfreie Nachweis erbracht werden konnte, daß die Fahnenflucht aus politischer Gegnerschaft erfolgt sei.[24]

Während die Opfer der Militärjustiz nach 1945 weiter diskriminiert wurden, kamen die Täter, über 3000 Wehrmachtrichter, ungeschoren davon. Nur ganz wenige unter ihnen mußten sich vor westdeutschen Gerichten verantworten; die Prozesse endeten mit Freisprüchen – bis auf eine Ausnahme: Im Juni 1948 wurde der ehemalige Stabsrichter Adolf Holzweg, der noch nach der Kapitulation der Wehrmacht am 8. Mai 1945 drei Matrosen wegen Fahnenflucht hatte hinrichten lassen, vom Landgericht Hamburg zu einer Strafe von zwei Jahren Gefängnis verurteilt. Allerdings wurde er dann doch freigesprochen, nachdem der Bundesgerichtshof in einem Grundsatzurteil von 1952 festgestellt hatte, daß ein Richter sich nur dann strafbar gemacht habe, wenn er «bewußt oder gewollt gegen das Recht» verstoßen habe – also ausschließlich bei «vorsätzlicher Rechtsbeugung».[25]

Sachverständiger Gutachter im Verfahren gegen Holzweg war Erich Schwinge, der nach 1945 seine Karriere ungestört fortsetzen konnte. Schon im Wintersemester 1946/47 bekam er wieder eine Professur in Marburg, 1954 wählte ihn die dortige Universität zu ihrem Rektor; zeitweilig bekleidete er auch das Amt eines stellvertretenden Landesvorsitzenden der hessischen FDP. Mehr noch: Schwinge sorgte mit seiner rastlosen Publikationstätigkeit auch dafür, die Geschichtsschreibung über die Militärgerichtsbarkeit im Zweiten Weltkrieg nachhaltig zu beeinflussen. Danach erschienen die Militärrichter geradezu als letzte Hüter der Rechtsstaatlichkeit, die den Anforderungen des NS-Regimes wacker widerstanden hatten.[26]

Auf dieses geschönte Bild warf allerdings die Affäre um den baden-württembergischen Ministerpräsidenten Hans Filbinger im Jahre 1978 tiefe Schatten. Ausgelöst wurde sie durch eine Leseprobe aus einer unveröffentlichten Erzählung Rolf Hochhuths in der «Zeit», in der auch Filbingers Tätigkeit als Marinerichter im Zweiten Weltkrieg kritisch beleuchtet wurde.[27] Unter anderem hatte der «furchtbare Jurist» – wie ihn Hochhuth titulierte – im Januar 1945 als Vertreter der Anklage gegen den 22jährigen Matrosen Walter Gröger die Todesstrafe beantragt, die dann auch in seinem Beisein im März 1945 vollstreckt wurde. Allmählich kamen immer mehr belastende Details zutage. Wochenlang beschäftigte sich die Presse mit dem Fall; die Militärjustiz insgesamt geriet ins Zwielicht. Filbinger, uneinsichtig bis zuletzt auf dem Standpunkt beharrend: «Was damals rechtens war, kann heute nicht Unrecht sein», mußte schließlich, von den eigenen Parteifreunden bedrängt, zurücktreten.

IV. Die Filbinger-Affäre lenkte den Blick auf die Täter; die Opfer des Unrechts blieben indessen weiter im Schatten. Hier sorgten erst die achtziger Jahre für einen Wandel. Initiativen der Friedensbewegung, Vertreter der sich um Geschichtswerkstätten sammelnden historischen Alltagsforschung, Kommunalpolitiker der Grünen und hier und da auch der SPD drängten immer nachdrücklicher darauf, den Deserteuren endlich die lange verweigerte öffentliche Anerkennung zuteil werden zu lassen.

Den Anfang machte Kassel. Dort faßte eine Koalition aus SPD und Grünen im Stadtparlament gegen die Stimmen von CDU und FDP im Januar 1985 den Beschluß, am Ehrenmal für die Gefallenen der beiden Weltkriege eine Gedenktafel anzubringen, welche die Aufschrift trägt: «Zur Erinnerung an die Soldaten des Zweiten Weltkrieges, die in der Fortführung des Krieges keinen Sinn mehr sahen und dafür verfolgt, eingekerkert und getötet wurden.»[28]

Die Kasseler Initiative fand vielerorts Nachahmung: in Bremen, Darmstadt, Göttingen, Bonn, Ulm und anderen Städten wurden Denkmäler für Deserteure errichtet, Gedenktafeln enthüllt oder Straßen nach Opfern der Militärjustiz benannt. Im «Fort Zinna» in Torgau, dem berüchtigten ehemaligen Wehrmachtgefängnis, entstand ein

Dokumentationszentrum, das die Erinnerung an die Verbrechen der Wehrmachtjustiz wachhält.[29] Solche Vorhaben waren von heftigen politischen Auseinandersetzungen begleitet. Denn der Männer zu gedenken, die Nein zum Krieg sagten und sich der Wehrmacht entzogen, erschien vielen immer noch als Zumutung; manche sahen darin eine Untergrabung des «Wehrwillens» und fürchteten um den Bestand der Bundeswehr. So schrieb ein Brigadegeneral aus München in einem Leserbrief vom Dezember 1987: «Fahnenflucht ist eine verwerfliche Handlung. Sie ist das schmähliche, gemeine ‹Im-Stich-lassen› der eigenen Kameraden ... So ist ein ‹Denkmal der Deserteure› für mich ein ‹Denkmal des unbekannten Drückebergers› und das Monument unserer verhöhnten Rechtsordnung.»[30]

Seit Anfang der neunziger Jahre machte sich jedoch ein öffentlicher Meinungswandel bemerkbar. Eine wichtige Rolle spielte hier die Gründung einer «Bundesvereinigung Opfer der Militärjustiz», deren Vorsitzender Ludwig Baumann als Marinesoldat 1942 wegen «Fahnenflucht» zum Tode verurteilt, dann aber zu zwölf Jahren Zuchthaus begnadigt worden war. Einen großen Erfolg konnten Baumann und seine Mitstreiter verbuchen, als das Bundessozialgericht in Kassel im September 1991 der Witwe eines hingerichteten Deserteurs erstmals eine Hinterbliebenenrente zusprach. Anträge der Grünen und der SPD im Bundestag, die Urteile der NS-Militärjustiz generell für Unrecht zu erklären und den Opfern und ihren Familien «Achtung und Mitgefühl» zu bezeugen[31], scheiterten allerdings am Widerstand der Unionsfraktionen. Auch ein Ende Mai 1998 verabschiedetes Gesetz zur Aufhebung der nationalsozialistischen Unrechtsurteile sieht für Deserteure weiterhin eine Einzelfallprüfung vor – ein unwürdiges Verfahren. Erst im Februar 2002 ergriff die rot-grüne Koalition erneut die Initiative für ein Gesetz, das Deserteure nun endlich ohne alle Vorbehalte rehabilitieren soll.

Unabhängig vom Streit der Parteien sollte Einverständnis über eines möglich sein: daß die Frage der Bewertung der Desertion im Zweiten Weltkrieg sich nicht trennen läßt vom Charakter dieses Krieges, der von Anfang an auf die Unterjochung und Vernichtung ganzer Völker zielte. Angesichts dieser verbrecherischen Dimension des Krieges war «Wehrkraftzersetzung» oder «Fahnenflucht», war überhaupt jede Form der Verweigerung eine achtenswerte, moralisch gebotene Handlung.

Dies anzuerkennen heißt nicht, daß man alle Soldaten, die diesen Schritt nicht taten, verunglimpfen sollte. Und schon gar nicht bedeutet es, daß man die Deserteure nun allesamt zu «Helden» verklären oder aus ihnen «Widerstandskämpfer» machen sollte. Die Akte der Widersetzlichkeit und des Ungehorsams in der Wehrmacht entsprangen nur in Ausnahmefällen einer dezidierten Gegnerschaft gegen das Hitler-Regime. Auch wenn sie in der Regel nicht politisch motiviert waren, besaßen sie jedoch eine politische Qualität insofern, als sie Sand im Getriebe der NS-Kriegsmaschinerie waren. Jeder Soldat, der sich – aus welchen Gründen auch immer – im Zweiten Weltkrieg den Streitkräften Hitlers entzog, verdient deshalb unseren Respekt.

«Wir haben nichts gewußt»

Über eine deutsche Nationalmelodie im Frühjahr 1945

Am 11. April 1945 erreichten amerikanische Truppen das Konzentrationslager Buchenwald. General Patton war über das, was er sah, so entsetzt, daß er der Militärpolizei befahl, tausend Bürger aus Weimar heranzuschaffen: Sie sollten mit eigenen Augen sehen, was sich in ihrer Nachbarschaft zugetragen hatte. Margaret Bourke-White, Korrespondentin der Illustrierten «Life», war unter den Beobachtern: «Frauen fielen in Ohnmacht oder weinten. Männer bedeckten ihr Gesicht und drehten die Köpfe weg. Als die Zivilisten immer wieder riefen: ‹Wir haben nichts gewußt! Wir haben nichts gewußt!› gerieten die Ex-Häftlinge außer sich vor Wut. ‹Ihr habt es gewußt›, schrien sie. ‹Wir haben neben euch in den Fabriken gearbeitet. Wir haben es euch gesagt und dabei unser Leben riskiert. Aber ihr habt nichts getan›.»[1]

Diese Szene beschreibt beispielhaft, was sich im Frühjahr 1945 vielerorts im besiegten Land abspielte: Konfrontiert mit den Bildern des Grauens, behaupteten die meisten Deutschen, von den Untaten des Regimes, insbesondere vom Massenmord an den Juden, nichts gewußt zu haben. «Wir alle» – erinnerte sich Margaret Bourke-White – «bekamen diese Worte so häufig und monoton zu hören, daß sie uns wie eine deutsche National-Hymne vorkamen.»[2]

Was haben sie wirklich gewußt? Bis heute hat die historische Forschung diese Frage nicht hinreichend beantworten können.[3] Vielleicht läßt sie sich auch gar nicht eindeutig klären, denn von Anfang an waren das Wissen um den Holocaust und der Wunsch, dieses Wissen zu verdrängen oder es gar nicht erst an sich herankommen zu lassen, auf unheilvolle Weise miteinander verknüpft.

I. Es war von vornherein eine Illusion zu meinen, ein Verbrechen von der Dimension des Holocaust ließe sich geheimhalten. Um die «Endlösung» vorzubereiten und durchzuführen, bedurfte es der

Mitwirkung zahlreicher Dienststellen, Organisationen und Unternehmen: der Vordenker der Vernichtung in den Planungsstäben, die das germanische Großreich vom Atlantik bis zum Ural auf dem Reißbrett entwarfen; der Wehrmacht, ohne deren Mitwirkung die Einsatzgruppen von SS und Sicherheitspolizei nicht hätten operieren können; der kommunalen Behörden und Polizeiverwaltungen, die die Deportationsbefehle ausstellten und ihre Durchführung überwachten; der Beamten der Reichsbahn, die Züge und Begleitpersonal bereitstellten; der Diplomaten im Auswärtigen Amt, die für die Vorbereitung der Deportationen in den besetzten Gebieten sorgten; der Manager der IG-Farben, die seit April 1941 in der Nähe von Auschwitz ein Werk zur Herstellung von Buna, einem synthetischen Kautschukersatz, errichteten. Das Räderwerk der Tötungsmaschinerie erstreckte sich weit über die Vernichtungsstätten hinaus. Wie konnte man da annehmen, daß alle Beteiligten, alle Mitwisser nichts ausplaudern würden?

Tatsächlich hat es immer wieder SS-Männer gegeben, die während einer Bahnfahrt das Schweigegebot durchbrachen oder im Verwandtenkreis zumindest Andeutungen fallenließen.[4] Indiskretionen von Geheimnisträgern war jedoch nur ein, eher seltener Weg, auf dem das Wissen um die Massenverbrechen weitergetragen wurde. Häufiger kamen deutsche Soldaten oder Zivilisten selbst in Berührung mit Vorgängen, die Teilaspekte des Vernichtungskomplexes darstellten. Wer sich einmal im Generalgouvernement aufhielt, der konnte an der Existenz der Ghettos kaum vorbeisehen. Joe J. Heydecker, der als Soldat die Zustände im Warschauer Ghetto fotografierte, berichtet, wie sich vor den Toren immer wieder Schaulustige drängten: «Die Zuschauer: Soldaten aller Dienstgrade ..., dann oft Zivilisten aus der Verwaltung des Generalgouvernements, Sekretärinnen, uniformierte Beamte, Arbeitsdienst, Eisenbahner, Rotkreuzschwestern. Ich habe dort ... alle Uniformen aller Einheiten und Organisationen gesehen. Die meisten standen lange, stumm und mit verschlossenen Gesichtern, beobachteten das Ein- und Ausgehen, die Kontrollen, die Brutalitäten. Einige wendeten sich ab, einige ließen sich zu Ermunterungen hinreißen. Die meisten verharrten schweigend und ohne ein Zeichen ihrer Gedanken und Gefühle erkennen zu lassen.»[5]

Nicht verborgen halten ließ sich auch das Wüten der Einsatzgruppen in der Sowjetunion. Die sogenannte «Entjudung» von Ortschaften, die Transporte, Sammelpunkte, das tagelange Geknatter der Schüsse an den Todesgruben – all das konnte kaum unbemerkt bleiben in einer Gegend, wo sich die Wege der Todeskommandos und der Wehrmachtverbände ständig kreuzten. In der Anfangsphase des Rußlandfeldzuges, als der Sieg nur eine Frage von Wochen zu sein schien, wurde nicht einmal Wert darauf gelegt, besondere Absperrungsmaßnahmen zu treffen. Viele deutsche Landser wurden unfreiwillig zu Augenzeugen von Massenerschießungen, aber es gab auch nicht wenige, die mitunter weite Wege in Kauf nahmen, um den Exekutionen beizuwohnen. In einigen Regionen der besetzten Ostgebiete entwickelte sich ein regelrechter «Hinrichtungs-Tourismus».[6] So heißt es in einer Meldung über eine Exekution im ukrainischen Shitomir im August 1941: «... mir wurde berichtet, daß die Landser auf Dächern und Podesten saßen, um diesem Schauspiel zuzusehen. Die Hinrichtung war in der Art einer Volksbelustigung aufgezogen.»[7]

Wer an den Massakern beteiligt war – ob als Täter oder Gaffer –, schrieb darüber in Feldpostbriefen oder erzählte davon während des Urlaubs. Selbst die Mitglieder der Einsatzgruppen nahmen kein Blatt vor den Mund. So berichtete SS-Obersturmbannführer Karl Kretschmer, ein Angehöriger des Sonderkommandos 4a, in einem Brief an seine Frau vom 27. September 1942: «Da dieser Krieg nach unserer Ansicht ein jüdischer Krieg ist, spüren die Juden ihn in erster Linie. Es gibt in Rußland, soweit der deutsche Soldat ist, keine Juden mehr ... Hüte mir die Kinder. Mit Wehmut im Herzen, in Liebe. Dein Karl.»[8] Aber auch zahllose Offiziere und Landser berichteten in Feldpostbriefen über die Massenerschießungen – beifällig, entsetzt, oder auch ganz nüchtern, wie der Zahlmeister einer Kompanie in Brest im Juli 1942: «In Bereza-Kartuska, wo ich Mittagsstation machte, hatte man gerade am Tage vorher etwa 1300 Juden erschossen. Sie wurden zu einer Kuhle außerhalb des Ortes gebracht. Männer, Frauen und Kinder mußten sich dort völlig ausziehen und wurden durch Genickschuß erledigt. Die Kleider wurden desinfiziert und wieder verwendet.»[9] Zwar untersagten einzelne Armeekommandos das Begaffen und Fotografieren von Exekutionen, doch erwiesen sich solche Verbote als wenig wirksam. Wer selbst nicht Zeuge der Massaker wurde, der hörte doch spätestens im Urlauberzug – der Gerüchtebörse der Frontsoldaten – davon. Über die Urlauber gelangten die Nachrichten ins «Altreich». Nicht selten wurden, um den Wahrheitsgehalt der Berichte zu dokumentieren, Fotos im Bekanntenkreis herumgereicht.

Die Mordaktionen in den besetzten Gebieten Polens und Rußlands waren also bereits weithin bekannt, als im Oktober 1941 die Deportationen der deutschen Juden begannen. Das geschah nicht unter dem Deckmantel der Geheimhaltung, sondern am hellichten Tag. Viele Deutsche mögen sich mit der offiziellen Version beruhigt haben, die Juden würden «in den Osten umgesiedelt» und dort zum «Arbeitseinsatz» kommen. Doch nicht wenige wußten oder ahnten zumindest, daß den Deportierten der Tod drohte. Ein Hamburger Lehrer notierte am 15. Dezember 1941: «Die wenigen noch in Deutschland befindlichen Juden werden fortgeschafft, nach dem Osten, wie man sagt. Und das jetzt, im Winter! ... Es ist sonnenklar, daß dies die Vernichtung bedeutet.»[10] Was man sich in Gießen erzählte, als dort die letzten Juden im September 1942 deportiert wurden, hielt ein anderer Tagebuchschreiber fest: «Es wurde mir gesagt, die armen Menschen würden nach Polen geschafft, die jüngeren von ihren Eltern getrennt und diese so bald wie möglich umgebracht. Tausende und Abertausende von Juden sollen von SS-Leuten bereits umgebracht worden sein.»[11]

Für die Mehrheit der deutschen Bevölkerung war mit den Deportationen die «Judenfrage» gelöst. Allenfalls trat sie noch einmal in den Gesichtskreis, wenn Reisende auf Bahnhöfen mit dem Anblick von Deportationszügen konfrontiert wurden. Wer einmal einem solchen Zug begegnete, der durfte dem Tarnwort vom «Arbeitseinsatz» eigentlich keinen Glauben mehr schenken, denn in geschlossenen Viehwaggons, deren Luftöffnungen mit Stacheldraht vergittert waren, transportierte man ja wohl kaum Menschen, auf deren Arbeitskraft man noch Wert legte. Doch darüber machten sich die wenigsten Gedanken. Das später behauptete Nichtwissen war in den allermeisten Fällen ein Nicht-wissen-Wollen – eine Weigerung, bestimmten Beobachtungen nachzugehen, Fragen zu stellen und Schlußfolgerungen zu ziehen. Ein Regiments-Inspektor, der im März 1943 durch das Generalgouvernement reiste, verglich seine Beobachtungen mit denen eines früheren Aufenthalts. An seine Frau schrieb er den lakonischen Satz: «Aufgefallen ist mir, daß es keine Juden mehr hat.»[12] Wo die Juden geblieben waren, was mit ihnen geschehen war – diese Frage stellte sich der Reisende nicht, stellten sich auch die meisten anderen

Deutschen nicht, die die Deportationen der letzten Juden aus Deutschland erlebt hatten.

Was ein Durchschnittsbürger damals wissen *konnte*, der wissen *wollte*, zeigt eindrucksvoll das 1985 veröffentlichte Tagebuch von Karl Dürkefälden, Ingenieur in einer Celler Maschinenfabrik. Dieser Mann hörte im Juni 1942 zum erstenmal über BBC vom Mord an den Juden.[13] Er kombinierte die Nachricht mit anderen Informationen: So berichtete ihm sein Schwager, der als Bauführer bei Kiew gearbeitet hatte, über Massenerschießungen. Von einem früheren Angestellten der Firma, der als Soldat in Wilna stationiert war, erfuhr er im Januar 1943, daß «die Juden aus Frankreich und anderen besetzten Ländern nach Polen geholt und dort teils erschossen, teils vergast» würden.[14] Alle diese Nachrichten, verbunden mit einer kritischen Lektüre der NS-Presse, ermöglichten es Dürkefelden, sich ein ziemlich genaues Bild über den Gesamtkomplex der Judenvernichtung zu verschaffen. Über die Todesfabriken, vor allem über die Art, wie dort gemordet wurde, erfuhr er allerdings nichts Näheres.

Freilich: Selbst was Auschwitz, das Zentrum der Vernichtung betraf, funktionierte die Geheimhaltung nicht reibungslos. Das kann nicht überraschen. Denn die Stadt, die seit Oktober 1939 zum Deutschen Reich gehörte, war nicht nur ein Verkehrsknotenpunkt, sondern auch neuer Wohnort für zahlreiche «Reichsdeutsche» – nicht zuletzt für Tausende von SS-Leuten und deren Familien. Unter der Zivilbevölkerung kursierten schon bald Gerüchte über das, was hinter den Lagerzäunen geschah. Der Flammenschein der Krematorien von Auschwitz-Birkenau war in einer Entfernung von 15 bis 20 Kilometer zu sehen, der süßliche Geruch der verbrannten Leichen trug die Kunde von den Vorgängen im Todeslager in die nähere Umgebung. Die «Vergasung» der nicht mehr für arbeitsfähig gehaltenen Häftlinge war allgemeines Gesprächsthema auf der Baustelle des IG-Farben-Werks.[15]

Doch nicht nur, wer sich in und um Auschwitz aufhielt, erhielt Kenntnis von den Verbrechen, sondern auch viele Urlauber, die hier auf der Durchreise Station machten. So bemerkte ein Soldat in einem Feldpostbrief an seine Angehörigen vom Dezember 1942: «Juden kommen hier, das heißt in Auschwitz, wöchentlich 7–8000 an, die nach kurzem den ‹Heldentod› sterben.»[16]

Manches sickerte auch unter den noch nicht deportierten Juden durch über die Existenz des Vernichtungslagers. Im Tagebuch Victor

Klemperers, des in der weitgehenden Isolation eines «Judenhauses» in Dresden lebenden Romanisten, fällt der Name Auschwitz erstmals in einer Eintragung vom 16. März 1942: «Als furchtbarstes KZ hörte ich in diesen Tagen Auschwitz (oder so ähnlich) bei Königshütte in Oberschlesien nennen. Bergwerksarbeit, Tod nach wenigen Tagen.»[17] Erst im Herbst 1942 enthüllt sich ihm die Bedeutung von Auschwitz als «ein schnell arbeitendes Schlachthaus»[18], ohne daß er schon Genaueres darüber erfahren hätte, wie die Deportierten dort zu Tode gebracht wurden. Noch bringt er Auschwitz nicht in Verbindung mit Gerüchten über Vergasungen, die ihm von allen Seiten zugetragen werden: «Übrigens wird längst erzählt, daß viele Evakuierte nicht einmal erst lebend in Polen ankommen. Sie würden in Viehwagen während der Fahrt vergast, und der Waggon halte dann auf der Strecke an vorbereitetem Massengrab.»[19] Das ganze Geheimnis des mit Auschwitz zusammenhängenden Vernichtungskomplexes vermag Klemperer nicht zu entschlüsseln, aber der Ort steht im Tagebuch immer wieder als Synonym für Massenmord, und bis Ende 1944 hat sich für ihn zur Gewißheit verdichtet, «daß wir niemanden wiedersehen werden, daß sechs bis sieben Millionen Juden ... geschlachtet (genauer: erschossen und vergast) worden sind».[20]

So ist es zwar richtig, daß nur wenige Deutsche alles über die «Endlösung» wußten, aber auch nur sehr wenige wußten nichts. Das Wissen bezog sich zumeist auf einzelne Aspekte des mörderischen Geschehens, etwa in Form von Berichten über Ghettos und Massaker oder Gerüchten über Vergasungen. Teilinformationen, Einzelbeobachtungen und Gerüchte fügten sich jedoch nicht von selbst zu einem Gesamtbild. Das setzte vielmehr die Bereitschaft voraus, das Detail als Indikator des Ganzen zu sehen, wie das Beispiel des Gefreiten Erich Kuby zeigt. Er erblickte Anfang März 1942 auf der Reise an die Ostfront in der Nähe von Warschau einen Deportationszug und schrieb darüber an seine Frau: «Es war nicht mehr zu sehen als eine zusammengepferchte Menge mit gelben Sternen auf der Brust und Schulter, aber es war das Bild, in das sich nun alles Gewußte einfügt.»[21] Mit anderen Worten: Man mußte den Namen Auschwitz nicht gehört haben, um zu wissen, daß die Juden umgebracht wurden. Doch die «normale» Reaktion bestand darin, das unerhört Schreckliche, die Wahrheit über den Genozid, nicht wahrhaben zu wollen, sondern es abzuwehren und zu verdrängen.

II. Begonnen hatte die Verdrängung lange vor 1945. Der Holocaust wäre nicht möglich gewesen ohne die Ausgrenzung der Juden aus der deutschen Gesellschaft. Sie wurde schrittweise ins Werk gesetzt und stieß nirgendwo auf nennenswerten Protest. Zwar gab es manche Zeichen versteckter Solidarität, doch die meisten Deutschen verschlossen vor dem Leid ihrer jüdischen Mitbürger die Augen. Das Wegsehen und Weghören – der in den Jahren der Diktatur antrainierte Totstellreflex: Er funktionierte bereits, bevor die ersten Nachrichten über die Massenexekutionen von Juden nach Deutschland drangen. Diese Berichte fanden gerade deshalb weite Verbreitung, weil es keine Gründe gab, ihren Wahrheitsgehalt zu bezweifeln.

Anders verhielt es sich mit den Nachrichten und Gerüchten über Vernichtungslager. Daß Menschen wie Ungeziefer ausgerottet wurden – das klang zu unwahrscheinlich, als daß man dem ohne weiteres Glauben schenken mochte. «Muß ich diesem entsetzlichen Bericht glauben? Er übersteigt die schlimmsten Ahnungen. Das kann einfach nicht möglich sein. So viehisch können selbst die brutalsten Fanatiker nicht sein.» Das notierte die Journalistin Ursula von Kardorff am 27. Dezember 1944 in ihr Tagebuch, nachdem sie aus einer Schweizer Zeitung erfahren hatte, daß die Juden in Auschwitz «systematisch vergast» wurden: «Sie werden in einen riesigen Waschraum geführt, angeblich zum Baden, dann läßt man durch unsichtbare Röhren Gas einströmen. Bis alle tot sind. Die Leichen werden verbrannt.»[22]

Mehr noch als die amtlich verordnete Geheimhaltung war es die Ungeheuerlichkeit der Nachricht, die ihre Verbreitung behinderte. Nicht nur Nazianhänger, sondern auch Nazigegner reagierten mit instinktiver Abwehr. Welche Sperre das Bewußtsein gegen das schwer erträgliche Wissen errichtete, hat niemand genauer beschrieben als der Psychologe Peter Brückner in seiner Autobiographie «Das Abseits als sicherer Ort» (1980): «Es gab bei manchem sonst Hellhörigen eine spürbare Abwehr dagegen, gewisse Nachrichten über das Grauen im NS-Staat zur Kenntnis zu nehmen: Man erschrak, aber verstummte, wurde unwillig, vergaß. Ich wollte wissen, und das ‹Vergessen› erschien uns unwürdig. Und doch erinnere ich mich, daß ich gelegentlich den Impuls verspürte, mich zuzuschließen, wie ein indischer Affe nichts zu sehen und nichts zu hören. Warum? … Ich wollte ja leben und nicht nur überleben, das heißt aber: Ich wollte auch lachen, mich verlieben, mit Genuß meinen Tee trinken und Gedichte schreiben ... Wie soll man das Leben nicht lieben? Und wie konnte man das, nur zu genau wissend, was im Machtbereich des NS-Staates und seiner Heere geschah?»[23]

Der mit bürokratischer Gründlichkeit geplante, fabrikmäßig betriebene millionenfache Mord – diese nie erlebte Dimension des Verbrechens überforderte die Vorstellungskraft selbst derer, die den Nazis alle nur möglichen Schandtaten zutrauten. Das Undenkbare zu denken, Auschwitz für wirklich zu halten – dagegen sträubte sich ein psychischer Selbstschutzreflex. Das galt auch für die designierten Opfer, vor allem für die Juden Westeuropas. Bis zuletzt hielten sie die Deutschen eines solchen Verbrechens nicht für fähig. Noch im Viehwagen nach Auschwitz klammerten sich viele an die offizielle Version von «Umsiedlung» und «Arbeitslager». Und selbst die alliierten Regierungen weigerten sich lange Zeit, die ihnen über vielerlei Kanäle zugehenden Informationen über den Holocaust ernst zu nehmen und daraus Konsequenzen zu ziehen.[24]

Hier wirkte – neben den als vorrangig erachteten Notwendigkeiten der Kriegführung – als psychologische Barriere die Erfahrung des Ersten Weltkrieges nach. Damals hatte die britische Propaganda den Kriegsgegnern die wildesten Greueltaten zugeschrieben. Die Nachrichten über die Massenvergasungen klangen so unglaublich, daß viele Menschen, auch in Deutschland, sie sofort mit dieser «Greuelpropaganda» in Verbindung brachten. Helmuth James von Moltke, der Kopf des Kreisauer Widerstandskreises, der bereits im Oktober 1942 sichere Informationen über die Vernichtungslager erhalten hatte[25], führte in einem Brief an seinen englischen Freund Lionel Curtis vom März 1943 die Schwierigkeit, seine Landsleute mit der vollen Wahrheit bekanntzumachen, auf die antideutsche Propaganda im Ersten Weltkrieg zurück: «Würde man diesen Leuten erzählen, was wirklich geschehen ist, bekäme man zur Antwort: Du bist eben das Opfer der britischen Propaganda. Weißt du nicht mehr, was für lächerliche Dinge sie über unser Verhalten in Belgien 1914/15 verbreitet haben?»[26]

Das dumpfe Bewußtsein des begangenen Unrechts äußerte sich, je länger der Krieg dauerte und der prophezeite «Endsieg» ausblieb, in Angst vor Rache und Vergeltung. So berichtete der Regierungspräsident von Schwaben im November 1942: «Nach Ansicht weiter Kreise der Landbevölkerung steht es heute noch nicht fest, daß wir den Krieg gewinnen und daß dann einmal, wenn die Juden wieder nach Deutschland kommen, (diese) fürchterliche Rache an uns nehmen.»[27] Vielfach wurden die Bombardierungen deutscher Städte als Vergeltungsmaßnahme für die Verfolgung der Juden interpretiert. Im November 1943 verurteilte das Oberlandesgericht Hamm einen Kaufmann zu vier Jahren Zuchthaus, weil er in einem Gasthaus geäußert hatte: «Wißt Ihr überhaupt auch, warum unsere Städte bombardiert werden? Weil wir die Juden abgemurkst haben.»[28]

Das Wissen – oder zumindest die dunkle Ahnung – vieler Deutscher, zu Komplizen eines unsäglichen Verbrechens geworden zu sein, wurde freilich in dem Maße als unerträglich empfunden und vom Bewußtsein abgespalten, wie sich die militärische Niederlage abzeichnete und mit ihr die bedrohliche Konsequenz, die das begangene Unrecht nach sich ziehen würde. Im Februar 1943, wenige Tage nach der Kapitulation der 6. Armee in Stalingrad, notierte Erich Kuby: «Das habe ich nicht gewußt, das habe ich nicht gewollt. So heißt es jetzt, wo ich hinhöre, das ist der billige Text einer tief verlogenen Komödie, von der ich glauben soll, es sei die Götterdämmerung von Wagner.»[29]

III. So war die neue deutsche Nationalmelodie bereits angestimmt, die Unschuldsrolle einstudiert, als die alliierten Truppen Deutschland besetzten. Bereits im Dezember 1944 registrierten Psychologen der amerikanischen Armee im eroberten Gebiet um Aachen unter der deutschen Bevölkerung «ein Grauen davor, das Schlimmste zu erfahren; denn so viele Deutsche haben Gerüchte über die Greueltaten gegen die Juden in Polen gehört, daß sie der ganzen Wahrheit einfach nicht ins Auge zu schauen wagen».[30] In den ersten Wochen nach der Kapitulation am 8. Mai 1945 brachten Radio und Zeitungen pausenlos Berichte über die Verbrechen in den Konzentrationslagern. Nicht nur auf die Sieger, auch auf die Besiegten wirkten diese Enthüllungen wie ein Schock. Denn sie brachten das, was in den Jahren zuvor verdrängt worden war, schmerzhaft deutlich ans Tageslicht. Der Wahrheit konnte sich – angesichts der Flut dokumentarischen Beweismaterials – niemand entziehen. Und doch gab es viele Deutsche – vermutlich eine Mehrheit –, die immer noch nicht glauben wollten, was nun offen zutage lag. Dies um so mehr, als die daran geknüpfte «Kollektivschuld»-These an tiefsitzende Bestrafungsängste rührte. Die stereotype Beteuerung «Wir haben nichts gewußt» war die Antwort darauf. Sie diente nicht nur der Selbstentlastung; vielmehr suchte das besiegte Volk – gleichsam vorsorglich – eine Schutzmauer zu errichten, um dem erwarteten Strafgericht zu entgehen.

Nur wenige Deutsche waren bereit, sich den grauenvollen Bildern aus den befreiten Konzentrationslagern auszusetzen und eigene Schuld zu bekennen. Die meisten reagierten mit einer erschreckenden Gefühlsstarre und jenem eingeübten Wegseh-Reflex, den Stephan Hermlin während der Vorführung von Dokumentarfilmen über Buchenwald und Dachau beobachtete: «Im halben Licht des Projektionsapparats sah ich, wie die meisten nach Beginn des Films das Gesicht abwandten und so bis zum Ende der Vorstellung verharrten ... Das unglückliche Volk, dem ich angehörte, war sentimental und verhärtet zugleich, sich erschüttern zu lassen, das Erkenne-dich-selbst war nicht sein Teil.»[31]

Die Neigung, die eigene Beteiligung zu leugnen und sich aus der Verantwortung zu stehlen, reichte hinauf bis in die Spitzen des gestürzten Regimes. Wenn einer Schuld an den Verbrechen hatte, dann war es Hitler, dann waren es Himmler und die SS-Clique – man selbst hatte damit nichts zu tun gehabt und wollte damit auch nicht mehr behelligt werden. «Niemand ist ein Nazi. Niemand ist je einer gewesen», beobachtete die amerikanische Journalistin Martha Gellhorn im April 1945. «Man fragt sich, wie die verabscheute Naziregierung, der niemand Gefolgschaft leistete, es fertigbrachte, diesen Krieg fünfeinhalb Jahre lang durchzuhalten ... Wir stehen mit fassungslosen und verächtlichen Gesichtern da und hören uns diese Geschichte ohne Wohlwollen an und ganz gewiß ohne Achtung. Ein ganzes Volk, das sich vor der Verantwortung drückt, ist kein erbaulicher Anblick.»[32]

Die kollektive Flucht aus der jüngsten Geschichte ließ alle gutgemeinten «Umerziehungs»-Programme der Amerikaner vorerst ins Leere laufen. In seinem Ende 1945 geschriebenen Buch «Der SS-Staat» – der ersten Darstellung des KZ-Universums – zog Eugen Kogon, selbst ehemaliger Buchenwald-Häftling, eine deprimierende Bilanz: Bei den meisten Deutschen sei die Stimme des Gewissens nicht wach geworden; niemand wolle noch etwas von den Naziverbrechen hören. «Berichte aus den Konzentrationslagern erwecken in der Regel höchstens Staunen oder ungläubiges Kopfschütteln; sie werden kaum zu einer Sache des Verstandes, geschweige denn zum Gegenstand aufwühlenden Empfindens.»[33]

Statt dessen stürzte sich das besiegte Volk mit wütendem Eifer auf den Wiederaufbau. «Beobachtet man die Deutschen» – schrieb Hannah Arendt nach ihrem Besuch im Trümmerland 1949/50 –, «wie sie geschäftig durch die Ruinen ihrer tausendjährigen Geschichte stolpern und für die zerstörten Wahrzeichen ein Achselzucken übrig haben oder wie sie einem verübeln, wenn man sie an die Schreckenstaten erinnert, welche die ganze übrige Welt nicht loslassen, dann begreift man, daß die Geschäftigkeit ihre Hauptwaffe bei der Abwehr der Wirklichkeit geworden ist.»[34]

Mit dem «Wirtschaftswunder» schufen sich die Westdeutschen ihre eigene Form der Entlastung. Im sich herausbildenden zweiten deutschen Staat, der DDR, enthob das offizielle Bekenntnis zum Antifaschismus die Menschen ohnehin der Notwendigkeit, über eigene Verstrickungen in die NS-Verbrechen nachzudenken. «Die Unfähigkeit zu trauern» – auf diesen Begriff haben Alexander und Margarete Mitscherlich in ihrem Buch aus dem Jahre 1967 den kollektiven Verdrängungsprozeß gebracht.[35] Diese Unfähigkeit zeigte sich, wenn auch mit Unterschieden, in beiden Teilen Deutschlands.

Hermann Lübbe hat gemeint, daß die «gewisse Stille» in der Auseinandersetzung mit dem Nationalsozialismus in den Nachkriegsjahren «das sozialpsychologisch und politisch nötige Medium der Verwandlung unserer Nachkriegsbevölkerung in die Bürgerschaft der Bundesrepublik» gewesen sei.[36] Daran ist etwas Wahres. Doch Lübbe verharmlost den Preis dieser Verdrängungsleistung: den «großen Frieden mit den Tätern» (Ralph Giordano), das heißt die Rehabilitierung und fast restlose Integration der ehemaligen Funktionseliten des «Dritten Reiches» in die bundesdeutsche Nachkriegsdemokratie.[37]

IV. Trauer zu verweigern, Schuldgefühle zu verdrängen – das heißt aber auch, sie als pochende, quälende seelische Wunde zu konservieren. 1953 fiel dem Schriftsteller Arthur Koestler auf: «Auch viele gutwillige und intelligente Deutsche reagieren, wenn man in ihrer Gegenwart auf Auschwitz und Belsen zu sprechen kommt, mit eisernem Schweigen und dem gekränkten Gesichtsausdruck einer viktorianischen Lady, in deren Gegenwart man das anstößige Wort ‹Geschlecht› erwähnt hat ... Über solche Dinge redet man einfach nicht, und damit punktum.»[38]

Die gelegentlich aufgestellte Behauptung, bereits in der Ära Adenauer sei die NS-Vergangenheit geradezu vorbildlich «bewältigt» worden, geht an der Realität vorbei.[39] Erst Ende der fünfziger Jahre machten sich Anzeichen eines veränderten gesellschaftlichen Klimas bemerkbar. Mit dem Ulmer Einsatzgruppenprozeß 1958 begann, wenn auch verspätet, eine Serie von Verfahren, die 1964/65 im Frankfurter Auschwitz-Prozeß ihren ersten Höhepunkt fand. 1963 löste Rolf Hochhuth mit seinem Drama «Der Stellvertreter» heftige Auseinandersetzungen über die Haltung der katholischen Kirche zur Judenvernichtung aus.[40]

Eine breite Bresche in den bundesrepublikanischen Verdrängungskonsens schlug aber erst die Studentenbewegung Ende der sechziger Jahre. Freilich, hinter dem Rigorismus, mit dem die 68er die Nazigeneration anklagten, verbargen sich auch unbewußte Entlastungswünsche. Was die Eltern versäumt hatten, das wollte man jetzt, gewissermaßen in einem Akt nachgeholten Widerstands, gutmachen. Diese selbstgerechte Attitüde war kaum geeignet, Abwehr und Sprachlosigkeit auf seiten der Älteren zu verringern.

Hier bedeutete die Ausstrahlung der vierteiligen «Holocaust»-Serie im Januar 1979 einen Durchbruch. Das Geheimnis ihrer Wirkung beruhte darauf, daß – mit den Mitteln des Hollywood-Films – die Vernichtung *einer* jüdischen Familie erzählt wurde. Diese Dramaturgie schuf die Voraussetzung für eine intensive Identifikation mit den Opfern und zugleich eine Distanzierung von den Tätern. Für viele ältere Menschen scheint es damals zum erstenmal möglich geworden zu sein, darüber zu sprechen, was sie selbst hatte schuldig werden lassen: das Wegsehen und Weghören, das Nicht-wissen-Wollen, die Verweigerung von Mitgefühl und Solidarität.[41]

Ob der «Holocaust»-Schock allerdings nachhaltige Einstellungsänderungen bewirkt hat, ist fraglich. Aufgrund von Interviews, die er in den achtziger Jahren im Ruhrgebiet und in Industrieregionen der DDR durchführte, gelangte der Sozialhistoriker Lutz Niethammer zu dem Ergebnis: «Die meisten Menschen verschließen sich einer Auskunft auf die Frage, ob man von der Judenvernichtung etwas gewußt habe. Die große Mehrheit verneint das.»[42]

Auch die heftigen Auseinandersetzungen um die Ausstellung des Hamburger Instituts für Sozialforschung über den «Vernichtungskrieg der Wehrmacht 1941 bis 1944» seit Mitte der neunziger Jahre und die ebenso emotionsgeladene Debatte um das Buch des jungen Harvard-Dozenten Daniel Jonah Goldhagen «Hitlers willige Vollstrecker» (1996) machten deutlich, wieviel hierzulande immer noch unverarbeitet und verdrängt ist.[43] Zugleich aber sehen sich die Bemühungen, die Erinnerung an die Großverbrechen des «Dritten Reiches» wachzuhalten beziehungsweise diese überhaupt erst in ihrer ganzen monströsen Dimension ins öffentliche Bewußtsein zu rücken, im vereinigten Deutschland zunehmend als «kollektive Schuldbeflissenheit» und «Zerknirschungsmentalität» denunziert. Der Wunsch, es möge endlich Schluß sein mit der «unaufhörlichen Präsentation unserer Schande», regt sich mächtiger als zuvor. Der Schriftsteller Martin Walser verlieh ihm mit seiner Rede zur Verleihung des Friedenspreises des deutschen Buchhandels in der Frankfurter Paulskirche im Oktober 1998 Ausdruck.[44] Ein halbes Jahrhundert nach Kriegsende hat sich der Ruf «Wir haben nichts gewußt» aufgelöst in den vielstimmigen Chor: «Wir können es nicht mehr hören.»

Anmerkungen

Der erste Schlag

1 Walter Markov: Revolution im Zeugenstand. Frankreich 1789–1799, Bd. 1: Aussagen und Analysen, Frankfurt/M. 1987, S. 15.
2 Ebd., S. 22.
3 Zit. nach Pjotr Alexejewitsch Kropotkin: Die Große Französische Revolution 1789–1793. Aus dem Französischen übersetzt von Gustav Landauer, Bd. I, Berlin 1982, S. 16.
4 Vgl. zur Geschichtsschreibung über die Französische Revolution Eberhard Schmitt: Einführung in die Geschichte der Französischen Revolution, München 1976; Ernst Schulin: Die Französische Revolution, München 1988; S. 22–51; Kritisches Wörterbuch der Französischen Revolution. Hrsg. von François Furet und Mona Ozouf, Bd. II, Frankfurt/M. 1996, S. 1505–1535.
5 Hippolyte Taine: Die Entstehung des modernen Frankreich. Revolution und Kaiserreich, Berlin und Frankfurt/M. 1954, S. 43.
6 Alexis de Tocqueville: Der alte Staat und die Revolution. Hrsg. von J.P. Mayer, Birsfelden bei Basel o.J., S. 152.
7 Zit. nach Schulin (wie Anm. 4), S. 123. Vgl. auch Johannes Willms: Paris. Hauptstadt Europas 1789–1914, München 1988, S. 44f.; eine Auswahl aus dem Werk besorgte Wolfgang Tschöke in der Reihe «Die andere Bibliothek»: Louis-Sébastien Mercier: Pariser Nahaufnahmen. Tableau de Paris, Frankfurt/M. 2000.
8 Ernest Labrousse: Esquisse du mouvement des prix et des revenus en France au XVIIIe siècle, Paris 1933, Bd. II, S. 597ff.
9 Tocqueville (wie Anm. 6), S. 109.
10 Zit. nach Ulrich Friedrich Müller: Lust an der Geschichte. Die Französische Revolution 1789–1799, München-Zürich 1988, S. 37f.
11 Zit. nach Susanne Petersen: Die Große Revolution und die Kleinen Leute. Französischer Alltag 1789/95, Köln 1988, S. 119. Vgl. dazu Arlette Farge: Das brüchige Leben. Verführung und Aufruhr im Paris des 18. Jahrhunderts, Berlin 1989.
12 Alain Corbin: Pesthauch und Blütenduft. Eine Geschichte des Geruchs, Berlin 1984.
13 Vgl. Die Welt der Encyclopédie. Ediert von Anette Selg & Rainer Wieland, Frankfurt/M. 2001; Robert Darnton: Glänzende Geschäfte. Die Verbrei-

tung von Diderots Encyclopédie oder: Wie verkauft man Wissen mit Gewinn?, Berlin 1993.

14 Tocqueville (wie Anm. 6), S. 179.

15 Schulin (wie Anm. 4), S. 178.

16 Robert Darnton: Literaten im Untergrund. Lesen, Schreiben und Publizieren im vorrevolutionären Frankreich, Frankfurt/M. 1988; vgl. auch Gudrun Gersmann: Im Schatten der Bastille. Die Welt der Schriftsteller, Kolporteure und Buchhändler am Vorabend der Französischen Revolution, Stuttgart 1993; Jean Marie Goulemot: Gefährliche Bücher. Erotische Literatur, Pornographie, Leser und Zensur im 18. Jahrhundert, Reinbek bei Hamburg 1993; Robert Darnton: Poesie und Polizei. Öffentliche Meinung und Kommunikationsnetzwerke im Paris des 18. Jahrhunderts, Frankfurt/M. 2002.

17 Markov (wie Anm. 1), S. 23.

18 Ebd., S. 26.

19 Zit. nach Schmitt (wie Anm. 4), S. 55.

20 Markov (wie Anm. 1), S. 27.

21 Georges Lefebvre: 1789. Das Jahr der Revolution, München 1989.

22 Zit. nach ebd., S. 55.

23 Zit. nach Walter Markov: Revolution im Zeugenstand. Frankreich 1789–1799, Bd. 2: Gesprochenes und Geschriebenes, Frankfurt/M. 1987, S. 29.

24 Fischer Weltgeschichte, Bd. 26: Das Zeitalter der europäischen Revolution 1780–1848, Frankfurt/M. 1969, S. 36. Zum Politisierungsschub vgl. Rolf E. Reichardt: Das Blut der Freiheit. Französische Revolution und demokratische Kultur, Frankfurt/M. 1998, S. 114ff.

25 Jules Michelet: Geschichte der Französischen Revolution, Buch 1, Frankfurt/M. 1988, S. 65.

26 Vgl. Ernest Labrousse: 1848, 1830, 1789. Wie Revolutionen entstehen, in: Irmgard A. Hartig (Hrsg.): Geburt der bürgerlichen Gesellschaft: 1789, Frankfurt/M. 1979, S. 70f.

27 Markov (wie Anm. 1), S. 58.

28 Zit. nach Winfried Schulze: Der 14. Juli 1789. Biographie eines Tages, Stuttgart 1989, S. 73.

29 Markov (wie Anm. 23), S. 71.

30 Markov (wie Anm. 1), S. 73.

31 Vgl. zur Geschichte dieses Tages die eindrucksvolle Darstellung von Schulze (wie Anm. 28).

Der 18. Brumaire

1 Jean Tulard: Napoleon oder Der Mythos des Retters. Eine Biographie, Tübingen 1978, S. 26.

2 Zit. nach Ernst Schulin: Die Französische Revolution, München 1988, S. 234. Vgl. zur Vergnügungssucht der Thermidorianer Johannes Willms: Paris. Hauptstadt Europas 1789–1914, München 1988, S. 115ff.

3 Zit. nach Albert Soboul: Die Große Französische Revolution. Ein Abriß ihrer Geschichte (1789–1799), Frankfurt/M. 1973, S. 411.
4 Jean-Denis Bredin: Sieyès. La clé de la Révolution, Paris 1988, S. 446. Vgl. auch Alan Schom: Napoleon Bonaparte, New York 1997, S. 197.
5 Im Schatten Napoleons. Aus den Erinnerungen der Frau von Rémusat. Übersetzt und herausgegeben von Friedrich Freiherrn von Falkenhausen, Leipzig 1941, S. 108.
6 Zit. nach A. S. Manfred: Napoleon Bonaparte, Berlin 1978, S. 240.
7 Zur Vermittlerrolle Talleyrands vgl. Schom (wie Anm. 4), S. 207ff.
8 Zit. nach Martin Göhring: Napoleon. Vom alten zum neuen Europa, Göttingen 1959, S. 40.
9 Vgl. Frank McLynn: Napoleon. A Biography, London 1997, S. 214.
10 Zit. nach Tulard (wie Anm. 1), S. 30f.
11 Louis Antoine Fauvelet de Bourienne: Memoires de M de Bourienne sur Napoleon, Bd. 3, S. 82. Vgl. Tulard (wie Anm. 1), S. 32.
12 Bourienne (wie Anm. 11), Bd. 3, S. 86f.; Tulard (wie Anm. 1), S. 33.
13 Vgl. die eindrucksvolle Schilderung der Szene bei Max Lenz: Napoleon, Bielefeld und Leipzig 1908, S. 90f.
14 Tulard (wie Anm. 1), S. 35.
15 Zit. nach August Fournier: Napoleon I. Eine Biographie in drei Teilbänden. Hrsg. von Theophile Sauvageot, Essen o. J., Bd. 1, S. 222.
16 Zit. nach Manfred (wie Anm. 6), S. 264.
17 Ebd., S. 263.
18 Walter Markow: Revolution im Zeugenstand. Frankreich 1789–1799, Bd. 2: Gesprochenes und Geschriebenes, Frankfurt/M. 1987, S. 699.

Brot oder Tod!

1 Alexis de Tocqueville: Erinnerungen. Mit einer Einleitung von Carl J. Burckhardt, Stuttgart 1954, S. 215.
2 Gustave Flaubert: Die Erziehung des Herzens. Der Roman eines jungen Mannes, München o. J., S. 422, 437.
3 Heines Werke in fünf Bänden, Bd. 5, Berlin und Weimar 1967, S. 306.
4 Tocqueville (wie Anm. 1), S. 119.
5 Marx-Engels-Werke (MEW), Bd. 17, Berlin/DDR 1971, S. 21.
6 Zum Kompromißcharakter der Provisorischen Regierung vgl. Maurice Agulhon: 1848 ou l'apprentissage de la République 1848–1852, Paris 1973, 2. Aufl. 1992, S. 31f.
7 Heines Werke, Bd. 5 (wie Anm. 3), S. 312.
8 Roger Price: The French Second Republic. A Social History, Ithaka, New York 1972, S. 112.
9 Zit. nach Johannes Willms: Paris. Hauptstadt Europas 1789–1914, München 1988, S. 326; vgl. Ernest Labrousse: Panorama der Krise, in: Horst Stuke/Wilfried Forstmann (Hrsg.): Die europäischen Revolutionen von

1848, Königstein/Ts. 1979, S. 70–89; Pierre Lévèque: Die revolutionäre Krise von 1848–1851. Ursprünge und Ablauf, in: Dieter Dowe/Heinz-Gerhard Haupt/Dieter Langewiesche (Hrsg.): Europa 1848. Revolution und Reform, Bonn 1998, S. 95 f.

10 Vgl. die Tabelle in Mark Traugott: Armies of the Poor. Determinants of Working-Class Participation in the Parisian Insurrection of June 1848, Princeton 1985, S. 120.

11 Zit. nach Price: The French Second Republic (wie Anm. 8), S. 117.

12 Flaubert (wie Anm. 2), S. 221.

13 Tocqueville (wie Anm. 1), S. 154; zum Ergebnis der Wahlen vgl. Agulhon (wie Anm. 6), S. 55 f.; Price: The French Second Republic (wie Anm. 8), S. 140 ff.

14 Vgl. Karl Hans Bergmann: Blanqui. Ein Rebell im 19. Jahrhundert, Frankfurt/M.-New York 1986, S. 324 ff.

15 Tocqueville (wie Anm. 1) S. 155.

16 Ebd., S. 203; zur Spontaneität der Revolte vgl. Agulhon (wie Anm. 6), S. 68.

17 Heines Werke, Bd. 5 (wie Anm. 3), S. 305.

18 Vgl. Roger Price: Der Juniaufstand, in: Stuke/Forstmann (wie Anm. 9), S. 129 ff.

19 Zit. nach Willms (wie Anm. 9), S. 333.

20 Zit. nach Roger Price: 1848. Kleine Geschichte der europäischen Revolutionen, Berlin 1992, S. 76.

21 MEW, Bd. 7, S. 31.

22 Zit. nach Friedrich Sieburg: Im Licht und Schatten der Freiheit. Frankreich 1789–1848. Bilder und Texte, Stuttgart o. J., S. 422; zur Rolle der *garde mobile* vgl. Pierre Caspard: Aspects de la lutte des classes en 1848: le recrutement de la garde nationale mobile, in: Revue historique, 98. Jg (1974), S. 81–106; Traugott (wie Anm. 10), S. 34 ff, bes. S. 44 f.

23 Zit. nach Sieburg (wie Anm. 22), S. 425.

24 Roger Price: «Der heilige Kampf gegen die Anarchie». Die Entwicklung der Gegenrevolution, in: Europa 1848 (wie Anm. 9), S. 61.

25 Zit. nach Rüdiger Hachtmann: Berlin 1848. Eine Politik- und Gesellschaftsgeschichte der Revolution, Bonn 1997, S. 654.

26 Vgl. Pierre-Paul Sagave: Berlin und Frankreich 1685–1871, Berlin 1980, S. 170.

27 Zit. nach Hachtmann (wie Anm. 25), S. 655.

28 Tocqueville (wie Anm. 1), S. 241.

Fünf Schüsse auf Bismarck

1 Rudolph Braune: Aus Bismarcks Hause. Erinnerungen des Hauslehrers der Söhne Bismarcks aus den Jahren 1860–66. Bearb. und hrsg. von Helmuth Rogge, Berlin 1936, S. 66 f.

2 Robert von Keudell: Fürst und Fürstin Bismarck. Erinnerungen aus den Jahren 1846 bis 1872, Berlin und Stuttgart 1901, S. 261 f.

3 Sophie Charlotte von Sell: Fürst Bismarcks Frau. Lebensbild, Berlin 1914, S. 148.

4 Braune (wie Anm. 1), S. 66.

5 Zit. nach Julius H. Schoeps: Bismarck und sein Attentäter, Zürich-München 1998, S. 13.

6 Robert Freiherr Lucius von Ballhausen: Bismarck-Erinnerungen, Stuttgart-Berlin 1920, S. 60 f.

7 Fritz Stern: Gold und Eisen. Bismarck und sein Bankier Bleichröder, Reinbek bei Hamburg 1988, S. 60.

8 Rudolf von Ihering in Briefen an seine Freunde, Leipzig 1913, S. 196.

9 Hans-Christof Kraus: Ernst Ludwig von Gerlach. Politisches Denken und Handeln eines preußischen Altkonservativen, Bd. 1, Göttingen 1994, S. 806. Vgl. Moritz von Blankenburg an Ludwig von Gerlach, 17.6.1866, in: Von der Revolution zum Norddeutschen Bund. Politik und Ideengut der preußischen Hochkonservativen. Aus dem Nachlaß von Ernst Ludwig von Gerlach, hrsg. und eingel. von Hellmut Diwald, Teil 2, Göttingen 1970, S. 1310. Hans v. Kleist-Retzow schrieb am 11. Mai 1866 an Ludwig v. Gerlach, er halte einen Krieg mit Österreich «für ein Nationalunglück, wie es kaum größer gedacht werden kann». Ebd., S. 1284.

10 Arnold Oskar Meyer: Bismarck. Der Mensch und Staatsmann, Stuttgart 1949, S. 293.

11 Ludwig Dehio: Die preußischen Konservativen und der Krieg, in: Forschungen zur brandenburgisch-preußischen Geschichte 39 (1927), S. 243 (Brief Zieglers an Karl Rodbertus, 14.5.1966).

12 Zit. nach Günther Franz: Ferdinand Cohen-Blind und sein Attentat auf Bismarck 1966, in: Zeitschrift für Württembergische Landesgeschichte 40 Jg. (1981), S. 393.

13 Heinrich von Sybel an Hermann Baumgarten, 14.5.1866; Deutscher Liberalismus im Zeitalter Bismarcks, hrsg. von Julius Heyderhoff und Paul Wentzcke, Bonn 1925, S. 284. Von einer «förmlichen Tollwut gegen Preußen» berichtete Baumgarten am 15.5.1866 aus Karlsruhe. Ebd., S. 286.

14 Zit. nach Schoeps (wie Anm. 5), S. 106.

15 Ebd., S. 112.

16 Ebd., S. 121.

17 Ebd., S. 115.

18 Ebd., S. 119.

19 Zit. nach Rudolf Muhs: Karl Blind: Ein Talent in der Wichtigmacherei, in: Sabine Freitag (Hrsg.): Die Achtundvierziger. Lebensbilder aus der deutschen Revolution 1848/49, München 1998, S. 84; zur Biographie Karl Blinds vgl. auch Julius H. Schoeps: Im Kampf um die deutsche Republik. Karl Blind und die Revolution in Baden 1848/49, in: Revolution und De-

mokratie in Geschichte und Literatur. Zum 60. Geburtstag von Walter Grab. Hrsg. von Julius H. Schoeps und Immanuel Geiss unter Mitwirkung von Ludger Heid, Duisburg 1979, S. 259–276.

20 Vgl. Rosemary Ashton: Little Germany. German Refugees in Victorian Britain, Oxford-New York 1989, S. 167ff.

21 Der Brief ist abgedr. in: Franz (wie Anm. 12), S. 389–392. Vgl. dazu auch die folgenden Zitate.

22 Schoeps (wie Anm. 5), S. 53.

23 Ebd., S. 55.

24 Franz (wie Anm. 12), S. 392.

25 Schoeps (wie Anm. 5), S. 54.

26 Vgl. die zwischen Dichtung und Wahrheit schwankende Darstellung Wilhelm J. C. E. Stiebers: Spion des Kanzlers. Die Enthüllungen von Bismarcks Geheimdienstchef, Stuttgart 1978, S. 27ff.

27 Schoeps (wie Anm. 5), S. 67.

28 Ebd., S. 85.

29 Ebd., S. 91, 93.

30 Ebd., S. 92.

31 Keudell (wie Anm. 2), S. 263.

32 Ernst Ludwig von Gerlach. Aufzeichnungen aus seinem Leben und Wirken 1795–1877. Hrsg. von Jakob von Gerlach, Bd. 2: 1848–1877, Schwerin 1903, S. 292; Vgl. Von der Revolution zum Norddeutschen Bund (wie Anm. 9), T. 1, S. 480.

33 Schoeps (wie Anm. 5), S. 123. Zur Zeitschrift «Der Deutsche Eidgenosse» vgl. Melvon Cherno: «Der Deutsche Eidgenosse» and its Collapse, 1865–1867: an Attempt to stimulate a German Revolution through Émigré Propaganda, in: German Life & Letters. A Quarterly Review, Vol. XXXV, Oxford 1981/82, S. 138–149.

Das Geheimnis der Miss Love

1 Emilie Klopp an Wilhelm v. Bismarck, 6.11.1888; Bismarck-Archiv Friedrichsruh.

2 Emilie Klopp an Wilhelm v. Bismarck, 18.11.1888; ebd.

3 Vgl. zum folgenden: Wilhelm v. Bismarck an Herbert v. Bismarck, 21.11.1888; ebd.

4 Herbert v. Bismarck an Wilhelm v. Bismarck, 22.11.1888; ebd.

5 Vgl. John C. G. Röhl: Wilhelm II. Die Jugend des Kaisers 1859–1888, München 1993, S. 489ff.

6 Ebd., S. 494ff.

7 Ebd., S. 500.

8 Herbert v. Bismarck an Wilhelm v. Bismarck, 22.11.1888; Bismarck-Archiv Friedrichsruh.

9 Röhl (wie Anm. 5), S. 427. Vgl. auch Walter Bußmann (Hrsg.): Staatssekretär Graf Herbert von Bismarck. Aus seiner politischen Privatkorrespondenz, Göttingen 1964, S. 57f.

10 Bußmann (wie Anm. 9), S. 504 (Herbert v. Bismarck an Kuno v. Rantzau, 19.1.1888).

11 Röhl (wie Anm. 5), S. 739.

12 Herbert v. Bismarck an Wilhelm v. Bismarck, 23.6.1888; Bußmann (wie Anm. 9), S. 518.

13 Zit. nach Walter Frank: Hofprediger Adolf Stoecker und die christlich-soziale Bewegung, Hamburg 1935, S. 318.

14 Vgl. Otto Pflanze: Bismarck. Der Reichskanzler, München 1998, S. 550f.

15 John C. G. Röhl: Wilhelm II. Der Aufbau der Persönlichen Monarchie, München 2001, S. 239f.

16 Die Kanzlerkrise ist jetzt akribisch in allen ihren Aspekten untersucht worden von Röhl (wie Anm. 15), S. 212ff.

17 Herbert v. Bismarck an Wilhelm v. Bismarck, 22.11.1888; Bismarck-Archiv Friedrichsruh.

18 Wilhelm v. Bismarck an Otto v. Bismarck, 23.11.1888; ebd.

19 Randbemerkungen Otto v. Bismarcks zum Brief Wilhelm v. Bismarcks, 23.11.1888; ebd.

20 Otto v. Bismarck an Herbert v. Bismarck, 24.11.1888; Bismarck-Archiv Friedrichsruh (auch zum folgenden).

21 Im Telegramm aus Friedrichsruh v. 24.11.1888 hieß es: «Der öffentlichen Meinung gegenüber halte ich die Frage, ob ein junger Herr immer und überall tugendhaft gewesen ist oder nicht, zwar nicht für gleichgültig, aber, soweit es sich nicht um Verführung ehrbarer Mädchen handelt, auch nicht für bedenklich.» Ebd.

22 Herbert v. Bismarck an Otto v. Bismarck, 25.11.1888; ebd.

23 Herbert v. Bismarck an Wilhelm v. Bismarck, 24.11.1888; ebd.

24 Wilhelm v. Bismarck an Herbert v. Bismarck, 27.11.1888; ebd.

25 Otto v. Bismarck an Herbert v. Bismarck, 25.11.1888; ebd.

26 Herbert v. Bismarck an Otto v. Bismarck, 28.11.1888; ebd.

27 Herbert v. Bismarck an Wilhelm v. Bismarck, 28.11.1888; ebd.

28 Wilhelm v. Bismarck an Herbert v. Bismarck, 2.12.1888; ebd.

29 Emilie Klopp an Wilhelm v. Bismarck, 3.12.1888; Wilhelm v. Bismarck an Herbert v. Bismarck, 14.12.1888; Herbert v. Bismarck an Wilhelm v. Bismarck, 17.12.1888; ebd.

30 Vgl. zum folgenden Röhl (wie Anm. 5), S. 464–466.

31 Wilhelm v. Bismarck an Herbert v. Bismarck, 26., 28., 29., 30.4.1889; Bismarck-Archiv Friedrichsruh.

32 Wilhelm v. Bismarck an Herbert v. Bismarck, 4.5.1889; ebd.

33 Erklärung Emilie Klopps (Unterschrift: «E. Love») v. 1.5.1889 mit Briefkopf «Frankfurter Hof»; ebd.

34 Röhl (wie Anm. 5), S. 901, Anm. 32.

35 Bußmann (wie Anm. 9), S. 539 (Herbert v. Bismarck an Kuno v. Rantzau, 4.7.1889).
36 Zit. nach Röhl (wie Anm. 15), S. 231.
37 Am Hofe der Hohenzollern. Aus dem Tagebuch der Baronin Spitzemberg 1865–1914. Hrsg. von Rudolf Vierhaus, München, 1965 S. 139 (v. 5.3.1891).
38 Zit. nach Lothar Machtan: Bismarcks Tod und Deutschlands Tränen. Reportage einer Tragödie, München 1998, S. 66.
39 Otto v. Bismarck: Die Gesammelten Werke. Friedrichsruher Ausgabe, 15 in 19 Bde., Berlin 1924–35, Bd. 15, S. 545.

Parlament der Säbel

1 Ernst Deuerlein: Der Reichstag. Aufsätze, Protokolle und Darstellungen zur Geschichte der parlamentarischen Vertretung des deutschen Volkes 1871–1933, Bonn 1963, S. 159–161; Vgl. auch Stephan Speicher: Ort der deutschen Geschichte. Der Reichstag in Berlin, Berlin 1995, S. 13f.
2 Vgl. Wolfgang J. Mommsen: Kaisermacht und Bürgerstolz. Berlin Hauptstadt des Kaiserreichs, in: Uwe Schultz (Hrsg.): Die Hauptstädte der Deutschen, München 1993, S. 185.
3 Fürst Bismarcks Briefe an seine Braut und Gattin. Hrsg. vom Fürsten Herbert Bismarck, Stuttgart 1900, S. 284 (v. 21.5.1851) und 274 (v. 11.5.1851).
4 Robert Freiherr Lucius von Ballhausen: Bismarck-Erinnerungen, Stuttgart-Berlin 1920, S. 323 (v. 29.11.1885).
5 Zit. nach Hans-Peter Goldberg: Bismarck und seine Gegner. Die politische Rhetorik im kaiserlichen Reichstag, Düsseldorf 1998, S. 384.
6 Christoph von Tiedemann: Sechs Jahre Chef der Reichskanzlei unter dem Fürsten Bismarck. Erinnerungen, Leipzig 1909, S. 15 (v. 25.1.1875).
7 Goldberg (wie Anm. 5), S. 169 (Rt.-Rede v. 15.4.1880).
8 Vgl. Jürgen Schmädeke: Der Deutsche Reichstag. Geschichte und Gegenwart eines Bauwerks, München 1994, S. 40.
9 Goldberg (wie Anm. 5), S. 77 (Rt.-Rede v. 8.11.1871).
10 Ebd., S. 85.
11 Ebd., S. 44.
12 Ebd., S. 51. Vgl. Andreas Biefang: Bismarcks Reichstag. Das Parlament in der Leipziger Straße. Fotografiert von Julius Braatz, Düsseldorf 2002.
13 Vgl. zum folgenden Michael S. Cullen: Der Reichstag. Parlament – Denkmal – Symbol, Berlin 1995, S. 44ff.
14 Ebd., S. 104.
15 Ebd., S. 107.
16 Ebd., S. 106.
17 Zit. nach Werner Hegemann: Das Steinerne Berlin. Geschichte der größten Mietskasernenstadt der Welt, Berlin 1930, S. 403.
18 Zit. nach Speicher (wie Anm. 1), S. 29.

19 Cullen (wie Anm. 13), S. 134.

20 Zit. nach John C. G. Röhl: Wilhelm II. Der Aufbau der Persönlichen Monarchie 1888–1900, München 2001, S. 1005.

21 Am Hofe der Hohenzollern. Aus dem Tagebuch der Baronin Spitzemberg. Hrsg. v. Rudolf Vierhaus, München 1965, S. 166 (v. 28. 5. 1894).

22 Cullen (wie Anm. 13), S. 161.

23 Vgl. ebd., S. 173 ff.

24 Ebd., S. 144.

25 Ebd.

26 Röhl (wie Anm. 20), S. 781.

27 Bernhard Fürst von Bülow: Denkwürdigkeiten in vier Bänden, Berlin 1930, Bd. 2, S. 7.

28 Fritz Fellner: Wilhelm II. und das wilhelminische Deutschland im Urteil österreichischer Zeitgenossen, in: John C. G. Röhl (Hrsg.): Der Ort Kaiser Wilhelms II. in der deutschen Geschichte, München 1991, S. 82 f.

29 Zit. nach Goldberg (wie Anm. 5), S. 530 (Rt.-Rede v. 29. 1. 1910).

30 Fellner (wie Anm. 28), S. 83.

31 Alfred Kerr: Wo liegt Berlin? Briefe aus der Reichshauptstadt 1895–1900. Hrsg. v. Günther Rühle, Berlin 1997, S. 25 f. (v. 10. 2. 1895).

32 Vgl. Schmädeke (wie Anm. 8), S. 57 f.; Cullen (wie Anm. 13), S. 199 ff.

33 Vgl. Hermann Butzer: Diäten und Freifahrt im Deutschen Reichstag, Düsseldorf 1999.

34 Vgl. Volker Ullrich: Als der Thron ins Wanken kam. Das Ende des Hohenzollernreiches 1890–1918, Bremen 1993, S. 39–63; Lothar Reinermann: Der Kaiser in England. Wilhelm II. und sein Bild in der britischen Öffentlichkeit, Paderborn 2001, S. 332–337.

35 Vgl. Ullrich (wie Anm. 34), S. 65–85, hier S. 76 f.

36 Bernd Sösemann: Theodor Wolff. Ein Leben mit der Zeitung, München 2000, S. 130 f.

37 Hellmut von Gerlach: Die große Zeit der Lüge. Der Erste Weltkrieg und die deutsche Mentalität (1871–1921), Bremen 1994, S. 121 ff.

38 Cullen (wie Anm. 13), S. 186.

39 Richard J. Evans (Hrsg.): Kneipengespräche im Kaiserreich. Stimmungsberichte der Hamburger Politischen Polizei 1892–1914, Reinbek bei Hamburg 1989, S. 295 f.

40 Bernd Roeck: Der Reichstag, in: Etienne François und Hagen Schulze (Hrsg.): Deutsche Erinnerungsorte, Bd. 1, München 2001, S. 149.

41 Cullen (wie Anm. 13), S. 187.

42 Zur Julikrise 1917 und zum Kanzlersturz vgl. Ullrich (wie Anm. 34), S. 137–157.

43 Albrecht von Thaer: Generalstabschef an der Front und in der OHL. Aus Briefen und Tagebuchaufzeichnungen 1915–1919. Hrsg. v. Siegfried A. Kaehler, Göttingen 1958, S. 235 (v. 1. 10. 1918).

44 Zit. nach Utz Haltern: Architektur und Politik. Zur Baugeschichte des

Berliner Reichstags, in: Ekkehard Mai und Stephan Waetzoldt (Hrsg.): Kunstverwaltung, Bau- und Denkmal-Politik im Kaiserreich, Berlin 1981, S. 96.

«Sozialismus, dein Reich komme»

1 Marx-Engels-Werke (MEW), Bd. 22, Berlin 1970, S. 59.
2 Paul Lafargue: Der erste Mai und der Stand der sozialistischen Bewegung in Frankreich, in: Die Neue Zeit, 9. Jg. (1890/91), Bd. 2, S. 296.
3 Zit. nach Dieter Fricke: Kleine Geschichte des Ersten Mai. Die Maifeiern in der deutschen und internationalen Arbeiterbewegung, Frankfurt/M. 1980, S. 19.
4 Ebd., S. 21.
5 Zur Maifeier, in: Die Neue Zeit, 9. Jg. (1890/91), Bd. 2, S. 129.
6 Vgl. Horst Karasek (Hrsg.): 1886, Haymarket. Die deutschen Anarchisten von Chicago. Reden und Lebensläufe, Berlin 1975; Christiane Harzig: Die Haymarket-Tragödie in Chicago 1886, in: Inge Marßolek (Hrsg.): 100 Jahre Zukunft. Zur Geschichte des 1. Mai, Frankfurt/M. und Wien 1990, S. 55–76.
7 Heinrich Nuhn: August Spies. Ein hessischer Sozialrevolutionär in Amerika, Kassel 1992, S. 13.
8 Fricke (wie Anm. 3), S. 30.
9 Zit. nach Dirk H. Müller: Idealismus und Revolution. Zur Opposition der Jungen gegen den Sozialdemokratischen Parteivorstand 1890–1894, Berlin 1976, S. 26.
10 Vgl. Klaus Saul: Machtsicherung und Gegenoffensive. Zur Entstehung des Arbeitgeber-Verbandes Hamburg-Altona 1888–1890, in: Zeitschrift des Vereins für Hamburgische Geschichte Bd. 72 (1986), 105–138.
11 Zit. nach Wulf D. Hund: Der 1. Mai 1890, in: Jörg Berlin (Hrsg.): Das andere Hamburg. Freiheitliche Bestrebungen in der Hansestadt seit dem Spätmittelalter, Köln 1981, S. 128.
12 Vgl. Klaus Saul: Der Staat und die «Mächte des Umsturzes», in: Archiv für Sozialgeschichte, Bd. XII (1972), S. 295; Michael Grüttner: Arbeitswelt an der Wasserkante. Sozialgeschichte der Hamburger Hafenarbeiter 1886–1914, Göttingen 1984, S. 141 f.
13 Hund (wie Anm. 11), S. 127.
14 Vgl. Grüttner (wie Anm. 12), S. 143.
15 August Bebel: Die Maifeier und ihre Bedeutung, in: Die Neue Zeit, 11. Jg. (1893/94), Bd. 1, S. 439.
16 Fricke (wie Anm. 3), S. 53.
17 Ebd., S. 58.
18 Ebd., S. 86.
19 Zit. nach Friedrich Giovanoli: Die Maifeierbewegung. Ihre wirtschaftlichen und soziologischen Ursprünge und Wirkungen, Karlsruhe 1925, S. 58.

20 Richard J. Evans (Hrsg.): Kneipengespräche im Kaiserreich. Stimmungsberichte der Hamburger Politischen Polizei 1892–1914, Reinbek bei Hamburg 1989, S. 257 (v. 20.4.1904).

21 Kurt Eisner: Mairuf, in: Fränkische Tagespost v. 30.4.1909; abgedr. in: Udo Achten: Wenn Ihr nur einig seid. Texte, Bilder und Lieder zum 1. Mai, Köln 1990, S. 63 f. Zu Eisner vgl. jetzt die vorzügliche Biographie von Bernhard Grau: Kurt Eisner 1867–1919, München 2001.

22 Vgl. Wolfgang Ruppert (Hrsg.): Die Arbeiter. Lebensformen, Alltag und Kultur, München 1986, S. 243 ff.; Hans-Josef Steinberg: Der 1. Mai als Zukunftsentwurf oder Vom Völkerfrühling zum Weltenmai, in: Marßolek (wie Anm. 6), S. 41 ff.; Inge Marßolek: Von Freiheitsgöttinnen, dem Riesen Proletariat und dem Aufzug der Massen, in: ebd., S. 144 ff.

23 Giovanoli (wie Anm. 19), S. 115.

24 Achten (wie Anm. 21), S. 72.

25 Vgl. Fricke (wie Anm. 3), S. 60 f.

26 Rosa Luxemburg: Die Maifeier im Zeichen des Wahlrechtskampfes, in: Rosa Luxemburg: Gesammelte Werke, Bd. 2, Berlin 1972, S. 334.

27 Zit. nach Achten (wie Anm. 21), S. 7.

28 Fricke (wie Anm. 3), S. 151.

29 Karl Liebknecht: Gesammelte Reden und Schriften, Bd. VIII, Berlin 1966, S. 615.

30 Zit. nach Helmut Trotnow: Karl Liebknecht. Eine politische Biographie, Köln 1980, S. 248.

31 Das Stenographische Protokoll ist abgedr. bei Udo Achten: Illustrierte Geschichte des 1. Mai, 2. Aufl., Oberhausen 1980, S. 185–193.

32 Thomas Mann: Tagebücher 1918–1921. Hrsg. von Peter de Mendelssohn, Frankfurt/M. 1979, S. 219 (v. 1.5.1919).

33 Vgl. Gottfried Korff: Rote Fahnen und geballte Faust. Zur Symbolik der Arbeiterbewegung in der Weimarer Republik, in: Peter Assion (Hrsg.): Transformation der Arbeiterkultur, Marburg 1986, S. 99 f.

34 Vgl. Thomas Kurz: «Blutmai». Sozialdemokraten und Kommunisten im Brennpunkt der Berliner Ereignisse von 1929, Bonn 1988.

35 Zit. nach Ruppert (wie Anm. 22), S. 249.

36 Die Tagebücher von Joseph Goebbels. Hrsg. von Elke Fröhlich, Teil I, Bd. 2, München 1987, S. 408 (v. 17.4.1933).

37 Vgl. Gottfried Korff: Seht die Zeichen, die euch gelten. Fünf Bemerkungen zur Symbolgeschichte des 1. Mai, in: Marßolek (wie Anm. 6), S. 28 ff.; Michael Ruck: Vom Demonstrations- und Festtag der Arbeiterbewegung zum nationalen Feiertag des deutschen Volkes. Der 1. Mai im Dritten Reich und die Arbeiter, in: ebd., S. 171 ff.

38 Fricke (wie Anm. 3), S. 229.

«... deutsches Blut zu rächen!»

1 Die Kämpfe der deutschen Truppen in Südwestafrika. Auf Grund amtlichen Materials bearb. von der Kriegsgeschichtlichen Abteilung I des Großen Generalstabes, Berlin 1906, S. 1.
2 Vgl. Horst Drechsler: Südwestafrika unter deutscher Kolonialherrschaft. Der Kampf der Herero und Nama gegen den deutschen Imperialismus (1884–1915), Berlin/DDR 1966, S. 85 ff. Zum «System Leutwein» vgl. auch Helmut Bley: Kolonialherrschaft und Sozialstruktur in Deutsch-Südwestafrika 1894–1914, Hamburg 1968, S. 18 ff. und neuerdings Jürgen Zimmerer: Deutsche Herrschaft über Afrikaner. Staatlicher Machtanspruch und Wirklichkeit im kolonialen Namibia, Hamburg 2001, S. 13 ff.
3 Die Kämpfe (wie Anm. 1), S. 24.
4 Theodor Leutwein: Elf Jahre Gouverneur in Deutsch-Südwestafrika, Berlin 1906, S. 209.
5 Vgl. Bley (wie Anm. 2), S. 167.
6 Zit. nach Kolonien unter der Peitsche. Eine Dokumentation von Fritz Ferdinand Müller, Berlin/DDR 1962, S. 55 f.; vgl. Bley (wie Anm. 2), S. 127 f.
7 Leutwein (wie Anm. 4), S. 468.
8 Vgl. Die Kämpfe (wie Anm. 1), S. 19 ff.
9 Zu den Berichten über Greueltaten vgl. Gesine Krüger: Kriegsbewältigung und Geschichtsbewußtsein. Realität, Deutung und Verarbeitung des deutschen Kolonialkriegs in Namibia 1904 bis 1907, Göttingen 1999, S. 104 ff.
10 Gustav Frenssen: Peter Moors Fahrt nach Südwest. Ein Feldzugsbericht (1906), Hamm 1953, S. 5.
11 Zit. nach Drechsler (wie Anm. 2), S. 169.
12 Ebd., S. 172 f.
13 Vgl. Leutwein (wie Anm. 4), S. 511.
14 Vgl. Drechsler (wie Anm. 2), S. 172.
15 Die Kämpfe (wie Anm. 1), S. 110.
16 Zit. nach Krüger (wie Anm. 9), S. 116; vgl. dort S. 116 ff. auch über «die besondere Rolle von Frauen im Hererokrieg».
17 Beispiele bei Conrad Rust: Krieg und Frieden im Hererolande. Aufzeichnungen aus dem Kriegsjahre 1904, Leipzig 1905, S. 180 ff., 249 f.; Krüger (wie Anm. 9), S. 86.
18 Vgl. Gustav Noske: Kolonialpolitik und Sozialdemokratie, Stuttgart 1914, S. 110.
19 Drechsler (wie Anm. 2), S. 177.
20 Die Kämpfe (wie Anm. 1), S. 127.
21 Drechsler (wie Anm. 2), S. 179.
22 Ebd., S. 180.
23 Die Kämpfe (wie Anm. 1), S. 136.
24 Ebd., S. 211.

25 Hauptmann M. Bayer: Mit dem Hauptquartier in Südwestafrika, Berlin 1909, S. 163; vgl. auch Rust (wie Anm. 17), S. 381.
26 Zit. nach Drechsler (wie Anm. 2), S. 184.
27 Ebd.
28 Ebd., S. 194f.
29 Uwe Timm: Morenga. Roman, Köln 1985.
30 Zit. nach Drechsler (wie Anm. 2), S. 256.
31 Bley (wie Anm. 2), S. 261, 314.
32 Vgl. Horst Gründer: Geschichte der deutschen Kolonien, Paderborn 1985, S. 124; Bley (wie Anm. 2), S. 260f.
33 Vgl. Ernst Klee: Deutsche Medizin im Dritten Reich. Karrieren vor und nach 1945, Frankfurt/M. 2001, S. 31ff., 125ff.

Ein Sommer, wie er keiner mehr war

1 Stefan Zweig: Die Welt von Gestern. Erinnerungen eines Europäers, Stuttgart-Hamburg o. J., S. 254.
2 Vgl. Frederic Morton: Wetterleuchten 1913/1914, Wien 1990, S. 238.
3 Ebd., S. 256.
4 Immanuel Geiss (Hrsg.): Juli 1914. Die europäische Krise und der Ausbruch des Ersten Weltkriegs, München 1965, S. 30f.
5 Ebd., S. 31.
6 Ebd., S. 39f.
7 Kurt Riezler: Tagebücher, Aufsätze und Dokumente. Hrsg. und eingeleitet von Karl Dietrich Erdmann, Göttingen 1972, S. 183 (v. 7.7.1914).
8 John C. G. Röhl: Vorsätzlicher Krieg? Die Ziele der deutschen Politik im Juli 1914, in: Wolfgang Michalka (Hrsg.): Der Erste Weltkrieg. Wirkung, Wahrnehmung, Analyse, München-Zürich 1994, S. 204.
9 Zweig (wie Anm. 1), S. 253.
10 Käthe Kollwitz: Briefe an den Sohn 1904 bis 1945. Hrsg. von Jutta Bohnke-Kollwitz, Berlin 1992, S. 88, 90 (v. 11.7.1914).
11 Zit. nach Ruth Glatzer: Das Wilhelminische Berlin. Panorama einer Metropole 1890–1918, Berlin 1997, S. 367.
12 Vgl. das Titelfoto der «Münchner Illustrierten» (Nr. 23 v. 26.7.1914), in: Chronik 1914. Tag für Tag in Wort und Bild, Dortmund 1988, S. 103.
13 Gabriele Haefs/Klaus Gille: Von Sittenstrenge und Aufbegehren. Die Wilhelminische Zeit, Hamburg 1994, S. 188.
14 Zur Mode 1914: Chronik (wie Anm. 12), S. 52.
15 Ebd., S. 28f.
16 Vgl. Klaus Kreimeier: Die Ufa-Story. Geschichte eines Filmkonzerns, München-Wien 1992, S. 27.
17 Zit. nach Glatzer (wie Anm. 11), S. 347f.
18 Charlie Chaplin: Die Geschichte meines Lebens, Frankfurt/M. 1977, S. 155.
19 Vgl. Wolfram Tichy: Chaplin, Reinbek bei Hamburg 1974, S. 22ff.

20 Zit. nach Kaspar Maase: Grenzenloses Vergnügen. Der Aufstieg der Massenkultur 1850–1970, Frankfurt/M. 1997, S. 93.

21 Hermann Glaser: Das Automobil. Eine Kulturgeschichte in Bildern, München 1986, S. 23.

22 Vgl. Wolfgang Sachs: Die Liebe zum Automobil. Ein Rückblick in die Geschichte unserer Wünsche, Reinbek bei Hamburg 1984, S. 23ff.; Barbara Haubner: Nervenkitzel und Freizeitvergnügen. Automobilismus in Deutschland 1886–1914, Göttingen 1998, S. 153ff.

23 Glaser (wie Anm. 21), S. 11.

24 Chronik (wie Anm. 12), S. 125.

25 Vgl. Wolfgang Behringer/Constanze Ott-Koptschalijski: Der Traum vom Fliegen. Zwischen Mythos und Technik, Frankfurt/M. 1991, S. 416ff.

26 Chronik (wie Anm. 12), S. 22.

27 Georg Kaiser: Stücke, Erzählungen, Aufsätze, Gedichte, Köln-Berlin 1966, S. 168.

28 Walter Hasenclever: Gedichte, Dramen, Prosa. Unter Benutzung des Nachlasses hrsg. und eingeleitet von Kurt Pinthus, Reinbek bei Hamburg 1963, (Der Sohn, 5. Akt, 2. Szene), S. 151ff.

29 Lyrik des expressionistischen Jahrzehnts. Von den Wegbereitern bis zum Dada, München 1962, S. 54.

30 Modris Eksteins: Tanz über Gräben. Die Geburt der Moderne und der Erste Weltkrieg, Reinbek bei Hamburg 1990, S. 26ff.

31 Zit. nach Morton (wie Anm. 2), S. 143. Vgl. auch: Norbert Werner (Hrsg.): Kokoschka. Leben und Werk in Daten und Bildern, Frankfurt/M. 1991, S. 44–46.

32 Vgl. Eksteins (wie Anm. 30), S. 53; Chronik (wie Anm. 12), S. 50.

33 Vgl. Gottfried Niedhart: Geschichte Englands im 19. und 20. Jahrhundert, München 1987, S. 141f.

34 Vgl. Bernd Bonwetsch: Die russische Revolution 1917. Eine Sozialgeschichte von der Bauernbefreiung 1861 bis zum Oktoberumsturz Darmstadt 1991, S. 93.

35 Geiss (wie Anm. 4), S. 163.

36 Das Wilhelminische Deutschland. Stimmen der Zeitgenossen. Hrsg. und kommentiert von Georg Kotowski, Werner Pöls, Gerhard A. Ritter, Frankfurt/M. 1965, S. 145.

37 Zit. nach Gisela Brinker-Gabler (Hrsg.): Kämpferin für den Frieden: Bertha von Suttner. Lebenserinnerungen, Reden und Schriften, Frankfurt/M. 1982, S. 136; vgl. Harald Steffahn: Bertha von Suttner, Reinbek bei Hamburg 1998, S. 137f.

38 Zit. nach Sibylle Quack: Geistig frei und niemandes Knecht. Paul Levi – Rosa Luxemburg. Politische Arbeit und persönliche Beziehung, Köln 1983, S. 80.

39 Vgl. Wolfgang Kruse: Krieg und nationale Integration. Eine Neuinterpretation des sozialdemokratischen Burgfriedensschlusses 1914/15, Essen 1994, S. 30ff.

40 Vgl. Georges Haupt: Der Kongreß fand nicht statt. Die Sozialistische Internationale 1914, Wien 1967.
41 Vgl. François Caron: Frankreich im Zeitalter des Imperialismus 1851–1918, Stuttgart 1991, S. 587f.
42 Zweig (wie Anm. 1), S. 263.
43 Erich Mühsam: Tagebücher (1910–1924). Hrsg. von Chris Hirte, München 1994, S. 101 (v. 3./4.7.1914), S. 109 (v. 9.8.1914).
44 Zit. nach Bernd Ulrich / Benjamin Ziemann (Hrsg.): Frontalltag im Ersten Weltkrieg. Wahn und Wirklichkeit, Frankfurt/M. 1994, S. 31.
45 Zit. nach Jeffrey Verhey: Der «Geist von 1914» und die Erfindung der Volksgemeinschaft, Hamburg 2000, S. 63.
46 Peter Grupp: Harry Graf Kessler 1868–1937. Eine Biographie, München 1995, S. 163.
47 Zit. nach August 1914: Ein Volk zieht in den Krieg. Hrsg. von der Berliner Geschichtswerkstatt, Berlin 1989, S. 130.
48 Zit. nach David Clay Large: Hitlers München. Aufstieg und Fall der Hauptstadt der Bewegung, München 1998, S. 89.
49 Giuseppe Farese: Arthur Schnitzler. Ein Leben in Wien 1862–1931, München 1999, S. 169.

«Dazu hält man für sein Land den Schädel hin»

1 Werner T. Angress: Das deutsche Militär und die Juden im Ersten Weltkrieg, in: Militärgeschichtliche Mitteilungen 19. Jg. (1976), S. 99.
2 Deutsch-jüdische Geschichte in der Neuzeit, Bd. III: Umstrittene Integration 1871–1918. Von Steven M. Lowenstein, Paul Mendes-Flohr, Peter Pulzer und Monika Richarz, München 1997, S. 368.
3 Victor Klemperer: Curriculum Vitae. Jugend um 1900, Bd. II, Berlin 1989, S. 182 (v. 5.8.1914).
4 Willy Cohn: Verwehte Spuren. Erinnerungen an das Breslauer Judentum vor seinem Untergang, Köln 1995, S. 210.
5 Monika Richarz (Hrsg.): Bürger auf Widerruf. Lebenszeugnisse deutscher Juden 1780–1945, München 1989, S. 344.
6 Klemperer (wie Anm. 3), S. 179f.
7 Zit. nach Egmont Zechlin: Die deutsche Politik und die Juden im Ersten Weltkrieg, Göttingen 1969, S. 87.
8 Kriegsbriefe gefallener deutscher Juden. Hrsg. vom Reichsbund jüdischer Frontsoldaten, Berlin 1935, S. 21.
9 Zit. nach Manfred Messerschmidt: Juden im preußisch-deutschen Heer, in: Deutsche jüdische Soldaten. Von der Epoche der Emanzipation bis zum Zeitalter der Weltkriege, Berlin-Bonn 1996, S. 48.
10 Christoph Glorius: «Unbrauchbare Isidore, Manasse und Abrahams». Juden in deutschen Militärkarikaturen, in: Abgestempelt. Judenfeindliche Postkarten, Heidelberg 1999, S. 222ff.

11 Houston Stewart Chamberlain: Kriegsaufsätze. 4. Aufl., München 1914, S. 46.

12 Zit. nach Hartmut Zelinsky: Kaiser Wilhelm II., die Werkidee Richard Wagners und der «Weltkampf», in: John C. G. Röhl (Hrsg.): Der Ort Kaiser Wilhelms II. in der deutschen Geschichte, München 1991, S. 303.

13 Vgl. Elke Kimmel: Methoden antisemitischer Propaganda im Ersten Weltkrieg. Die Presse des Bundes der Landwirte, Berlin 2001, S. 103 ff.

14 Klemperer (wie Anm. 3), S. 278. Vgl. auch die Tagebuchnotiz des Frankfurter Fabrikanten Jacob Epstein v. 16.5.1916: «Es tritt gerade jetzt auch die flache Gemeinheit, die Roheit und die Lüge so kraß hervor. Auch der lauernde, giftige Antisemitismus.» Zit. nach Ulrich Sieg: Jüdische Intellektuelle im Ersten Weltkrieg. Kriegserfahrungen, weltanschauliche Debatten und kulturelle Neuentwürfe, Berlin 2001, S. 93.

15 Julius Marx: Kriegstagebuch eines Juden, 2. Aufl., Frankfurt/M. 1964, S. 112.

16 Ebd., S. 129.

17 Werner Jochmann: Gesellschaftskrise und Judenfeindschaft in Deutschland 1870–1945, Hamburg 1988, S. 101.

18 Otto Arnim (d. i. Alfred Roth): Die Juden in den Kriegsgesellschaften, München 1921, S. 14.

19 Jochmann (wie Anm. 17), S. 111. In München sah sich auch der Dirigent Bruno Walter heftigen antisemitischen Angriffen ausgesetzt. 1916 klagte er über «eine maßlose Agitation gegen mich, die von der hierin völlig einigen Presse betrieben» werde. Zeitweise spielte er mit dem Gedanken, nach Boston zu gehen. Vgl. David Clay Large: Hitlers München. Aufstieg und Fall der Hauptstadt der Bewegung, München 1998, S. 88.

20 Angress (wie Anm. 1), S. 97.

21 Der Hauptausschuss des Deutschen Reichstages 1915–1918. Eingeleitet v. Reinhard Schiffers und Manfred Koch in Verbindung mit Hans Boldt, Bd. II, Düsseldorf 1981, S. 924–926.

22 Angress (wie Anm. 1), S. 101.

23 Ebd., S. 105.

24 Ebd., S. 113.

25 Ebd., S. 121.

26 Marx (wie Anm. 15), S. 138.

27 Zit. nach Zechlin (wie Anm. 7), S. 533. Ganz ähnlich ist die Reaktion des Feldgeistlichen Rabbiner Georg Salzberger überliefert: «Die Kluft zwischen Juden und Christen, die überbrückt gewesen war, tut sich von neuem auf. Der Jude fühlt sich als Gezeichneter.» Zit. nach Sieg (wie Anm. 14), S. 90.

28 Zit. nach Helmut Berding: Moderner Antisemitismus in Deutschland, Frankfurt/M. 1988, S. 169.

29 Ernst Simon: Unser Kriegserlebnis (1919). Abgedr. in ders.: Gesammelte Aufsätze, Heidelberg 1965, S. 20 f.

30 Zit. nach Berding (wie Anm. 28), S. 170.
31 Franz Oppenheimer: Die Judenstatistik des preußischen Kriegsministeriums, München 1922, S. 14.
32 Otto Arnim (d.i. Alfred Roth): Die Juden im Heer, München 1919; Arnim (wie Anm. 18).
33 Jacob Segall: Die deutschen Juden als Soldaten im Kriege 1914–1918. Eine statistische Studie, Berlin 1921; vgl. Zechlin (wie Anm. 7), S. 538 f.
34 Oppenheimer (wie Anm. 31), S. 45.
35 Cohn (wie Anm. 4), S. 230.
36 Zit. nach Eva G. Reichmann: Der Bewußtseinswandel der deutschen Juden, in: Werner E. Mosse (Hrsg.): Deutsches Judentum in Krieg und Revolution 1916–1923, Tübingen 1971, S. 519.
37 Zit. nach Dirk Stegmann: Zwischen Repression und Manipulation: Konservative Machteliten und Arbeiter- und Angestelltenbewegung 1910–1918, in: Archiv für Sozialgeschichte, Bd. XII (1972), S. 397.
38 Vgl. Heinz Hagenlücke: Deutsche Vaterlandspartei. Die nationale Rechte am Ende des Kaiserreiches, Düsseldorf 1997, S. 143 ff.
39 Zit. nach ebd., S. 376.
40 Zit. nach Zechlin (wie Anm. 9), S. 549.
41 Ebd., S. 552.
42 Zit. nach Uwe Lohalm: Völkischer Radikalismus. Die Geschichte des Deutsch-Völkischen Schutz- und Trutzbundes 1919–1923, Hamburg 1970, S. 53.
43 Zit. nach Michael Epkenhans: «Wir als deutsches Volk sind doch nicht klein zu kriegen ...». Aus den Tagebüchern des Fregattenkapitäns Bogislav von Selchow 1918/19, in: Militärgeschichtliche Mitteilungen, Bd. 55 (1996), S. 200.
44 Zit. nach Zechlin (wie Anm. 9), S. 559.
45 Vgl. jetzt Bernhard Grau: Kurt Eisner 1868–1919. Eine Biographie, München 2001.
46 Victor Klemperer: Leben sammeln, nicht fragen wozu und warum. Tagebücher 1918–1924, Berlin 1996, S. 183 (v. 21.9.1919).
47 Stefan Zweig: Briefe 1914–1919, Frankfurt/M. 1998, S. 299 (v. 22.10.1919).
48 Zit. nach Saul Friedländer: Das Dritte Reich und die Juden. Die Jahre der Verfolgung 1933–1939, München 1998, S. 121.

Frieden und Brot

1 Reinhard Goering: Seeschlacht. Die Retter. Die Südpolexpedition des Kapitän Scott. Drei Stücke, München 1966, S. 7.
2 Zit. nach Thomas Flemming: Industrialisierung und Krieg, in: Rolf Spilker/ Bernd Ulrich (Hrsg.): Der Tod als Maschinist. Der industrialisierte Krieg 1914–1918, Bramsche 1998, S. 55 f.

3 Vgl. Thomas Schneider: Zwischen Wahrheitsanspruch und Fiktion. Zur deutschen Kriegsliteratur im Ersten Weltkrieg, in: ebd., S. 146f.
4 Zit. nach Olaf Groehler: Der lautlose Tod. Einsatz und Entwicklung deutscher Giftgase von 1914 bis 1945, Reinbek bei Hamburg 1989, S. 52.
5 Vgl. Dieter Riesenberger: Für Humanität in Krieg und Frieden. Das Internationale Rote Kreuz 1863–1977, Göttingen 1992, S. 77f.
6 Zit. nach François Caron: Frankreich im Zeitalter des Imperialismus 1851–1918, Stuttgart 1991, S. 595.
7 Zit. nach Hans-Ulrich Ludwig: Das Herzogtum Braunschweig im Ersten Weltkrieg, Braunschweig 1984, S. 74; eine abgewandelte Version in: Leo Stern (Hrsg): Die Auswirkungen der Großen Sozialistischen Oktoberrevolution auf Deutschland, Bd. 4/II, Berlin/DDR 1959, S. 720.
8 Sybille Reinhardt: Chronik 1917. Tag für Tag in Wort und Bild, 3. Aufl., Dortmund 1991, S. 149; vgl. Hans-Peter Schwarz: Adenauer, Bd. 1: Der Aufstieg 1876–1952, München 1994, S. 169ff.
9 Vgl. Deborah Cohen: Kriegsopfer, in: Der Tod als Maschinist (wie Anm. 2), S. 217ff.
10 Stefan Zweig: Die Welt von Gestern. Erinnerungen eines Europäers, Stuttgart-Hamburg o.J., S. 292, 293f.
11 Vgl. Bernd Bonwetsch: Die russische Revolution 1917. Eine Sozialgeschichte von der Bauernbefreiung 1861 bis zum Oktoberumsturz, Darmstadt 1991, S. 120ff.; Manfred Hildermeier: Die Russische Revolution 1905–1921, Frankfurt/M. 1989, S. 133ff.
12 Zit. nach Manfred Hellmann (Hrsg.): Die russische Revolution 1917. Von der Abdankung des Zaren bis zum Staatsstreich der Bolschewiki, München 1964, S. 181.
13 Rosa Luxemburg: Gesammelte Briefe, Bd. 5, Berlin 1984, S. 226 (v. 29.4. 1917).
14 Dominik Richert: Beste Gelegenheit zum Sterben. Meine Erlebnisse im Kriege 1914–1918, München 1989, S. 238.
15 Vgl. Caron (wie Anm. 6), S. 599f.; John Keegan: Der Erste Weltkrieg. Eine europäische Tragödie, Reinbek bei Hamburg 2000, S. 448ff.
16 Vgl. Fred Kupferman: Mata Hari. Träume und Lügen, Berlin 1992.
17 Zit. nach Joe J. Heydecker: Der Grosse Krieg 1914–1918. Von Sarajewo bis Versailles, Frankfurt/M.-Berlin 1988, S. 259.
18 Vgl. Peter Gay: Freud. Eine Biographie für unsere Zeit, Frankfurt/M. 1989, S. 416ff.
19 Sigmund Freud: Vorlesungen zur Einführung in die Psychoanalyse, Frankfurt/M. 1991, S. 139f.
20 Vgl. Herrad-Ulrike Bussemer: Der Frauen Männerstärke. Geschlechterverhältnisse im Krieg 1914–1918, in: Der Tod als Maschinist (wie Anm. 2), S. 198ff.; Ute Daniel: Arbeiterfrauen in der Kriegsgesellschaft. Beruf, Familie und Politik im Ersten Weltkrieg, Göttingen 1989, S. 36ff.

21 Vgl. Axel Madsen: Chanel. Die Geschichte einer emanzipierten Frau, Hamburg 1992, S. 97ff.
22 Vgl. Daniel (wie Anm. 20), S. 139ff.
23 Chronik 1917 (wie Anm. 8), S. 22.
24 Vgl. Magnus Hirschfeld: Sittengeschichte des Ersten Weltkrieges (1929), 2. Aufl., Hanau o.J., S. 305 ff.
25 Vgl. Joachim-Ernst Behrendt: Das Jazzbuch. Von New Orleans bis in die achtziger Jahre, Frankfurt/M. 1991, S. 23 ff.
26 Vgl. Klaus Kreimeier: Die Ufa-Story. Geschichte eines Filmkonzerns, München-Wien 1992, S. 39ff.
27 Richert (wie Anm. 14), S. 256.
28 Zit. nach Manfred Vasold: Pest, Not und schwere Plagen. Seuchen und Epidemien vom Mittelalter bis heute, München 1991, S. 266.
29 Walter Flex: Der Wanderer zwischen beiden Welten. Ein Kriegserlebnis, München 1916.
30 Vgl. Raimund Neuß: Anmerkungen zu Walter Flex. Die «Ideen von 1914» in der deutschen Literatur: ein Fallbeispiel, Schernfeld 1992, S. 34f.
31 Renate Hartleb: George Grosz, in: ders.: Eintrittsbillet zu meinem Gehirnzirkus. Erinnerungen, Schriften, Briefe, Leipzig und Weimar 1988, S. 255.
32 Ebd., S. 57.
33 Ernst Toller: Prosa. Briefe. Dramen. Gedichte, Reinbek bei Hamburg 1961, S. 285. Vgl. Richard Dove: Ernst Toller. Ein Leben in Deutschland, Göttingen 1993, S. 68 ff.
34 Stefan Zweig: Sternstunden der Menschheit. Zwölf historische Miniaturen, Frankfurt/M. 1964, S. 179.
35 John Reed: Zehn Tage, die die Welt erschütterten, Berlin 1988, S. 208f. Vgl. Dietrich Beyrau: Petrograd, 25. Oktober 1917. Die russische Revolution und der Aufstieg des Kommunismus, München 2001, S. 7ff.

Die ungeliebte Revolution

1 Theodor Wolff: Die Wilhelminische Epoche. Fürst Bülow am Fenster und andere Begegnungen. Hrsg. und eingeleitet von Bernd Sösemann, Frankfurt/M. 1989, S. 165.
2 Bernd Sösemann (Hrsg.): Theodor Wolff. Der Journalist. Berichte und Leitartikel, Düsseldorf 1993, S. 127.
3 Vgl. Eberhard Kolb: Revolutionsbilder: 1918/19 im zeitgenössischen Bewußtsein und in der historischen Forschung, Heidelberg 1993, S. 14ff.
4 Bernd Sösemann (wie Anm. 2), S. 166f.
5 Volker Ullrich: Kriegsalltag. Hamburg im Ersten Weltkrieg, Köln 1982, S. 65.
6 Bernd Ulrich/Benjamin Ziemann (Hrsg.): Frontalltag im Ersten Weltkrieg. Wahn und Wirklichkeit, Frankfurt/M. 1994, S. 164.

7 Leo Stern (Hrsg.): Die Auswirkungen der Großen Sozialistischen Oktoberrevolution auf Deutschland, Bd. 4/II, Berlin/DDR 1959, S. 1668.

8 Zit. nach Gerhard Ritter: Staatskunst und Kriegshandwerk, Bd. IV, München 1968, S. 458

9 Harry Graf Kessler: Tagebücher 1918–1937, hrsg. von Wolfgang Pfeiffer-Belli, Frankfurt/M. 1961, S. 18.

10 Bernd Sösemann (Hrsg.): Theodor Wolff. Der Chronist. Krieg, Revolution und Frieden im Tagebuch 1914–1919, Düsseldorf-München 1997, S. 307f.

11 Manfred Jessen-Klingenberg: Die Ausrufung der Republik durch Philipp Scheidemann am 9. November 1918, in: Geschichte in Wissenschaft und Unterricht Jg. 19 (1968), S. 653.

12 Groß-Berliner Arbeiter- und Soldatenräte in der Revolution 1918/19. Dokumente der Vollversammlungen und des Vollzugsrats. Vom Ausbruch der Revolution bis zum 1. Reichsrätekongreß. Hrsg. von Gerhard Engel, Bärbel Holtz und Ingo Materna, Berlin 1993, S. 18.

13 Richard Müller: Die Novemberrevolution. Vom Kaiserreich zur Republik, Bd. II, Berlin 1925, S. 36.

14 Ernst Troeltsch: Die Fehlgeburt einer Republik. Spektator in Berlin 1918 bis 1922, Frankfurt/M. 1994, S. 9.

15 Thomas Mann: Tagebücher 1918–1921. Hrsg. von Peter de Mendelssohn, Frankfurt/M. 1979, S. 67.

16 Kessler (wie Anm. 9), S. 28 (v. 12. 11. 1918).

17 Victor Klemperer: Leben sammeln, nicht fragen wozu und warum. Tagebücher 1918–1924. Hrsg. von Walter Nowojski, Berlin 1996, S. 8 (v. 23. 11. 1918).

18 Troeltsch (wie Anm. 14), S. 15. Zur «Tanzwut» in der Revolutionszeit vgl. Wolfgang Schivelbusch: Die Kultur der Niederlage. Der amerikanische Süden 1865. Frankreich 1871. Deutschland 1918, Berlin 2001, S. 319ff.

19 Klemperer (wie Anm. 17), S. 8 (v. 22. 11. 1918).

20 So Heinrich August Winkler: Von der Revolution zur Stabilisierung. Arbeiter und Arbeiterbewegung in der Weimarer Republik 1918 bis 1923, Berlin/Bonn 1984, S. 34.

21 Zit. nach Susanne Miller: Die Bürde der Macht. Die deutsche Sozialdemokratie 1918–1920, Düsseldorf 1978, S. 107.

22 Vgl. Volker Ullrich: Die Entmythologisierung der Räte. Neue Studien zur Geschichte der Revolution und Rätebewegung 1918/19, in: Archiv für Sozialgeschichte Bd. XXVII (1987), S. 673ff.

23 Aus den Geburtsstunden der Weimarer Republik. Das Tagebuch des Obersten Ernst van den Bergh. Hrsg. von Wolfram Wette, Düsseldorf 1991, S. 56 (v. 9. 12. 1918).

24 Zit. nach Wolfram Wette. Gustav Noske. Eine politische Biographie, Düsseldorf 1987, S. 312f.

25 Vgl. Eduard Bernstein: Die deutsche Revolution von 1918/19. Geschichte der Entstehung und erste Arbeitsperiode der deutschen Republik. Hrsg.

und eingeleitet von Heinrich August Winkler, Bonn 1998, S. 107, 112, 182, 195, 199, 202.

26 Allgemeiner Kongreß der Arbeiter- und Soldatenräte. Vom 16. bis 21. Dezember im Abgeordnetenhause zu Berlin. Stenographische Berichte, Berlin 1919, Sp.227.

27 Vgl. Hans-Joachim Bieber: Bürgertum in der Revolution. Bürgerräte und Bürgerstreiks in Deutschland 1918–1920, Hamburg 1992, S. 49ff.

28 Allgemeiner Kongreß (wie Anm. 26), Sp.344.

29 Kessler (wie Anm. 9), S. 32 (v. 15.11.1918)

30 Ebd., S. 74 (v. 17.12.1918).

31 Arthur Rosenberg: Geschichte der Weimarer Republik. Neuausgabe, Frankfurt/M. 1955, S. 46.

32 Gustav Noske: Von Kiel bis Kapp, Berlin 1920, S. 68.

33 Vgl. Klaus Gietinger: Eine Leiche im Landwehrkanal. Die Ermordung der Rosa L., Mainz 1993; kritisch dazu: Heinrich August Winkler: Streitfragen der deutschen Geschichte, München 1997, S. 160f.

34 Zit. nach Miller (wie Anm. 21), S. 235.

35 Rosenberg (wie Anm. 31), S. 60.

36 So Wette (wie Anm. 24), S. 399.

37 Vgl. ebd., S. 419ff.

38 Erich Mühsam: Tagebücher 1910–1924. Hrsg. von Chris Hirte, München 1994, S. 191 (v. 7.5.1919).

39 Betty Scholem – Gershom Scholem: Mutter und Sohn im Briefwechsel 1917–1946. Hrsg. von Itta Shedletzky in Verbindung mit Thomas Sparr, München 1989, S. 59 (v. 6.12.1919).

40 Rosenberg (wie Anm. 31), S. 64.

41 Wilhelm Dittmann: Erinnerungen. Bearbeitet und eingeleitet von Jürgen Rojahn, Frankfurt/M. 1995, Bd. 2, S. 631.

«Steckt die Villen in Brand!»

1 Zum Hergang der Tat vgl. Volker Ullrich: Der ruhelose Rebell. Karl Plättner 1893–1945. Eine Biographie, München 2000, S. 120f. (dort auch die weiteren Nachweise).

2 Aussage Plättners vor dem Schwurgericht Halle, 26.6.1923; Stiftung Archiv der Parteien und Massenorganisationen der DDR im Bundesarchiv Berlin (SAPMO-BA), RY1/I2/711/8.

3 Polizeipräsident Stürken an den Hamburger Senat, 17.7.1917; Staatsarchiv Hamburg, Kriegsakten des Senats A II p 197.

4 Zu Max Hoelz vgl. jetzt die Quellensammlung von Peter Giersich/Bernd Kramer: Max Hoelz. Sein Leben und sein Kampf, Berlin 2000; zur «Märzaktion» 1921 vgl. die Studie von Dirk Schumann: Politische Gewalt in der Weimarer Republik 1918–1933. Kampf um die Straße und Furcht vor dem Bürgerkrieg, Essen 2001, S. 109ff.

5 Karl Plättner: Der organisierte rote Schrecken! Kommunistische Parade-Armee oder organisierter Bandenkampf im Bürgerkrieg, o.O., o.J. (Berlin 1921), S. 15.
6 Zur Zusammensetzung und zum Sozialprofil der Plättner-Gruppe vgl. Ullrich (wie Anm. 1), S. 109–118.
7 Ein Faksimile des Flugblatts in ebd., S. 123.
8 Bericht der Kriminal-Abteilung Leipzig, 17.6.1921; Bundesarchiv (BA) Berlin, Akten des Oberreichsanwalts beim Reichsgericht (ORA/RG) 13 J 493/23, Bd. 29.
9 Tribüne für Magdeburg-Anhalt. Zeitung der KPD für den Bezirk Magdeburg-Anhalt, 2.Jg. Nr. 67 v. 18.3.1922.
10 Vossische Zeitung Nr. 548 v. 18.11.1923: «Der rote Schrecken». Plättner vor dem Staatsgerichtshof.
11 Vossische Zeitung Nr. 569 v. 1.12.1923.
12 Juristische Zentralstelle der KPD-Reichs- und Landtagsfraktion an Reichsminister der Justiz, 10.3.1926 (mit anliegender Erklärung Plättners); BA Berlin, ORA/RG 13 J 493/23, Bd. 34.
13 Karl Plättner: Eros im Zuchthaus. Sehnsuchtsschreie gequälter Menschen nach Liebe. Eine Beleuchtung der Geschlechtsnot der Gefangenen, bearb. auf der Grundlage von Eigenerlebnissen, Beobachtungen und Mitteilungen in achtjähriger Haft. Mit einem Begleitwort von Dr. Magnus Hirschfeld/Dr. Felix Abraham, Berlin 1929, 2. Aufl. Hannover 1930, S. 6.
14 Karl Plättner: Der mitteldeutsche Bandenführer. Mein Leben hinter Kerkermauern, Berlin 1930.
15 Zu den roten Kapos von Buchenwald vgl. Lutz Niethammer (Hrsg.): Der ‹gesäuberte› Antifaschismus. Die SED und die roten Kapos von Buchenwald. Eingeleitet von Karin Hartewig und Lutz Niethammer, Berlin 1994, S. 33ff.
16 Ullrich (wie Anm. 1), S. 214.

«Der Feind steht rechts»

1 Harry Graf Kessler: Walther Rathenau. Sein Leben und Werk, 1. Aufl. Wiesbaden 1928, Berlin-Grunewald o.J., S. 365.
2 Zit. nach Martin Sabrow: Der Rathenaumord. Rekonstruktion einer Verschwörung gegen die Republik von Weimar, München 1994, S. 88.
3 Zit. nach Heinrich August Winkler: Weimar 1918–1933. Die Geschichte der ersten deutschen Demokratie, München 1993, S. 173.
4 Kessler (wie Anm. 1), S. 355.
5 Vgl. Sabrow (wie Anm. 2), S. 27ff.
6 Zit. nach Ernst Schulin: Walther Rathenau. Repräsentant, Kritiker und Opfer seiner Zeit, Göttingen 1979, S. 133.
7 Zit. nach Heinrich Küppers: Joseph Wirth. Parlamentarier, Minister und Kanzler der Weimarer Republik, Stuttgart 1997, S. 189f.

8 Harry Graf Kessler: Tagebücher 1918–1937. Hrsg. von Wolfgang Pfeiffer-Belli, Frankfurt/M. 1961, S. 326 (v. 27.6.1922).
9 Friedrich Stampfer: Die ersten 14 Jahre der Deutschen Republik, Offenbach 1947, S. 286f.
10 Vgl. Gerhard Hecker: Walther Rathenau und sein Verhältnis zu Militär und Krieg, Boppard am Rhein 1983, S. 499f.
11 Vgl. Richard Albrecht: Der militante Sozialdemokrat. Carlo Mierendorff 1897 bis 1943. Eine Biographie, Berlin-Bonn 1987, S. 53ff.
12 Vgl. Dietz Bering: Der Name als Stigma. Antisemitismus im deutschen Alltag 1812–1933, Stuttgart 1988, S. 17ff.; ders.: Kampf um Namen. Bernhard Weiß gegen Joseph Goebbels, Stuttgart 1991, S. 43ff.
13 Vgl. Schulin (wie Anm. 6), S. 138; Ernst Schulin/Wolfgang Michalka: Walther Rathenau im Spiegel seines Moskauer Nachlasses, Heidelberg 1993, S. 12.
14 Zit. nach Heinrich Hannover/Elisabeth Hannover-Drück: Politische Justiz 1918–1933, Frankfurt/M. 1966, S. 123.
15 Zu den Motiven der Attentäter vgl. Sabrow (wie Anm. 2), S. 114ff.
16 Zit. nach Martin Sabrow: Die verdrängte Verschwörung. Der Rathenau-Mord und die deutsche Gegenrevolution, Frankfurt/M. 1999, S. 143.

Das Weimar-Syndrom

1 Oswald Spengler: Neubau des Deutschen Reiches, München 1924, S. 9.
2 Max Weber: Die Lehren der deutschen Kanzlerkrisis, in: Gesammelte politische Schriften, 2. erw. Aufl., hrsg. von Johannes Winckelmann, Tübingen 1958, S. 213.
3 Vgl. Ernst Fraenkel: Historische Vorbelastungen des deutschen Parlamentarismus, in: ders.: Deutschland und die westlichen Demokratien, Frankfurt/M. 1991, S. 23ff.
4 Gustav Radbruch: Die politischen Parteien im System des deutschen Verfassungsrechts, in: Gerhard Anschütz/Richard Thoma: Handbuch des deutschen Staatsrechts, Bd. 1, Tübingen 1930, S. 289f.
5 Vgl. Heinrich August Winkler: Arbeiter und Arbeiterbewegung in der Weimarer Republik, 3 Bde., Berlin-Bonn 1984/85/87; immer noch lesenswert die zuerst 1932 erschienene Studie von Sigmund Neumann: Die Parteien der Weimarer Republik, 4. Aufl., Stuttgart 1965.
6 Zit. nach Jens Flemming/Claus-Dieter Krohn/Dirk Stegmann/Peter-Christian Witt (Hrsg.): Die Republik von Weimar, Bd. 1: Das politische System, Königstein/Ts.-Düsseldorf 1979, S. 135.
7 Vgl. Jürgen Falter/Thomas Lindenberger/Siegfried Schumann: Wahlen und Abstimmungen in der Weimarer Republik. Materialien zum Wahlverhalten 1919–1933, München 1986, S. 16.
8 Vgl. Michael Stürmer: Koalition und Opposition in der Weimarer Republik 1924–1928, Düsseldorf 1967.

9 Zit. nach Flemming u.a. (wie Anm. 6), S. 132.
10 Vgl. Stefan Breuer: Anatomie der Konservativen Revolution, Darmstadt 1993, S. 25 ff.
11 Arthur Moeller van den Bruck: Das dritte Reich, Berlin 1923; vgl. Kurt Sontheimer: Antidemokratisches Denken in der Weimarer Republik, München 1968, S. 143.
12 Spengler (wie Anm. 1), S. 12.
13 Edgar Jung: Die Herrschaft der Minderwertigen, ihr Zerfall und ihre Ablösung durch ein neues Reich, Berlin 1930, S. 235 f.
14 Ernst Troeltsch: Die Fehlgeburt einer Republik. Spektator in Berlin 1918 bis 1922, Frankfurt/M. 1994, S. 144.
15 Jung (wie Anm. 13), S. 246.
16 Moeller van den Bruck (wie Anm. 11), S. 2.
17 Ernst Jünger: Politische Publizistik 1919–1933. Hrsg. von Sven Olaf Berggötz, Stuttgart 2001, S. 152.
18 So Heinrich August Winkler: Weimar. Die Geschichte der ersten deutschen Demokratie, München 1993, S. 284.
19 Zit. nach Karl Dietrich Bracher: Die Auflösung der Weimarer Republik, 3. Aufl., Villingen 1960, S. 40.
20 Carl Schmitt: Der Hüter der Verfassung, 3. Aufl., Berlin 1958, S. 158.
21 Vgl. Klaus Fritzsche: Politische Romantik und Gegenrevolution. Fluchtwege in der Krise der bürgerlichen Gesellschaft: Das Beispiel des ‹Tat›-Kreises, Frankfurt/M. 1976.
22 Eberhard Kolb: Die Weimarer Republik, 2. Aufl., München 1988, S. 85.
23 Vgl. Nationalliberalismus in der Weimarer Republik. Die Führungsgremien der Deutschen Volkspartei 1918–1933. Bearb. von Eberhard Kolb und Ludwig Richter, Düsseldorf 1999, (Einleitung) S. 42.

Kampflose Kapitulation

1 Peter Jahn (Bearb.): Die Gewerkschaften in der Endphase der Republik 1930–1933, Köln 1988, S. 828, 829 f.
2 Ebd., S. 831.
3 Ebd., S. 835.
4 Theodor Leipart: Die Leistungen der Gewerkschaften für Volk und Staat, in: Gewerkschafts-Zeitung Nr. 8 v. 25.2.1933, S. 114 ff.
5 Jahn (wie Anm. 1), S. 851.
6 Zit. nach Karsten Linne: Walter Pahl – eine Gewerkschaftskarriere, in: 1999. Zeitschrift für Sozialgeschichte des 20. und 21. Jahrhunderts, 5. Jg. (1990), S. 42 f.
7 Vgl. Axel Schildt: Militärdiktatur auf Massenbasis? Die Querfrontkonzeption der Reichswehrführung um General von Schleicher am Ende der Weimarer Republik, Frankfurt/M.-New York 1981.
8 Zit. nach Hannes Heer: Burgfrieden oder Klassenkampf. Zur Politik der

sozialdemokratischen Gewerkschaften 1930–1933, Neuwied und Berlin 1971, S. 164.

9 Gewerkschafts-Zeitung Nr. 10 v. 11.3.1933, S. 146.

10 Zit. nach Heinrich August Winkler: Der Weg in die Katastrophe. Arbeiter und Arbeiterbewegung in der Weimarer Republik 1930 bis 1933, Berlin-Bonn 1987, S. 894f.; vgl. auch Michael Schneider: Unterm Hakenkreuz: Arbeiter und Arbeiterbewegung 1933 bis 1939, Bonn 1999, S. 67.

11 Jahn (wie Anm. 1), S. 865f.

12 Ebd., S. 879f.

13 Ebd., S. 881f.

14 Ebd., S. 856f., S. 858–864, S. 873–879. Zum Terror der SA gegen Gewerkschaftsmitglieder vgl. Schneider (wie Anm. 10), S. 61f.

15 Wilhelm Hoegner: Flucht vor Hitler. Erinnerungen an die Kapitulation der ersten deutschen Republik, München 1977, S. 126f.

16 Vgl. Wolfgang Zollitsch: Arbeiter zwischen Weltwirtschaftskrise und Nationalsozialismus, Göttingen 1990, S. 188; Schneider (wie Anm. 10), S. 74f.

17 Jahn (wie Anm. 1), S. 871, Anm. 4.

18 Akten der Reichskanzlei. Die Regierung Hitler, Teil I: 1933/34, Boppard am Rhein 1983, S. 252.

19 Vgl. Ronald Smelser: Robert Ley. Hitlers Mann an der «Arbeitsfront». Eine Biographie, Paderborn 1989, S. 129f.

20 Die Tagebücher von Joseph Goebbels. Hrsg. von Elke Fröhlich, Teil I, Bd. 2, München 1987, S. 408.

21 Jahn (wie Anm. 1), S. 900.

22 Vgl. ebd., S. 888–892.

23 Ebd., S. 897.

24 Ebd., S. 897f.

25 Ebd., S. 916.

26 Walter Pahl: Der Feiertag der Arbeit und die sozialistische Arbeiterschaft, in: Gewerkschafts-Zeitung Nr. 17 v. 29.4.1933, S. 259.

27 Linne (wie Anm. 6), S. 43.

28 Zit. nach Eberhard Heuel: Der umworbene Stand. Die ideologische Integration der Arbeiter im Nationalsozialismus 1933–1935, Frankfurt/M.-New York 1989, S. 66, Anm. 1.

29 Die Tagebücher von Joseph Goebbels (wie Anm. 20), S. 415.

30 Zit. nach Winkler (wie Anm. 10), S. 924.

Den Mut haben, davonzulaufen

1 Vgl. Wolfram Wette: Politik im Elztal. Ein historisches Lesebuch, Waldkirch 1990, S. 162–164.

2 Zit. nach Frank Dingel: «Dem unbekannten Deserteur». Auseinandersetzungen um eine neue Form von Gedenkstätten, in: Jahrbuch Frieden 1990, München 1989, S. 228.

3 Manfred Messerschmidt/Fritz Wüllner: Die Wehrmachtjustiz im Dienste des Nationalsozialismus. Zerstörung einer Legende, Baden-Baden 1987, S. 91.

4 Wolfram Wette: Unrecht kennt keinen Verrat, in: DIE ZEIT Nr. 9 v. 24.2.1995, S. 52.

5 Zit. nach Fietje Ausländer (Hrsg.): Verräter oder Vorbilder? Deserteure und ungehorsame Soldaten im Nationalsozialismus, Bremen 1990, S. 88.

6 Zit. nach ebd., S. 73.

7 Zit. nach Günter Fahle: Verweigern – Weglaufen – Zersetzen. Deutsche Militärjustiz und ungehorsame Soldaten 1939–1945. Das Beispiel Ems-Jade, Bremen 1990, S. 65. Vgl. Detlef Garbe: «In jedem Einzelfall ... bis zur Todesstrafe». Der Militärstrafrechtler Erich Schwinge. Ein deutsches Juristenleben, Hamburg 1989, S. 31 f.

8 Messerschmidt/Wüllner (wie Anm. 3), S. 133.

9 Zit. nach Ausländer (wie Anm. 5), S. 73.

10 Garbe (wie Anm. 7), S. 49.

11 Zit. nach Messerschmidt/Wüllner (wie Anm. 3), S. 100.

12 Zit. nach Norbert Haase: Deutsche Deserteure, Berlin 1987, S. 62.

13 Zu den Motiven der Deserteure vgl. Jörg Kammler: Ich habe die Metzelei satt und laufe über ... Kasseler Soldaten zwischen Verweigerung und Widerstand (1939–1945), Fuldabrück 1985, S. 19ff.; Haase (wie Anm. 12), S. 24ff.

14 Zit. nach Haase (wie Anm. 12), S. 117.

15 Otl Aicher: Innenseiten des Kriegs, Frankfurt/M. 1985, S. 122.

16 Zit. nach Haase (wie Anm. 12), S. 84.

17 Faksimile in Messerschmidt/Wüllner (wie Anm. 3), S. 130. Weitere Beispiele in Fritz Wüllner: Die NS-Militärjustiz und das Elend der Geschichtsschreibung. Ein grundlegender Forschungsbericht, Baden-Baden 1991, S. 600ff.

18 Zit. nach Haase (wie Anm. 12), S. 68.

19 Ebd., S. 49.

20 Hans Freese: Bremsklötze am Siegeswagen der Nation. Erinnerungen eines Deserteurs an Militärgefängnisse, Zuchthäuser und Moorlager in den Jahren 1941–1945, Bremen 1989, S. 75.

21 Antje Dertinger: Der treue Partisan. Ein deutscher Lebenslauf: Ludwig Gehm, Bonn 1989, S. 143 f.

22 Alfred Andersch: Kirschen der Freiheit. Ein Bericht, Zürich 1971.

23 Zit. nach Norbert Haase: Die Zeit der Kirschblüten ..., in: Ausländer (wie Anm. 5), S. 155 f.

24 Vgl. Günter Saathoff: Die Opfer der Militärjustiz unter der NS-Herrschaft im Entschädigungsrecht der Bundesrepublik, in: Geschichtswerkstatt, H. 22 (1990), S. 43 ff.

25 Garbe (wie Anm. 7), S. 60–63.

26 Vgl. ebd., S. 64 ff.

27 Rolf Hochhuth: Schwierigkeiten, die wahre Geschichte zu erzählen, in: DIE ZEIT Nr. 8 v. 17.2.1978.
28 Kammler (wie Anm. 7), S. 10.
29 Vgl. Norbert Haase/Brigitte Oleschinski (Hrsg.): Das Torgau-Tabu. Wehrmachtstrafsystem, NKWD-Speziallager, DDR-Strafvollzug, Leipzig 1993.
30 Süddeutsche Zeitung vom 21.12.1987.
31 Antrag der Bundestagsfraktion Bündnis 90/Die Grünen vom 30.1.1995, in: Wolfram Wette (Hrsg.): Deserteure der Wehrmacht. Feiglinge – Opfer – Hoffnungsträger? Dokumentation eines Meinungswandels, Essen 1995, S. 144. Dort auch S. 191 ff. das Protokoll der Bundestagsdebatte vom 16.3.1995.

«Wir haben nichts gewußt»

1 Margaret Bourke-White: Deutschland – April 1945, München 1979, S. 91.
2 Ebd., S. 90.
3 Vgl. vor allem Walter Laqueur: Was niemand wissen wollte. Die Unterdrückung der Nachrichten über Hitlers «Endlösung», Frankfurt/M.-Berlin-Wien 1982; David Bankier: Die öffentliche Meinung im Hitler-Staat. Die «Endlösung» und die Deutschen. Eine Berichtigung, Berlin 1995; Robert Gellately: Hingeschaut und Weggesehen. Hitler und sein Volk, Stuttgart-München 2002.
4 Im Juli 1944 wurde eine Frau bei der Würzburger Gestapo denunziert, weil sie gesagt hatte, ein SS-Mann habe ihr erzählt, daß er bei der Ermordung von 40000 Juden «bis zu den Knien in Blut gewatet» habe. Zit. nach Gellately (wie Anm. 3), S. 411, Anm. 161. Weitere Beispiele in Bernd Stöver: Volksgemeinschaft im Dritten Reich. Die Konsensbereitschaft der Deutschen aus der Sicht sozialistischer Exilberichte, Düsseldorf 1993, S. 267 f.
5 Joe J. Heydecker: Das Warschauer Getto. Foto-Dokumente eines Soldaten aus dem Jahr 1941, München 1983, S. 22.
6 Ernst Klee/Willi Dreßen/Volker Rieß: «Schöne Zeiten». Judenmord aus der Sicht der Täter und Gaffer, Frankfurt/M. 1988, S. 7.
7 Ebd., S. 106.
8 Ebd., S. 115.
9 Walter Manoschek (Hrsg.): «Es gibt nur eines für das Judentum: Vernichtung». Das Judenbild in deutschen Soldatenbriefen 1939–1944, Hamburg 1995, S. 58.
10 Ursula Büttner: Die deutsche Bevölkerung und die Judenverfolgung 1933–1945, in: dies. (Hrsg.): Die Deutschen und die Judenverfolgung im Dritten Reich, Hamburg 1992, S. 78.
11 Zit. nach Die Kriegsjahre in Deutschland 1939 bis 1945. Hrsg. von Dieter Galinski und Wolf Schmidt, Hamburg 1985, S. 204.
12 Manoschek (wie Anm. 9), S. 66.
13 Zur Berichterstattung der BBC über die «Endlösung» vgl. jetzt die erhel-

lenden Ausführungen von Eric A. Johnson: Terror. Gestapo, Juden und gewöhnliche Deutsche, Berlin 2001, S. 472 ff.; als Beispiel dafür, wie man sich durch regelmäßiges Hören der BBC-Sendungen ein umfassendes Bild über die Judenvernichtung verschaffen konnte, vgl. Wilhelm Muehlon: Tagebuch der Kriegsjahre 1940–1944. Hrsg. und eingeleitet von Jens Heisterkamp, Dornach 1992. Vgl. dazu auch Volker Ullrich: Unbestechlicher Chronist, in: DIE ZEIT Nr. 37 v. 4.9.1992, S. 18.

14 Herbert und Sibylle Obenaus (Hrsg.): «Schreiben, wie es wirklich war ...» Aufzeichnungen Karl Dürkefäldens aus den Jahren 1933–1945, Hannover 1985, S. 127.

15 Vgl. Bernd C. Wagner: Gerüchte, Wissen, Verdrängung: Die IG Auschwitz und das Vernichtungslager Birkenau, in: Norbert Frei/Sybille Steinbacher/Bernd C. Wagner (Hrsg.): Ausbeutung, Vernichtung, Öffentlichkeit. Neue Studien zur nationalsozialistischen Lagerpolitik, München 2000, S. 236 ff.

16 Zit. nach Norbert Frei/Sybille Steinbacher: Auschwitz. Die Stadt, das Lager und die Wahrnehmung der Deutschen, in: Klaus-Dietmar Henke (Hrsg.): Auschwitz. Sechs Essays zu Geschehen und Vergegenwärtigung, Dresden 2001, S. 51.

17 Victor Klemperer: Ich will Zeugnis ablegen bis zum letzten. Tagebücher 1942–1945. Hrsg von Walter Nowojski unter Mitarbeit von Hadwig Klemperer, Berlin 1995, S. 47 (v. 16.3.1942).

18 Ebd., S. 259 (v. 14.10.1942).

19 Ebd., S. 335 (v. 27.2.1943).

20 Ebd., S. 606 (v. 24.10.1944).

21 Erich Kuby: Mein Krieg. Aufzeichnungen 1939–1944, München 1989, S. 164.

22 Ursula von Kardorff: Berliner Aufzeichnungen 1942 bis 1945. Neu herausgegeben und kommentiert von Peter Hartl, München 1992, S. 272 (v. 27.12.1944).

23 Peter Brückner: Das Abseits als sicherer Ort. Kindheit und Jugend zwischen 1933 und 1945, Berlin 1980, S. 147.

24 Vgl. dazu jetzt Richard Breitman: Staatsgeheimnisse. Die Verbrechen der Nazis – von den Alliierten toleriert, München 1999. (In der Originalausgabe lautet der Untertitel zutreffender: «What the Nazis Planned, What the British and Americans Knew»).

25 Vgl. Helmuth James von Moltke: Briefe an Freya 1939–1945. Hrsg. von Beate Ruhm von Oppen, München 1988, S. 420 (v. 10.10.1942). Moltke berichtete in diesem Brief über ein Gespräch mit einem Informanten, der gerade aus Auschwitz gekommen war und ihm über das Vernichtungslager mit seinen Krematorien, den «SS-Hochöfen», erzählt hatte: «Ich habe es bisher nicht geglaubt, aber er hat mir versichert, daß es stimmte: in diesem Hochofen werden täglich 6000 Menschen ‹verarbeitet›.»

26 Helmuth James von Moltke: Bericht aus Deutschland im Jahre 1943. Letzte Briefe aus dem Gefängnis Tegel 1945, Berlin 1975, S. 31.

27 Zit. nach Ian Kershaw: Antisemitismus und Volksmeinung. Reaktionen auf die Judenverfolgung, in: Bayern in der NS-Zeit, Bd. II, Teil A. Hrsg. von Martin Broszat und Elke Fröhlich, München-Wien 1979, S. 339.

28 Bernward Dörner: Justiz und Judenmord. Zur Unterdrückung von Äußerungen über den Genozid an den europäischen Juden durch die deutsche Justiz, in: Wolfgang Benz (Hrsg.): Jahrbuch für Antisemitismusforschung Bd. 4 (1995), S. 234.

29 Kuby (wie Anm. 21), S. 229f.

30 Büttner (wie Anm. 10), S. 67.

31 Stefan Hermlin: Bestimmungsorte, Berlin 1985, S. 46.

32 Zit. nach Europa in Ruinen. Augenzeugenberichte aus den Jahren 1944–1948. Gesammelt von Hans Magnus Enzensberger, München 1990, S. 9f. Vgl. Julius Posener: In Deutschland 1945 bis 1946. Kommentierte Ausgabe mit einem Nachwort von Alan Posener, Berlin 2002, S. 53: «Es ist ja bekannt, daß niemand Nazi war, und ganz besonders ist niemand je für die Judenverfolgungen gewesen.»

33 Eugen Kogon: Der SS-Staat. Das System der deutschen Konzentrationslager, München 1974, S. 393.

34 Hannah Arendt: Besuch in Deutschland, Berlin 1993, S. 35.

35 Alexander und Margarete Mitscherlich: Die Unfähigkeit zu trauern. Grundlagen kollektiven Verhaltens, München 1967.

36 Hermann Lübbe: Der Nationalsozialismus im deutschen Nachkriegsbewußtsein, in: Historische Zeitschrift Bd. 236 (1983), S. 585.

37 Ralph Giordano: Die zweite Schuld oder Von der Last Deutscher zu sein, Hamburg-Zürich 1987; vgl. jetzt Norbert Frei: Karrieren im Zwielicht. Hitlers Eliten nach 1945, Frankfurt/M.-New York 2001.

38 Arthur Koestler, in: Der Monat, 6.Jg. (1953), S. 227f.

39 So etwa Manfred Kittel: Die Legende von der «Zweiten Schuld». Vergangenheitsbewältigung in der Ära Adenauer, Frankfurt/M.-Berlin 1993. Dagegen die vorzügliche Untersuchung von Norbert Frei: Vergangenheitspolitik. Die Anfänge der Bundesrepublik und die NS-Vergangenheit, München 1996.

40 Rolf Hochhuth: Der Stellvertreter. Ein christliches Trauerspiel, Reinbek bei Hamburg 1963.

41 Vgl. Peter Märthesheimer / Ivo Frenzel (Hrsg.): Im Kreuzfeuer: Der Fernsehfilm ‹Holocaust›. Eine Nation ist betroffen, Frankfurt/M. 1979, S. 15ff.; vgl. auch Matthias Weiß: Sinnliche Erinnerung. Die Filme ‹Holocaust› und ‹Schindlers Liste› in der bundesdeutschen Vergegenwärtigung der NS-Zeit, in: Norbert Frei / Sybille Steinbacher (Hrsg.): Beschweigen und Bekennen. Die deutsche Nachkriegsgesellschaft und der Holocaust, Götttingen 2001, S. 71ff.

42 Lutz Niethammer: Juden und Russen im Gedächtnis der Deutschen, in: Walter H. Pehle (Hrsg.): Der historische Ort des Nationalsozialismus. Annäherungen, Frankfurt/M. 1990, S. 121. Zu einem anderen Ergebnis kam

Eric A. Johnson 1993 bei einer Zufallsstichprobe unter 188 Kölner Einwohnern. Immerhin ein Viertel der Befragten gab an, daß ihnen der Mord an den Juden nicht verborgen geblieben war. Johnson (wie Anm. 13), S. 482.

43 Vgl. Heribert Prantl (Hrsg.): Wehrmachtsverbrechen. Eine deutsche Kontroverse, Hamburg 1997; Julius H. Schoeps (Hrsg.): Ein Volk von Mördern? Eine Dokumentation zur Goldhagen-Kontroverse um die Rolle der Deutschen im Holocaust, Hamburg 1996. Dazu Volker Ullrich: Die Goldhagen-Kontroverse. Ein Rückblick und ein Resümee, in: Willi Jasper/Joachim H. Knoll (Hrsg.): Preußens Himmel breitet seine Sterne ... Festschrift für Julius H. Schoeps zum 60. Geburtstag, Hildesheim 2002, S. 543–557.

44 Vgl. Frank Schirrmacher (Hrsg.): Die Walser-Bubis-Debatte. Eine Dokumentation, Frankfurt/M. 1999.

Bibliographische Notiz

1. DIE ZEIT Nr. 18 v. 28.4.1989.
2. DIE ZEIT Nr. 46 v. 11.11.1999.
3. DIE ZEIT Nr. 27 v. 25.6.1998.
4. DIE ZEIT Nr. 31 v. 23.7.1998.
5. DIE ZEIT Nr. 22 v. 23.5.2001.
6. DIE ZEIT Nr. 16 v. 15.4.1999.
7. DIE ZEIT Nr. 18 v. 27.4.1990.
8. DIE ZEIT Nr. 3 v. 14. 1. 1994.
9. Bisher ungedruckt.
10. DIE ZEIT Nr. 42 v. 11.10.1996.
11. Bisher ungedruckt.
12. Hans Sarkowicz (Hrsg.): Aufstände, Unruhen, Revolutionen. Zur Geschichte der Demokratie in Deutschland, Frankfurt/M.-Leipzig 1998, S. 125–142.
13. DIE ZEIT Nr. 35 v. 24.8.2000.
14. Bisher ungedruckt.
15. DIE ZEIT Nr. 28 v. 9.7.1993.
16. DIE ZEIT Nr. 18 v. 30.4.1993.
17. DIE ZEIT Nr. 40 v. 26.9.1991.
18. DIE ZEIT Nr. 17 v. 21.4.1995.

Geschichte in der Beck'schen Reihe

Helmut Altrichter
Kleine Geschichte der Sowjetunion 1917–1991
3., neubearbeitete und erweiterte Auflage. 2001.
256 Seiten mit 31 Abbildungen. Paperback
Beck'sche Reihe Band 1015

Jan Assmann
Das kulturelle Gedächtnis
Schrift, Erinnerung und politische Identität in frühen Hochkulturen
3. Auflage. 2000. 352 Seiten. Paperback
Beck'sche Reihe Band 1307

Jan Assmann
Ma'at
Gerechtigkeit und Unsterblichkeit im Alten Ägypten
2001. 320 Seiten mit 13 Abbildungen. Paperback
Beck'sche Reihe Band 1403

Gordon A. Craig
Das Ende Preußens
Acht Portraits
27. Tausend. 2001. 144 Seiten mit 8 Abbildungen. Paperback
Beck'sche Reihe Band 1424

Otto Dann
Nation und Nationalismus in Deutschland 1770–1990
3., überarbeitete und erweiterte Auflage. 1996. 438 Seiten mit
7 Karten und 9 Tabellen. Paperback
Beck'sche Reihe Band 494

Roger Dufraisse
Napoleon
Revolutionär und Monarch. Eine Biographie
Aus dem Französischen von Suzanne Gangloff
Mit einem Nachwort von Eberhard Weis.
3. Auflage. 2002. 184 Seiten mit 12 Abbildungen. Paperback
Beck'sche Reihe Band 1352

Geschichte in der Beck'schen Reihe

Fritz Fischer
Hitler war kein Betriebsunfall
Aufsätze
4., unveränderte Auflage. 1998. 272 Seiten. Paperback
Beck'sche Reihe Band 459

Marc Frey
Geschichte des Vietnamkriegs
Die Tragödie in Asien und das Ende des amerikanischen Traums
6. Auflage. 2002. 256 Seiten mit 2 Karten. Paperback
Beck'sche Reihe Band 1278

Annette Kaminsky
Wohlstand, Schönheit, Glück
Kleine Konsumgeschichte der DDR
2001. 176 Seiten mit 48 Abbildungen. Paperback
Beck'sche Reihe Band 1410

Brian P. Levack
Hexenjagd
Die Geschichte der Hexenverfolgungen in Europa
2. Auflage. 1999. 296 Seiten mit 13 Abbildungen. Paperback
Beck'sche Reihe Band 1332

Ulrich Mählert
Kleine Geschichte der DDR
3. Auflage. 2001. 208 Seiten mit 29 Abbildungen. Paperback
Beck'sche Reihe Band 1275

Peter Reichel
Vergangenheitsbewältigung in Deutschland
Die Auseinandersetzung mit der NS-Diktatur von 1945 bis heute
2001. 252 Seiten. Paperback
Beck'sche Reihe Band 1416

Fritz Stern
Verspielte Größe
Essays zur deutschen Geschichte
2. Auflage. 1999. 317 Seiten. Paperback
Beck'sche Reihe Band 1246

Verlag C.H.Beck München